평창

D

대한민국 도슨트
한국의 땅과 사람에
관한 이야기

16

평창

김도연 지음

21세기북스

차례

평창 지도

17 대관령 삼양목장
20 대관령 하늘목장
15 대관령국사성황사 · 산신각
18 대관령 양떼목장
19 대관령 순수양떼목장
14 대관령스키역사관
16 발왕산
대관령면
3 월정사
2 상원사
4 오대산
진부면
23 계방산 이승복생가터
용평면
21 봉평 달빛극장
22 무위산방
봉평면

대화면
22 88체육사
방림면
계촌마을
13
12 여우재
12 문재
8 청옥산
평창읍
10 평창 바위공원
평창 돌문화체험관
6 산너미목장
미탄면
5 미탄

시작하며

평창이 고향인데 이 책에 들어갈 글들을 쓰며 보낸 지난 3~4년 동안 가장 많이 평창이란 말을 입에 달고 살았다. 산을 오르고 계곡을 건너고 고갯길을 넘고 시장을 기웃거렸다. 무엇보다도 지금 평창에서 살고 있는 사람들을 만났다. 그들의 이야기를 들을 수 있어 행복했다. 코로나의 여파로 답사가 여의치 않았던 경우도 많았는데 그 와중에 찍어놓은 사진을 날려버리는 일까지 벌어졌다. 어쩔 수 없이 다시 찾아가야 했다. 계절을 놓쳐서 다음 해까지 기다려야 할 뻔했는데 친구들이 있어 사진을 보완할 수 있었다. 그들에게 감사의 인사를 전한다. 도서관 친구 박용순, 산너미목장 임성남 씨, 홍준호 심실라 부부, 이관홍 한선희 부부 등등이 그들이다. 덕분에 이 책에 실린 사진들이 훨씬 풍요로워졌다. 그리고 평창의 도서관과 도서관 사람들에게도 감사의 인사를 드리고 싶다. 진부도서관에서 글을 쓰고 책을 읽은 십오 년은 행복한 날들이었다. 평창의 어느 식당에서 다함께 따스한 밥 한 끼 함께 먹을 수 있는 날이 올 거라고 본다.

지난겨울 평창 고향집을 지키시던 아버지가 돌아가셨다. 나의 평창은 사실 부모님의 평창인 거나 마찬가지다. 그러므로 이 책은 당연히 아버지께 바치는 책이다. 좋아하셨으면 좋겠다. 살아 계셨을 적에 존경한다는 말을 건네지 못한 게 못내 아쉽다. 내게 평창의 삶을 가르쳐주신 아버지, 고맙습니다.

미탄 동강

높은 산과 고갯길,
그리고 평창으로 가는 마지막 비상구

평창, 하면 가장 먼저 무엇이 떠오르는가?

아마 가장 가까운 장면으로는 IOC 위원장의 손에 들린 'PYEONGCHANG 2018'이란 문구일 것이다. 2011년 7월 7일 오전 0시 18분(한국 시각) 남아프리카공화국 더반에서 IOC 위원장 자크 로케가 평창이 동계올림픽개최 도시로 선정되었음을 선포하는 순간이었다. 평창은 세 번째 도전에서 마침내 동계올림픽개최권을 따낸 것이었다. 그날 밤 나는 대관령 알펜시아 스키점프대에 운집한 사람들 사이에서 그 순간을 지켜보았다. 모 신문에서 청탁한 칼럼을 쓰기 위해서였는데 재미있었던 것은 이미 초저녁에 평창이 선정되었다는 사실을 가정한 상태에서 미리 칼럼을 써놓았다는 거였다. 그 뒤 스키 점프대에 가서 현장 분위기를 스케치한 것을 덧붙여 신문사의 마감 시간에 맞춰 자동차 안에서 원고를 보냈다. 그 뒤부터 초조하게 발표를 기다렸다. 선정되면 다음 날 신문에 칼럼이 실리고 그렇지 않으면 허공으로 날아갈 운명을 지닌 글이었다. 스키점프대의 운동장과 관중석을 가득 메운 사람들 사이에서 나는 그렇게 자정 근처까지 서성거리다가 마침내 하얀 종이 위에 써놓은 문구를 대형화면으로 바라보았다.

함성이 터졌고 밤하늘에선 불꽃놀이가 벌어졌다

평창은 2003년 체코 프라하에서 열린 IOC 총회에서 동계올림픽개최의 첫 도전장을 내밀었다. 당시 1차 투표에서 후보도시 중 최다득표인 51표를 얻었지만, 결선투표에서 56표를 얻은 캐나다 벤쿠버에 3표 차이로 밀려 아쉽게 탈락했다. 4년 뒤인 2007년 평창은 과테말라에서 열린 IOC 총회에서 다시 도전장을 내밀었다. 하지만 1차 투표에서 최다 표를 얻고도 다시 결선투표에서 47표를 얻는 데 그쳤다. 경쟁 도시였던 러시아 소치는 51표를 획득해 개최 도시가 되었다. 평창으로서는 두 번째로 겪은 쓰라린 패배였다.

다시 도전할 것인가, 아니면 이젠 그만 포기할 것인가를 놓고 갈림길에 섰던 평창은 다시 출사표를 던졌다. 패배를 교훈 삼아 새로운 전략을 수립했다. 정부와 강원도, 정계, 대한체육회, 재계 등 각계각층에서 다양한 유치 활동을 펼쳤다. 두 번의 실패에서 지적되었던 문제점들을 철저하게 분석한 뒤 대응책을 마련했다. 마침내 결전의 날이 돌아왔고 평창은 2011년 더반에서 열린 IOC 총회 1차 투표에서 총 95표 중 63표 과반 넘어, 2차 투표 없이 동계올림픽 유치를 확정 지었다.

그날 밤 나는 알펜시아 스키점프대의 밤하늘에서 꽃을 피우는 불꽃들을 뒤로한 채 고개 넘어 집으로 돌아와 텔레비전 화면을 보며 돌배 술을 기울였다. 88 서울하계올림픽 이후 대한민국에서 30년 만에 개최되는 올림픽이자 최초의 동계올림픽이었다. 평창이 고향인 소설가로서 기쁨과 걱정을 함께 섞은 채 돌배 술에 취해갔던 밤이었다. 7년 뒤 평창은 어떤 모습으로 변해 있을 것인가를 상상하며.

평창의 7년은 그 어느 때보다 금방 지나갔다. 마침내 2018년 2월 9일부터 25일까지 평창동계올림픽이 열렸다. 새로운 길이 뚫렸고 기존의 길은 더 넓어졌다. 기차가 없던 평창에 기찻길과 기차역이 생겼고 첫 기차가 모습을 드러냈다. 동계올림픽은 성공적으로 마쳤고 이제 평창은 올림픽 이후의 삶을 살고 있다. 올림픽 이후 평창은 새로운 길을 모색하고 있다. 그 길은 미래로 뻗어 있지만 동시에 과거로도 이어져 있다. 평창의 과거와 현재, 그리고 미래가 어떻게 서로 만나고 있는지 들여다보는 것도 흥미로운 일이다. 한 가지 예를 들면 이렇다. 옛날 나무 스키를 타고 창을 든 채 눈 덮인 산비탈을 내려와 멧돼지를 잡던 사내들의 후손들이 스키 선수가 되어 발왕산 무지개 코스를 지그재그로 내려오는 이야기. 평창은 그런 곳이다.

『한국민족문화대백과』에 소개된 평창의 자연환경과 역사는 대략 아래와 같은데 여기에 약간의 설명을 더 붙여보았다.

평창은 강원도 중남부에 있는 군이다. 동쪽은 강릉시와 정선군, 서쪽은 횡성군, 남쪽은 영월군, 북쪽은 홍천군 강릉시와 접하고 있다. 인구는 41,758(2020년 6월 현재)이다. 행정구역으로는 1개 읍, 7개 면, 191개 행정리(89개 법정리)가 있다. 군청은 강원도 평창군 평창읍 하리에 있다.

태백산맥 중에 위치하기 때문에 평균 해발고도가 600m 이상에 이르고, 특히 북·서·동 3면은 높은 산지로 둘러싸여 있으며, 남쪽으로 경사진 지형을 나타낸다.

한편, 평창읍 중리, 대화면 대화리와 안미리, 방림면 방림리 및 미탄면의 고마루마을 일대에는 석회암 용식 지형인 카르스트 지형이 발달해 있다. 또한 대관령면 횡계리 주변의 이른바 대관령면이라고 일컫는 평탄면과 하진부 부근의 진부면 및 봉평면 북부 일대에 분포하는 평탄면들은 옛 침식면이 융기한 것으로 우리나라 중부지방의 지형 발달을 설명하는 데 학술적으로 중요시되고 있다.

북쪽과 서쪽에는 오대산(1,563m)에서 분기한 차령산맥이 뻗어 있어 계방산(1,577m), 흥정산(1,277m), 태기산(1,261m), 청태산(1,200m), 백덕산(1,350m) 등이 솟아 있고, 동쪽에는 황병산(1,407m), 매봉(1,173m), 고루포기산(1,238m), 발왕산(1,458m), 박지산(1,394m), 백석산(1,365m), 청옥산(1,256m), 가리왕산(1,561m) 등 높고 험한 산들이 연봉을 이룬다. 에 열거한 산과 봉 이외에도 보래봉, 회령봉(1,309m), 대미산(1,232m), 용마봉(1,045m), 덕수산(1,000m), 장미산(978m), 수리봉(776m), 승두봉(1,023m), 보섭봉(985m), 수정산(989m), 남병산(1,150m), 장암산(836m), 옥녀봉(590m), 절개산(876m), 삼방산(980m), 재치산, 백운산(883m), 정개산, 청학산, 중왕산(1,376m), 잠두산(1,243m), 백석산(1,365m), 두타산(1,394m), 문필봉, 형제봉, 넷째 아들 산, 석두산, 병두산, 용산, 칼산, 장군바위산(1,140m), 능경봉(1,128m) 등 많은 산과 봉이 평창 곳곳에 흩어져 있거나 이웃해 있다. 이 산들은 자연스럽게 평창의 두메산골 문화를 만들었다. 이렇게 많은 산을 넘으려면 고갯길이 있어야 한다. 고갯길은 산과 산, 봉우리와 봉우리 사이에 자리한다. 그렇기에 평창엔 고갯길 또한 무수히 많다. 이 마을에서 저 마을로 가려면 야트막한 고갯길을 넘어야 하고 평창에서 외지로 나가려면 옛날에는 무조건 험하고 높은 고갯길을 넘어야만 했다. 영동지방으로 갈 때는 대관령, 진고개, 선자령, 피덕령을 넘어야 한다. 북쪽으로 가려면 북대령, 운두령, 보래령이 버티고 있다. 서쪽엔 양구두미재, 계촌리, 여우재, 문재가 기다리고 있다. 영월로 가려면 밤치재, 정선으로 가려면 비행기재가 사나운 호랑이처럼 입을 벌리고 있다. 오랜 세월 동안, 이 고갯길들에 서려 있는 저마다의 사연은 또 얼마겠는가.

계방산에서 발원한 평창강(平昌江)은 속사천(束沙川) 도사천(都事川)을 합하여 남서쪽으로 흐르면서 덕거천(德巨川) 흥정천(興亭川)과 합류하여 남쪽으로 흐르다가 대화천(大和川) 안미천(安味川) 등을 만나 방림면 방림리에서 계촌천(桂村川)과 합쳐 평창읍에서 심하게 곡류하면서 영월군으로 흘러간다. 한편 오대산에서 발원한 오대천은 진부를 지난 뒤 심하게 곡류하면서 정선군으로 향한다. 황병산에서 발원한 송천은 대기천(大基川)과 합류하여 역시 심하게 곡류하면서 정선군으로 흘러든다. 이들 남한강의 지류는 그 유역에 약간의 평지와 하성단구를 발달시켰다. 평창의 물은 삼림이 풍부한 남한강의 최상류에 위치하였기에 예로부터 그 물길을 이용해 많은 목재를 실어 나르는 역할을 맡았다. 진부면 하진부리에는 궁궐목 마을이 있는데 오대산의 아름드리 소나무들이 물길을 타고 내려가 궁궐을 짓는 데 사용된 것에서 유래된 지명이다. 흥선대원군은 임진왜란 때 불탄 경복궁을 다시 짓느라 오대산의 소나무를 기둥으로 사용했는데 아마도 그것 때문에 생겨난 지명이 궁궐목터일 것이다. 그러니까 궁궐목터는 오대산에서 벌채한 나무들을 건조 관리하는, 요즘의 제재소 기능을 했을 것이다. 평창강과 오대천은 서강 동강으로 이름을 바꾼 뒤 영월에서 만나 남한강이 된다. 하여튼 평창의 물은 하류로 흘러가면서 이름이 다른 여러 물과 만나 마침내 한강이 되어 서울로 향하고 이후 서해로 스며든다. 물길은 육로처럼 고갯길이 없다. 물길에 고갯길이 있다면 아마 세찬 여울일 것이다. 세찬 여울을 지나 높은 산과 절벽을 만나면 물은 잠시 쉬었다가 가장 낮은 곳을 찾아 이리저리 돌고 또 돌아간다. 그 오래된 물길이 끊어진 것은 중간중간의 협곡에 댐들이 들어섰기 때문이었다.

평창은 내륙고원지대에 위치하기 때문에 기온의 교차가 심한 대륙성기후를 나타내어 같은 위도의 어느 지역보다도 기온이 낮고 여름이 짧다. 평창읍을 중심으로 한 지역은 연평균 기온 10.4℃, 1월 평균기온 −5.6℃, 8월 평균기온 23.3℃이며, 연 강수량은 1,343㎜이다. 한편, 대관령은 연평균 기온 7.8℃, 1월 평균기온 −6.9℃, 8월 평균기온 20.5℃이고, 연 강수량은 1,815㎜로서 1월과 8월의 기온은 평창읍보다 낮으나 강수량은 훨씬 많고 일조 지수가 적어 식물의 생육기간이 짧은 고랭지 기후의 특성을 나타내고 있다. 수치에서 알 수 있듯이 평창의 기후는 남부지역과 북부지역이 확연하게 다르다. 지금은 그렇지 않지만, 겨울철 대관령 일대의 추위와 적설량은 어마어마했다. 아이들은 쌓인 눈 속에 굴을 뚫고 놀 정도였다. 반면 남부지역에선 햇감자를 캐고 옥수수를 삶아 먹는데도 대관령 일대는 감감무소식이다. 아궁이에 나무를 때던 시절 대관령 지역의 민가들은 밤이면 떨어지는 기온 때문에 7월과 8월 단 두 달 동안만 난방하지 않았다. 추위를 싫어하는 사람들은 따스한 평창읍이 부러울 수밖에 없었다. 게다가 감자나 옥수수마저 빨리 출하되지 않는가!

구석기시대 및 신석기시대의 유물 유적이 발견된 적은 없으나 인접한 횡성과 홍천지역에서 구석기시대의 유물 유적이 발견되는 것으로 보아 이 지역에서도 오래전부터 인류가 살았을 가능성이 있다. 청동기시대의 유물로는 고인돌이 다수 발견되었으며, 부족 국가 시대에 예맥국(濊貊國)의 태기왕(泰岐王)이 이곳에서 잠시 국가를 이루었다는 전설이 전해 오고 있다.

삼국시대에는 5세기경 고구려의 영역에 속하여 욱오현(郁烏縣) 또는 우오현(于烏縣)이라 하였다가 뒤에 신라에 편입되었으며, 삼국통일 이후 757년(경덕왕 16) 백오현(白烏縣)으로 고치고 나성군(奈城郡, 지금의 영월)의 영현(領縣)으로 하였다.

940년(태조 23) 평창현(平昌縣)으로 개칭하여 원주의 속현(屬縣)으로 삼았다가 1299년(충렬왕 25)에 비로소 현령을 파견하여 원주에서 독립시켰다. 1387년(우왕 13)에는 왕의 총애를 받던 환관 이신(李信)의 고향이라 하여 평창군으로 승격시켰으나 곧 다시 평창현으로 고쳤다. 이때 별칭을 노산(魯山)이라 하였다.

조선 건국 직후인 1392년(태조 1)에 목조(穆祖)의 비 효공왕후(孝恭王后)의 고향이었다는 이유로 다시 평창군으로 승격시켰다. 1592년(선조 25) 임진왜란이 일어나자, 군수 권두문(權

斗文)을 중심으로 군민들이 천연의 요새인 응암굴에서 왜군에게 항전하였다. 이때 병사들은 장렬히 전사하고 권두문은 사로잡히게 되었다. 뒤에 권두문은 탈출에 성공해 당시의 일을 일기로 남김으로써 임진왜란의 증인이 되었다.

1895년(고종 32) 5월에 충주관찰사 소속의 군이 되어 5개 면을 관할하였으며, 다음 해 다시 강원도에 편입되었다. 1906년 10월 1일에는 강릉군의 대화(大和), 봉평(蓬坪), 진부(珍富) 등 3개 면이 편입되고, 신동면(新東面)은 정선군으로 이관되었다.

1907년 10월에는 고종 퇴위에 반대한 의병이 봉기하여 하대화(下大和)와 하일리에서 운집한 뒤 상대화(上大和)로 진격하였으나, 남산으로 쫓겨 가던 일본군의 반격을 받아 평창의병 40여 명이 붙잡혀 총살당하였다. 같은 해 천도교도들이 만세운동을 벌일 것을 계획하다가 탄로되어 실패하였다.

1919년 3·1운동이 발발하자 천도교인과 유학자들이 대화 장날과 평창 장날인 4월 4일과 5일에 거사할 것을 계획하던 중 하일리에서 탄로되어 실패하고 말았다. 1931년 4월 1일 정선군 도암면(道巖面)이 편입되었고, 1934년 7월 1일 대화면 일부가 분리되어 방림면(芳林面)이 되었다. 사실 일제강점기 이전의 평창은 이 땅의 역사 속에서 그다지 큰 위치를 차지하지 않았다. 고구려 땅이었다가 신라 땅이 되었고 행정구역도 수시로 바뀌었다. 큰 도시가 아니었기에 남겨진 기록 또한 많지 않다. 그런 점에서 평창문화원이 간행한 『일제강점기 신문 기사로 보는 평창』은 대단히 흥미롭다. 이 책에는 당시 평창 사람들이 어떻게 살아왔는지를 알 수 있는 소중한 자료들이 가득하다.

아, 이승복!

1950년 6·25전쟁이 발발하자 인민군 선발대가 침투하여 이때부터 90일 동안 적 치하에 들게 되었다. 9월 28일 백골부대 선발대에 의해 잠시 수복되었으나 곧 전선이 남하함으로써 주민들은 피난길에 오르게 되었다. 유엔군의 반격으로 적군의 남하가 37° 선에서 저지됨으로써 주민들은 귀향할 수 있었다.

1968년 10월 울진·삼척 지방에 침투한 무장 공비가 11월 말 태백산을 넘어 이 지역에 들어왔으며, 군과 경찰, 예비군에 쫓겨 북쪽으로 도주하던 공비 잔당들이 이승복 소년의 가족을 살해하는 사건이 일어났다. 한국전쟁을 겪지는 않았지만, 어린 시절 전쟁에 대한 공포는 컸다. 학교에서 배운 전쟁과 영화와 텔레비전으로 접한 전쟁은 어린 초등학생들의 꿈에 악몽으로 자주 등장했다. 게다가 평창을 휩쓸고 간 무장 공비의 공포까지 보태졌으니……. 70년대 평창의 아이들은 산에서 삐라와 탄피를 주워 지서에서 공책과 자로 바꿨고 학교에 가선 반공 웅변대회에서 웅변하는 연사를 향해 박수를 쳤다. 그 정점에는 대관령 정상의 영동고속도로 준공비 입구에 지어진 이승복기념관으로 소풍이 기다리고 있었다. 컴컴한 복도를 따라가다가 만나게 되는 것은 다름 아닌 마네킹으로 만든, 이승복의 가족이 무장 공비들에게 살해당하는 끔찍한 장면이었다. 아이들은 비명을 지르거나 도망쳤고 또 어떤 아이들은 오줌을 지리며 바닥에 주저앉아 울었다.

1973년 진부면 장평리가 봉평면으로, 도암면(대관령면) 호명리 일부와 봉산리가 진부면으로 편입되었으며, 1979년 5월 1일 평창면이 읍으로 승격되었다. 1983년 2월 15일에는 봉평면의 백옥포리 장평리, 진부면의 속사리, 노동리, 용전리, 이목정리, 도사리, 대화면의 신리 일부를 통합하여 용평면(龍坪面)을 신설했으며, 1989년 도암면(대관령면) 호명리가 진부면에 편입되었다. 1990년 1월 1일 평창읍 하6리와 도암면 횡계 7리, 8리, 9리, 10리, 11리, 12개 리를 증설했다. 1991년 1월 17일 지번 합병에 따라 군청사를 하리 215번지에서 하리 210-2번지로 변경하였다. 1996년 3월 29일 진부면 송정

3리, 4리를 증설하였다. 1998년 9월 25일 면온, 수항, 유천 출장소를 폐지하였다. 2000년 10월 21일 백옥포3리와 횡계 13리를 증설하였으며, 2003년 10월 4일 송정5리를 증설하였다.

이 시절부터 평창은 비약적으로 변화하기 시작했다. 수원과 강릉을 잇는 영동고속도로가 군의 중북부를 관통해 준공되었고, 대관령 발왕산 자락에는 우리나라 최초로 근대식 스키장이 생겼다. 대관령 소황병산 일대엔 동양 최대의 목초지를 완비한 삼양목장을 필두로 많은 목장이 들어섰고, 오대산은 국립공원이 되었다. 고속도로 옆에 집이 있던 나는 한동안 고속도로를 달리는 각종 차를 넋을 놓고 구경하는 게 일이었다. 나만 그런 게 아니었다. 우리 코흘리개들은 간혹 관광버스가 도로 옆에 멈추고 사람들이 내리면 그곳으로 한달음에 달려가 외지인들의 일거수일투족을 살폈다. 창피한 줄도 모르고. 어느 날 관광객 중 한 사람이 코를 흘리며 구경하는 나를 부르더니 소고기 장조림을 나눠주며 말을 건넸다. “강원도 산골에서 감자와 옥수수만 먹었지, 이런 건 처음 먹어보지?” 나는 짭짤한 소고기장조림을 씹으며 고개를 끄덕였다. 집에서 소를 두 마리나 키우고 있었지만, 소고기 장조림을 먹어보는 것은 처음이었다. 소고기 장조림은 기가 막히게 맛있었다. 그 이후

우리 집 소만 보면 소고기 장조림이 떠올랐다. 어린 시절의 슬픈 역사 중 하나다.

HAPPY 700

마치 거대한 눈보라 같았던 평창동계올림픽이 지나간 평창에는 지금 무엇이 남아 있는가? 개회식과 폐회식이 열렸던 올림픽 스타디움은 흔적도 없이 해체되었다. 그곳엔 성화대만 덩그렇게 남아 있다. 수많은 차가 오가던 넓은 길은 한적하기 그지없다. 올림픽 이후 평창은 얼핏 보면 올림픽 이전의 평창으로 다시 돌아간 것처럼도 보이지만 절대 그렇지 않다. 오래전부터 평창을 지키고 있는 것들은 여전히 그 자리를 지키고 있다. 새로이 생겨난 것들도 은은한 향을 발하며 평창의 산과 들, 도시에 튼튼한 뿌리를 내리는 중이다. 옛것과 새것의 슬기로운 공존이 아마도 해피700 평창의 미래일 것이다.

높은 산들과 많은 고갯길이 있는 평창의 짧은 역사 속으로의 여행을 마무리하면서 하고 싶은 말은 이것이다. 이 글의 첫 문장인 '평창, 하면 가장 먼저 무엇이 떠오르는가?'에 대한 나의 대답이기도 하다.

길고 긴 비탈밭 고랑에서 허리를 구부린 채 묵묵히 농사일하는, 마치 원고지에 글을 쓰듯 한 알 한 알 씨를 뿌리는 농부가 과거에도 그러했지만, 미래에도 평창으로 가는 마지막 비상구라고 고집하고 싶다. 천하의 고수들이 경공술을 써서 허공을 날아다니는 세상이라 하더라도. 그렇다. 평창의 미래는 거름을 뿌리고, 밭을 갈고, 씨를 뿌리는 농부의 그 지극한 마음일 것이다.

01

일제강점기 평창 사람들은 어떻게 살았을까 1

마지막 호랑이가 살던 시절의 이야기

2019년 12월 평창문화원에서는 『일제강점기 신문 기사로 보는 평창』이란 책을 펴냈다. 이 책은 제목 그대로 신문 기사에서 다룬 평창의 모습이다. 대부분 조선총독부의 관제언론인 『매일신보』와 그 외의 신문들(검열을 거쳐야 하는)에 실린 기사들이어서 사실에 대한 축소와 과장이 있을 것이다. 또한 오류와 오보, 총독부의 정책을 홍보하는 기사도 다분하다. 또 각 신문사의 성향, 기자의 관점과 태도에 따라 사실이 왜곡된 채 기사화된 경우도 많다고 본다. 이 모든 당시 상황을 감안하고 보더라도 이 책에는 일제강점기 평창의 생활상을 엿볼 수 있는 소중한 자료들이 많이 들어 있다. 왜냐하면 우리들의 아버지와 어머니, 할아버지와 할머니가 살았던 시대의 이야기이기 때문이다. 그동안 윗세대들로부터 단편적으로 들었던 평창의 옛날을 전반적으로 조망할 수 있는 그림을 제공한다. 더군다나 기사의 특성상 내용이 길지 않기 때문에 일제강점기 신문 기사의 어두운 뒤편을 상상해 볼 수도 있다. 고향이 평창인 사람들에겐 기사에 등장하는 지명들이 불러일으키는 묘한 울림을 함께 경험할 수 있을 것이다.

이 책은 매우 두껍기에(총 861페이지) 여기에 그 내용을 모두 옮길 수는 없다. 그래서 내 눈길을 끌었던 기사들만 추렸다. 그 기준은 평창 사람들의 삶이다. 기사 내용과 기사가 게재된 연도와 날짜를 보면 당시의 굵직굵직한 사건들을 어느 정도 짐작할 수 있다. (지금의 용어와 표기법과는 매우 다르지만, 당시의 정황을 그대로 엿볼 수 있기에 신문을 그대로 인용하였음. 띄어쓰기는 혼선을 피하기 위해 현행 규칙을 적용했음.)

내선인(內鮮人) 친목의 평창 산유회

1919년 5월 13일 매일신보

일요일을 이용하여 각지는 소요 사건이 생긴 이래로 비상히 불안 중에 있으나 강원도 평창군에서는 아무 영향이 없이 인심이 평온함으로 금후 더욱 내선인 친목을 도

모하기 위하여 지난 사월 이십칠일 즉 일요일을 가리어 동군 읍내 수비방산 상에서 내선인 친목회를 개최하였는데……

내지독립단 소식(4월 1일 이후)

1919년 6월 5일 신한민보

4월 18일경에 정선군 도암면(지금의 평창 대관령면)에서 군중 약 수백 명이 대한독립만세를 부르짖으며 시위운동을 떨치는데 왜(일본) 관청과 군대가 왜 관청에 매인 몇 사람을 앞장세워 왜 총독부의 소위 유고문을 읽게 하며 총포 창칼로 위협하여 해산시켰다.

내지독립단 소식

1919년 7월 8일 신한민보

(평창) 5월 21에 군중 약 400명이 다시 일어나 대한독립만세를 외치며 독립연설을 베풀어 사방에서 만세 소리가 현지를 흔들며 남녀노소 어린아이까지 모두 대한독립만세를 외치는 때에 왜적수비대와 경찰대가 몰려와 서로 충돌되다가 양인이 불소하고 살상되고 다수 두령이 체포되었다. 하며……

농담 끗헤 구타 때린 자는 공판에

1921년 3월 25일 동아일보

강원도 평창군 대화면 신리 사는 황○○은 금년 이월 이일에 동리 신○○의 집에서 이○○와 서로 술을 먹고 놀다가 우연히 신이 이에게 말하기를 너의 형수를 너의 처로 삼게 주선하여 주마. 하는 농담을 참으로 듣고 이는 크게 노하여 신을 구타하였으므로 상해죄로 경성지방법원에 기소되어 불일 개정할 터이라더라.

우편소 신설

1924년 6월 18일 시대일보

평창군 대화는 원주 강릉 간 약 40리의 중앙에 있는 집단부락으로 지방에 있어서는 물자의 집산지로서 도읍을 능가할 만한 시장이 있고 또 장래에 유망한 역이나 종래로 통신 기관이 없어서 불편이 심한 터이므로 체신국에서는 동지에 우편소를 신설할 계획으로 준비 중이던바 이윽히 오는 21일부터 개시키로 되었다 한다.

강릉고보의 성립을 촉함

1924년 6월 27일 시대일보

하물며 강릉을 중심으로 하는 영동 열 읍과 정선, 영월, 평창 각 군의 자제들은 온갖 불편을 참고 향관을 떠나 멀리 춘천이나 혹은 원산 경성 대구 각지까지 가서 유학하게 되는 사정인 즉 강릉고보의 설치는 곧 동조선 일대의 문화 발전의 점으로 보아서 또는 전적으로 본 조선인 문화운동의 점으로 보아서 절대 필요한 시대적 요구이다.

도박으로 폐가망신 백골로 발복 축원

1925년 5월 28일 시대일보

경북 의성군에 원적을 둔 정○○은 수년 전부터 강릉 읍내 박○○의 집에 두류하면서 강원도 평창군과 강릉군 경계지 되는 대관령 상에 오래된 성황당이 있는 바 이 기지가 명당이라고 스스로 미신하고 항상 그곳에 부모 백골을 안장하면 많은 행복이 있으리라고 남모르게 계획하고 있던바 금월 초순에 자기 고향에 가서 이미 묻어 두었던 아비의 백골을 가만히 파서 이불과 솜에 싸서 지고 수백여 리를 도보로 운반하여 지난 18일 밤에야 명당 대관령 성황당에 당도하여 행인의 이목을 끌이며 말루

청을 떼고 암장한 후 그다음 날 그 형적을 감추고자 헛터 진흙을 치우다가 동리 사람에게 발각되어 강릉군 성산면 구산주재소의 고발로 강릉경찰서에서 방금 취조를 받는 중 그자는 본시 도박범으로 달아나서 종적을 감추고 다니다가 금반에 체포되었다 하며 일반 인사는 미신의 금시발복은 유치장 생활에 되었다고 비웃는 중이라 한다.

여론이 분분한 평창군청 이전

1925년 11월 4일 시대일보

강원도 평창군에서는 근래 관서 이전 운동에 대하여 공기가 잘못 긴장한바 그 내용을 탐문하건대 동 군 대화면은 군 중앙에 위치하여 강릉 원주 2등도로가 관통되며 수륙의 산물이 수이 출입에 편리하여 군청 소재지 됨이 적당하다고. 대화 인사는 관공서 이전 기성회까지 조직하고 암중비약의 세를 정한 바 현 군청 소재지인 평창 인사들은 20여 년 장구한 역사가 유한 읍지일 뿐 아니라 교통으로 말하여도 동북으로 강릉 원주선 2등도로가 유하고 서로 충주, 영월선 2등도로가 유하고 남으로는 정선선 3등도로가 전부 관통의 편의로 보아도 대화방면에 비할 바 아니라고 급 도 당국에 진정서를 2도나 제출하였으며 만일을 염려하고 다시 진정위원까지 선정하여 방금 인심이 요란 중에 있다고 한다.

도암(대관령)면민 권면장을 탄핵

1927년 5월 21일 중외일보

강원도 정선군 도암면은 본 읍으로부터 백여 리를 격한 소재지로 태산준령을 사이에 두고 교통 불편하기로 세계 제일이라 할 만한 정선이라 하여도 과언이 아닐 만큼 군에서 서로 직통도로 하는 것은 반여 년 전 예산 초동들의 나무길대로 있어 교통상 불편으로 인함인지 감독관청으로부터 불철저함인지는 알 수 없으나 해면장 권태종 씨는 부임이래 일반 면민으로부터 불평을 가지게 한 대사건이 있어…… 소위 면장이란 권씨는 작첩 주상영업을 하여 여러 가지 형식으로 착취하여…… (이 시절에도 부패 권력자를 탄핵하는 시민들이 있었다니!)

신구소작인 삼백여가 난투

1927년 5월 24일 동아일보

……강릉군 성덕면 신석리에서 군중 삼백여 명이 모히

어 일대 격투가 일어났다는데 해당 수전은 평창군에 있는 월정사의 소유 토지로 전년도에는 조매석두 일원식의 계약금을 받고 오 개년 간 계속 소작권은 중요하여 이래 일 년을 경과한 금년 춘에 돌연 월정사에서 전기 계약을 해제하고도 조매석두에 오원 씩의 계약금을 받고 신계약을 체결하여 주었으므로 구 소작인 일동은 크게 놀래서 지주 측에 질문하매 지주 측에서는 새 계약서 주문 중에 특별 경우에는 소작권을 이동할 수 있음이란 조건 하에서 소작권을 이동시켰다 함으로……

일낙원에 청심대를 신축

1927년 6월 2일 중외일보

평창군 진부면 우평리(마평리) 일락원에는 자고로 청심대라 칭하는 기묘하게 생긴 산봉우리가 있었는데 외인이 들을 때에는 훌륭한 누각이나 있는 줄 아나 사실은 다만 산봉우리뿐이었다. 이와같이 기묘하게 생기고 풍광이 좋은 곳에 누각 하나도 없는 것은 누구나 다 이곳을 지날 때에는 유감으로 생각하여 오던바 동면 거문리 유지 남상철, 김연기 양 씨의 발기로 이곳에 청심대를 건축하기로 결정하고 면내 유지들의 찬성을 많이 얻어

공사를 지난 5월 10일부터 착수하였는데 준공은 6월 말 경이라더라.

농우 도적

1927년 8월 22일 중외일보

평창군 진부면 신기리 14번지 김남택의 집에서는 지나간 12일 밤 열두시 경에 마구에 매었던 소 한 마리 도적맞은 것을 알고 즉시 소관 주재소에 계출하여 동주재소에서는 각 방면으로 수색 활동을 한 결과 14일 오후 한 시경에 본 면 오대산 북대라는 곳에서 범인을 체포하고 소까지 찾아 김남택에게 인도하였는데 그 범인은 진부 경찰관 주재소로 압송되었다더라.

강릉의 대관문 대관령의 제설 실시

1928년 3월 12일 중외일보

강릉군의 곡물과 상품이 관동 각지로 이출입되는 것보다도 대관령을 넘는 진부, 대화, 평창 지방에 도로가 많은 터로 물품은 매일 우차, 자동차로 수출입이 연락부절하는 터일 제 겨울만 당하면 대관령의 적설로 인하여 우차, 자동차는 고사하고 인마와 교환까지도 단절되는 때가 있는 관계상…… 먼저 대관령 제설을 완전히 하여 우차, 자동차라도 통행을 자유롭게 함이 선결문제이라…… 지금 인부를 사용하여 제설하는 중에 있으나 오는 동기부터는 제설의 완전한 계획을 수립하고 그 비용의 갹출 방법은 타지방에서 공공사업을 목표로 하고 행하는 도선장에 준하여 오는 4월 1일부터는 대관령을 통행하는 우차 한 대에는 1원 20전, 자동차 한 대에는 1원 50전씩 통행료를 징수하고자 요새에 관련 당국에 양해를 구하는 중이라는 바…… (요즘의 고속도로 통행료? 겨울철 대관령의 눈을 치우는 게 당시에도 큰일이었던 듯.)

미신이 낳은 나병자의 악착

1928년 7월 11일 동아일보

평창군 계장리 이춘우의 둘째 딸 상근은 지난 일일 오전 열한 시경에 자기 친척의 집에 놀러 갔다가 돌아오는 도중에 계장고개에 올라서자 난데없는 문둥이 넷이 나타나서 둘은 길가에서 망을 보고 둘은 그 소녀를 끌고 길가에서 얼마 되지 않은 숲속에 가서 사지를 꼼짝 못하게 붙잡고 입에는 조약돌을 잔뜩 넣고 소리를 못 지르게 한 후에 날카로운 칼을 들고 죽이려 할 즈음에 마침 그 동리 사람이 그곳을 지나가다가…… 또 그 길로 지나가던 그 동리 사람들이 그 광경을 보고 달려들어 문둥이 떼와 일장 격투를 연출한 후 그 문둥이들을 쫓고 소녀는 간신히 구원하였으나 소녀는 너무 놀래어서 정신을 잃고…… 문둥이들은 어디로 몸을 피하였는지 종적이 묘연하다는데 그와 같이 끔직한 행동을 감행하는 것은 예전부터 내려오는 말에 문둥병에는 사람의 생간을 내어서 먹으면 낫는다는 미신으로부터 생기는 일이라더라.

(어린 시절 나는 어른들로부터 이런 이야기를 옛날이야기처럼 들었는데 그럼에도 혼자서 인적이 뜸한 고갯길을 걷는 게 무서웠다. 나병 환자들은 모두 사라졌음에도.)

맹수가 청년 교살

1928년 8월 27일 매일신보

평창면 대상리 유팔용은 지난 7월 8일 오후 6시경에 산곡에 소 풀 베러 간 것이 저물어도 돌아오지 아니함으로 동리 사람들이 사방으로 수색하다가 이튿날 또다시 수색하여도 하등의 종적이 없으므로 고용의 고통을 받기 싫어서 도망간 줄로 추측하고 있었더니 지난 20일에 나무 갔던 사람이 송림 사이에서 해골을 발견하였으므로 이것이 팔용의 유골인 줄로 알고 동리 사람들이 사방으로 증거물을 수색한 결과 팔용이가 평소에 지던 지게와 낫이 있으므로 의심 없이 팔용의 해골이 분명하다더라.

(평창에 호랑이가 살던 시절이 그리 멀리 있지 않구나.)

서장 집에 절도

1929년 2월 16일 동아일보

평창 경찰서장의 집에 지난 칠일 오후 여덟 시경에 절도가 들어가 시계 한 개와 현금 오십 원 팔전을 절취한 ○○○을 체포하였다더라.

적설 이척여(60여cm) 자동차 불통

1929년 3월 16일 동아일보

평창 지방에는 삼월 일일부터 때아닌 눈이 삼일 아침까지 내려 일척(30여cm) 이상이나 쌓인고로 격일로 통행하던 정선 간 자동차가 불통되어 일반 여객에 적지 않은 영향을 미치고 있는데 이 도로는 3등도로로서 해마다 파손 개소는 그시 수선을 하였다. 하지마는 아직도 파손 개소가 있는 모양이고 또 노면도 불완전한 곳이 있어서 자동차운전을 못한다더라.

평창군에 삼인조 강도

1929년 6월 14일 매일신보

본월 8일 오전 4시경에 강원도 평창군 진부면 장평리 김모의 여인숙에 곤봉을 가진 강도 3인이 돌입하여 지숙(止宿)하는 여객 6인을 가는 철사로 결박해 놓고 동군 대화시장에서 소를 팔아가지고 온 이모의 돈 70원을 강탈 도주하였다는데 급보를 들은 소할 평창서에서는 엄중한 수색을 하였으나 10일까지는 체포하기에 이르지 못했다.

진부면에서 신약수발견

1929년 9월 4일 중외일보

평창군 진부면 척천리 방아다리약수 인근에서 약수가 발견되었는데 이 약수는 위장병과…… 각처로부터 내자가 매일 2백명 이상에 달하는데 명년에는 약수장 조축과 숙소에 대하여는 불편이 없도록 할 계획 중이라더라.

삼림감수의 무리한 폭행

1929년 10월 16일 중외일보

정선군 삼림조합 도암면 지부 소재 삼림간수 최○○은

도암면 굴내리 공○○을 지난 4일에 면사무소로 호출하여 가부의 말도 묻지 아니하고 주먹으로 뺨을 사정없이 때리어 웃니 두 개가 무참히 빠졌다는데 그 상세한 내용을 들으면 전기 피해자 공○○은 원래 극빈한 무산자이므로 생활에 곤란하여 굴내리 국유 임내에 화전 감자 7두락을 계간하여 근근 살아가던 바 그 사실을 들은 삼림감수 최○○은 이상과 같은 불법 행동을 하였다는데 피해자 공○○은 원주검사국에 고소를 제기함이라더라.

평창율치리에서 무연탄갱을 발견

1929년 11월 1일 매일신보

평창군 미탄면 율치리 서북변 영월군계인 수청곡산에 무연탄갱을 발견하였다. 그것은 전기 율치리에 석탄 광맥이 있다는 것을 어떤 방면으로부터 탐지하고 시굴조사원 20여 명을 파견하여 노력한 결과 수일 전에 무연탄을 발견하고 총무부에 보고하더니, 기사가 현장에 급거 출장하여 검사한 결과 성적이 양호하여 조선 유일의 탄갱이 될 듯하다는 것이다.

오대산을 포위, 대활동개시

1929년 11월 6일 중외일보

강원도 평창 정선 강릉 3개 경찰서원은 지난 10월 30일 돌연 평창군 진부면 오대산을 포위하고 대활동을 개시하였으나 소득도 얻지 못한 모양인데 내용은 극비에 붙임으로써 알 수는 없지만 모 방면에서 탐지한 바에 의하면 시국범이 희양지방에서 오대산으로 잠입한 흔적이 있다는 희양서의 의뢰인 듯하더라. (일제는 독립운동을 하는 사람들을 시국범이라고 부른 모양이다.)

정선 도암면을 평창군에 편입

1931년 1월 2일 동아일보

정선군은 도암면(대관령면) 일원을 평창군에 편입한다는데 주민들은 강릉군에 편입을 설대희망하고 관계당국에 진정을 하는 등 맹렬한 운동을 하고 있으나 지리상으로 보아서는 평창군에 편입되는 것이 유력시된다고 한다. (행정구역 개편은 당시에도 주민들에겐 민감한 사항이었던 모양이다.)

평창도선장 사용권입찰

1931년 4월 1일 매일신보

평창군 평창면에 3대 도선장이 있어 연수입 4,5백 원에 불과하던 바 지난 10일 오전 11시로 오후 2시까지 평창면사무소에서 사용권 청부입찰을 실행한바 입찰 수속의 유폐됨을 생략케 위하여 1931년 1932년 양년도분을 분산 입찰한바 입찰 신입자 30여 명 중 좌 기 제씨에게 낙찰되었다.

주진강 강릉선 1,676원 - 평창면 후평리 최종각

도돈강 영월선 96원 66전 - 평창면 마지리 정별렬

도돈강 제천선 2,002원 50전 - 평창면 대상리 이병하

(도선장(渡船場): 폭이 좁거나 수심이 얕은 하천 등 건너기 쉬운 교통상의 요점. 일제 때에는 자동차의 등장으로 차까지 배에 실어 날랐다.)

평창군 봉평 도암 양면 화전민 폭풍으로 농작 전멸

1931년 9월 28일 매일신보

봉평 도암면 등지는 유명한 산간면으로 주민은 화전이나 지어서 생명을 유지하여 생활이라고 거의 인간미를 결여한 상태로 부지하던 것인데 이것이 조화옹의 시기

럴는지 과반무상한 폭풍이 빈래하여 강냉이를 먹어가며 근근이 조금씩 지었던 조 농사는 태풍 일과한 후 뿌리째 파가버리고 현재도 칠궁에 빠지고 미래의 식량까지 비거석양풍(飛去夕陽風)하였으므로 할 수 없이 생명을 구하여 사방으로 이산하는 모양인데 강릉 방면에서도 차등 이산자가 내착된다. (정지상의 시 「하운다기봉(夏雲多奇峰)」 마지막 행. 석양 바람에 구름 산이 날아가네. 나의 할아버지 할머니가 도암면에 살던 시절의 이야기다.)

강원도 평창에서 백금광을 발견

1932년 1월 23일 매일신보

조선에서는 최초로 강원도 평창 대화면 운산 금광에서 백금광이 발견되어 총독부 광무과에서는 방금 광석을 분석 중에 있는데 각 방면에서 많이 기대되고 있다. 동 백금광은 최초 방현영씨가 권리를 가졌으나 그 후 김정권씨 외 1인에게로 권리증여등록이 되어 있다.

오대산 밀림을 동척에 매각!

1933년 1월 17일 중앙일보

조선의 고찰로 오랜 역사를 가진 강원도 평창군 오대산

월정사는 십수만 원의 부채로 그 존폐의 기로에 직면한 것은 세인이 아는 바어니와 동 사찰의 부채정리위원회(강원도청 내에 둔)에서는 당 현안 중에 있던 월정사 소유 오대산의 금고 밀림지대를 동양척식회사에 30년 간 계속 벌채계획으로 11만원에 매각 계약을 지난 연말에 정식으로 체결하였는데 이것으로써 식산은행과 기타의 부채를 대략 정리하기로 되며 말기에 빠졌던 월정사는 다시 소생하게 되었고 모든 문제도 자연 일소되어버렸다 한다. (월정사는 어떤 이유로 어마어마한 빚을 지게 되었을까. 하여튼 이 여파로 월정사 위쪽에 동양척식회사가 들어섰다. 나무를 실어 나르는 철로의 잔해는 지금도 찾을 수 있다. 사람들은 여관도 있었던 이곳을 회사거리라 불렀다.)

자동차 전복, 승객 태반 중상, 원인은 길에 얼음이 깔린 탓, 평창군 여호고개에서

1933년 2월 6일 중앙일보

지난 30일 오후 한 시 30분 경에 평창 대화면 운교리 지구내 여호고개(여우고개)에서 영월군 관동운수주식회사 소유 승합자동차가 안흥리를 향하여 스피드를 놓던 중 길바닥이 얼음이 되어 운전의 자유를 잃기 때문에 언덕에 전복되었는데 이 자동차에 탄 승객은 영월군수, 서무 주임, 군속 3인 이외에 23인이 탔던 바 모두 중상을 입고 다른 차를 불러 타고 갔다고 한다.

기아에서 헤매는 유리궁민군 속출

1934년 12월 13일 조선중앙일보

평창군 진부면 일대에는 금년 농작물이 평년보다 6할 이상이나 감소되어 농민과 화전민은 문자 그대로 기아 선상에서 방황하게 되었다는데 그들은 삼림 속에서 주워 모은 도토리로 유일한 식량을 삼다가 그나마 없어져서 식량을 구코져 사방으로 유리걸식하면서 노동품팔이 할 곳을 찾아다니는 사람이 일증월가하는 참혹한 현상에 있거니와 지난 3일 오후 네식 되어 사천면 어느 주막집에 나타난 보따리 걸머진 5인의 장정이 있었는데 그들은 진부면 하진부리 직동에 있는 세궁민들인데 그들도 올 1년간 지은 농작물을 모조리 소작료로 바치고 먹을 양이 없으므로 집을 버리고 이리저리 헤매는 무리 중의 하나이라 한다.

02

상원사와 한암스님

춘삼월에 말 잘하는 앵무새는 되지 않겠노라

다시 찾아간 오대산의 하늘은 구름 한 점 없었다. 오대산인(五臺山人) 한암스님을 만나러 가는 이번 탐방은 떠나기에 앞서 미리 노정부터 거창하게 잡았다. 강릉에 사는 시인 이홍섭도 대관령을 넘어와 동행하기로 한 터라 제대로 된 길을 걸어보고 싶은 마음에서였다. 한암스님이 오대산에 들어와 27년 동안 산 밖으로 나가지 않았을 때 경향 각지에서 그를 만나러 온 사람들이 걸었던 바로 그 길을. 스님은 1925년 오대산으로 들어와 전쟁 중이던 1951년 상원사에서 좌선하는 자세로 열반에 들었는데, 그 시절 오대산으로, 더욱이 월정사도 아닌 상원사까지 가는 길은 만만치 않은 길임이 틀림없었다. 서울에서부터 며칠을 걸어서 오는 이도 있었고 아니면 기차를 타고 원주나 제천까지와 거기서 진부까지는 화물트럭을 얻어 타야만 했다. 그게 끝이 아니었다. 오대산 입구 월정거리까지 우여곡절 끝에 도착하면 다시 걷거나 운이 좋으면 산판 트럭을 타고 월정사까지 갈 수 있었다. 월정사에서 상원사 구간은 목재를 실어 나르기 위해 만든 좁은 철로를 이용해 오직 걷는 방법밖에 없었다. 철로라 했지만, 기관차가 다니는 게 아니라 사람이 밀어야만 움직이는 밀차가 다니는 철로였다. 하여튼,

한암스님 어느 날 꿈에서 한암스님의 저주장자를 받은 적이 있는데…….

시인, 소설가 이렇게 둘이 월정사 전나무 숲에서부터 월정사, 부도(浮屠), 회사거리(동양척식회사가 있던 곳), 오대천 계곡, 상원사까지 이어진 선재길을 걸어서 한암스님을 만나러 가고 싶었다. 그래야만 스님이 반갑게 맞아줄 것 같았다.

큰스님, 다리가 저려서 너무 힘들어요

어느 날 당돌한 여자아이가 한암스님 앞에 무릎을 꿇고 앉았다.

"몇 살이노?"

"열네 살입니다."

"그래 여기는 어찌 왔노?"

"절에 가서 밥 세 번 얻어먹으면 안 아프고 오래 산다고 해서 왔습니다."

"내가 영원히 안 아픈 법을 가르쳐줄까?"

그 말에 눈을 반짝 뜬 여자아이를 노스님이 찬찬히 들여다보았다.

"네 눈빛을 보니 너는 가지 말고 여기서 살아야겠다."

결국 그 여자아이는 노스님에게 계를 받고 오대산 지장암으로 출가했다. 계를 받을 때 여자아이는 노스님에게 투정을 부렸다.

"큰스님! 그만 꿇어앉으라고 하세요. 다리가 저려서 너무 힘들어요."

"그래 네 말이 맞는다. 꿇어앉으면 얼마나 발이 저리고 아프겠냐. 편히 앉아라."

대구 서봉사에 있는 경희스님의 일화인데 읽는 동안 내 입은 절로 벌어졌다. 한암스님의 어떤 일면을 엿볼 수 있는 대목이었다.

물론 서릿발 같은 일화도 당연히 있다. 스승인 경허 화상 행장을 1931년에 썼는데 그 행장의 어느 부분이 글을 부탁한 만공스님의 마음에 들지 않았던 모양인지 폐기되고 말았다. 간략하게 인용하자면 '경허화상의 법화(法化)를 배우는 것은 옳으나 행리(行履)를 배우는 것은 옳지 못하니……'와 관련된 부분 때문일 것이다(이 부분은 아직도 논란이 식지 않고 있다). 훗날 만공스님은 상원사로 찾아와 며칠을 머물다가 떠날 때 갑자기 한암스님을 부르더니 그 앞에 작은 돌멩이 하나를 던졌다. 그러자 한암스님은 그 돌멩이가 땅에 떨어지기 무섭게 주워 계곡으로 던져버리곤 쏜살같이 상원사로 돌아갔는데 눈에서 불이 뚝뚝 떨어질 정도였다고 현장에 있었던 스님들은 전했다. 만공스님은 이렇게 한 마디 던졌다.

"이번 걸음은 손해가 크네."

물론 이 일화가 스승의 행적을 놓고 당대의 고승이 보인 견해 차이의 표현인지 아니면 고도의 선문답인지는 나의 밑천으로는 헤아릴 길이 없다. 다만 한암스님의 또 다른 추상같은 면모에 모골이 송연해질 뿐이다.

시인과 나는 원래의 길을 걷지 못했다. 오기로 했던 시인은 눈치를 챘는지 핑계를 대고 오지 않았고 햇볕 또한 지글지글 끓고 있었다. 월정사 종무실장을 만나 냉커피를 얻어 마시고 책 몇 권을 구한 뒤 자동차에 몸을 실었다. 점심 공양을 마친 지장암 스님들은 햇살과 나무그림자가 더없이 선명한 길을 산책하고 있었다. 초록의 잎들이 온 산에서 용맹정진하느라 열기를 훅훅 토해냈다. 오대산 계곡에는 한때 250여 호나 되는 민가가 있었지만, 국립공원으로 지정된 뒤 모두 철거되었다. 나무를 나르던 철길도 사라진 지 오래였다. 전쟁 때 탑과 석조보살상만 남기고 불탔던 월정사는 만화스님의 원력으로 다시 지어졌다. 나는 홀로 사라지고, 남고, 다시 지어진 그 풍경 속의 비포장도로를 털털거리며 달렸다. 전쟁 때 시봉스님과 함께 남아 상원사를 지켰던 스님을 만나려고 골짜기 깊은 곳으로 차를 몰았다. 들어갔다가 스님에게 붙잡혀 머리를 깎고 눌러앉아 버릴지도 모를 길을. 스님의 법어집인 『한암일발록(漢岩一鉢錄)』을 '한암일침록'으로 읽은 나는 아무 상관이 없었다.

형상 있는 것은 모두 허망한 것이니……

사제 삼 대의 부도가 나란히 서 있는 상원사 아래에 도착했다. 만화 희찬, 탄허 택성, 그리고 한암스님. 스님은 24살이 되던 해에 금강산을 떠나 경상도 청암사에서 스승이 될 경허화상을 만나 '무릇 형상 있는 것은 모두 허망한 것이니, 만일 모든 형상 있는 것이 형상 있는 것이 아님을 알면, 곧 여래를 볼지라(『금강경』)' 이 말을 듣고 다시 깨닫는다. 나는 둥근 종 모양의 부도를 돌며 스님에게 물었다.

"스님, 형상 있는 게 허망하다는 건 조금 느끼기는 하겠는데, 형상 있는 게 형상 있는 게 아님을 어떻게 하면 알 수 있습니까?"

"이놈아, 적멸보궁에 가서 참배나 하고 와!"

"날이 이렇게 더운데요?"

스님도 더운지 더 이상 말이 없었고 나는 계단을 올라 상원사로 향했다. 상원사는 예전 모습이 아니었다. 문수전 앞 댓돌에 벗어놓은 보살의 털 코고무신엔 '청량화'란 글씨가 씌어 있었다. 뒤편 산자락에 서 있는 잣나무의 우듬지엔 만공스님과 주고받은 선문답에 나오는 그 잣송이들이 주렁주렁 열렸고 영산전 앞 파탑에 부조된 부처님은 눈, 코, 입, 귀의 형상을 스스로 지워가는 중이었다. 돌로 만든 고양이 두 마리를 지나 나는 올라가야 할 산자락을 쳐다보았다. 중대를 지나 적멸보궁까지 가는 길은 그야말로 가파른 산길이었다. 스님들은 뭘 물으면 꼭 빙 에둘러서 얘기하는 고약한 버릇을 지니고 있었다. 그걸 고상하게 선문답이라고 포장하는 것만 같았으나 어쩌랴, 스님이 부른 게 아니라 내가 애가 타서 산속으로 찾아온 것이니……. 다리가 아프고 온몸에서 땀이 솟겠지만 산에 올라갈 수밖에 없었다.

그릇에 담긴 음식 찌꺼기와 밥알이 있으면 물과 함께 전부 잡숴요

금강산에서 출가한 이후 스님은 청암사, 해인사, 통도사, 고향인 평북 맹산 우두암, 건봉사, 서울 봉은사를 거쳐 오대산으로 들어왔다. 상원사에서의 스님을 회상하는 제자들의 글을 읽었는데 내 눈엔 법어나 선문답, 게송, 비문, 찬, 서문보다 이런 것들이 자꾸만 밟혔다. '스님은 아침 공양 후에 틀니를 빼서 청소를 하는데 그릇에 틀니를 넣고 휘휘 씻어요. 그런 후에는 그 그릇에 담긴 음식찌꺼기와 밥알이 있으면 물과 함께 전부 잡숴요(창조스님).' '쌀 한 톨이라도 아껴야 한다. 쌀 한 톨에는 농부의 피땀이 담겨 있으며, 그 한 톨을 근수로 달면 일곱 근에 해당한다고 하셨어요. 전쟁 때 군인들이 상원사 계

상원사 동종의 비천상 이 땅에 현존하는 가장 오래된 종. 금이 가서 더 이상 종소리를 들을 수 없다.

곡에 와서 밥을 먹으면 근처가 엉망진창이 됩니다. 그걸 보신 스님이 군인들이 버린 밥알을 다 주워서, 그것을 씻어서는 군인들이 보는 데서 당신이 전부 잡수셨어요(뇌묵스님).'

나는 땀을 바가지로 쏟아낸 뒤에야 중대에 도착했다. 중대에는 스님이 꽂아놓은 단풍나무 지팡이가 싹을 틔워 어느덧 정자를 이뤘다고 한암스님 비문에 적혀 있어 그 나무를 찾았으나 보이지 않았다. 물으니, 건물을 중창하는 도중에 손상을 입고 사라졌다고 한다. 아쉬움을 뒤로하고 적멸보궁으로 향했다. 산길 옆에 설치해 놓은 스피커에선 목탁 소리와 함께 쉬지 않고 다라니가 흘러나왔다. 석가모니불, 석가모니불, 석가모니불…….

적멸보궁에는 기도를 드리는 사람들이 있었다. 목탁과 염불도 박자를 잘 맞춰야 한다는 사실을 처음 알았다. 적멸보궁의 뜰에 앉아 주변을 둘러보았다. 잠자리는 허공에서 한가로웠고 흰나비는 참나무와 단풍나무 사이로 팔랑팔랑 날아갔다. 목탁 소리와 염불 소리는 그 뒤를 쫓아갔다. 염불하는 스님은 목이 아픈지 자주 기침을 했다. 불단 위 텅 빈 방석을 향을 향해 끊임없이 절을 하는 사람들의 엉덩이를 바라보다가 나는 부도에서 스님에게 물었던 질문을 까마득하게 잊고 말았다. 스님의 자전적 구도기의 제목은 일생패궐(一生敗闕)이다. 나는 고개를 끄떡이며 중얼거렸다.

"이번 생은 크게 망했다."

나와 함께 불 질러라

전쟁이 한창이던 1951년 1월 중공군에 밀려 후퇴하던 국군에게 명령이 하달되었다. 사찰을 비롯해 작전지역 안의 모든 민간 시설을 소각하라는 것. 그때 오대산 월정사는 불탔지만, 상원사는 불타지 않았다. 오대산의 스님들이 모두 피난을 갔지만 한암스님은 시봉과 함께 상원사에 남아 있었다. 군인들이 명령을 수행하려고 상원사에 왔을 때 노스님은 단호한 어투로 이렇게 말했다.

"그대가 장군의 부하라면 난 부처님의 제자라네. 중이란 원래 죽으면 화장하는 법. 나는 여기서 힘 안 들이고 저절로 화장할 터이니 당신들은 명령대로 어서 불을 지르도록 하게."

노스님의 기개에 고민을 거듭한 군인들은 결국 법당의 문짝만 뜯어서 태우는 걸로 대신했다. 산 아래에선 그 연기를 보고 상원사가 불타고 있다고 여길 터였다. 이렇게 온몸으로 상원사를 지켜낸 스님은 두 달여 뒤인 3월 22일(음력 2월 14일) 아침 가사와 장삼을 갖춰 입고 단정히 앉은 채로 입적했다. 좌탈입망이었다. 전쟁 중이라 피난을 간 스님들이 돌아오지 못한 상황에서 군인들의 도움을 받아 화장했다. 당시 시봉을 들던 스님은 아직 애송이 스님이라 유골을 수습해 개울가에서 채를 이용해 사리를 골라내던 중 엄청난 사고를 치고 말았다. 그 스님은 사리가 물에 가라앉을 거라 여겼는데 그게 아니었다. 사리가 둥둥 떠내려가는 통에 한바탕 소동이 벌어졌다. 한암스님은 그렇게 모두가 피난을 간 오대산의 상원사를 지켜낸 뒤 저 우주 속으로 사라졌다. 오대산에 들어온 이후 27년 동안 산문을 나가지 않고 수행정진을 했으며 법랍 54세 세수 76세였다.

한암스님은 1876년 화천에서 온양 방(方)씨의 3형제 중 장남으로 태어났다. 9세 때 서당에서 사략(史略)을 배우던 중 '태고에 천황씨가 있었고 그 이전에는 반고 씨가 있었다면, 반고 씨 이전에는 누가 있었는가?'라는 의문을 품을 정도로 존재의 실상에 대한 궁금증이 지대했다. 유교에서 그 답을 구하지 못하자 22세가 되던 1897년에 금강산 유람 중 장안사로 출가하여 스님의 길을 걷기 시작했다.

스님은 모두 네 차례에 걸쳐 깨달음을 경험했다. 그 깨달음은 아마 문자라는 감옥을 벗어난 깨달음일 것이다. 그러나 우리는 스님의 깨달음을 문자로밖에는 접할 길이 없다. 그게 뭇 중생들의 한계일 터인데 하여튼 스님의 깨달음을 문자로 들여다보면 이렇다. '무릇 모습을 갖고 있는 것은 다 허망한 것이다. 만일 모든 형상이 상(相)이 아님을 간파한다면 곧바로 여래를 볼 수 있을 것이다.' 이것이 첫 깨달음을 불러낸 『금강경』의 일부다. 두 번째 깨달음은 통도사에서 죽비 소리를 들은 후였고 세 번째 깨달음은 『전등록』의 '한 물건도 작용하지 않는다'는 대목이었다고 한다. 그리고 어느 추운 겨울 부엌에서 아궁이에 불을 때다가 홀연 네 번째 깨달음을 얻었다고 한다. 이렇게 해서 비로소 어린 시절에 품었던 '반고씨 이전에는 누가 있었는가?'의 궁금증을 풀었다고 하는데 문자의 감옥에 갇혀 허우적거리는 나로서는 그 깨달음이 어떤 세계인지 도무지 알 길이 없으니…….

경허스님은 제자인 한암스님과 헤어질 때 이런 전별사를 써주었다.

'덧없는 인생은 늙기 쉽고 좋은 인연은 다시 만나기 어려우니 이별의 쓸쓸한 마음을 어떻게 표현할 수 있으랴.'

한암스님의 답례는 이렇다.

'서리국화 설중매 이제 막 넘었는데 / 어찌하여 오랫동안 가르침을 받을 수 없을까요 / 만고에 빛나는 마음 달 있나니 / 덧없는 세상 어찌 뒷날을 기약하리오'

경허스님은 걸림이 없는 무애행으로 자유로움을 구가했지만 한암스님은 계율을 철저히 지키며 불가의 전통을 이어 나가려 했다. 선풍이 확연하게 달랐지만 서로의 세계를 인정했던 스승과 제자였다.

춘삼월에 말 잘하는 앵무새는 되지 않겠노라

한암스님은 1925년 서울 봉은사 조실로 있을 때 이런 말을 남기고 오대산으로 들어갔다. '내 차라리 천고에 자취를 감춘 학이 될지언정 춘삼월에 말 잘하는 앵무새는 되지 않겠노라.' 이후 스님은 1929년 조선불교 선교 양종 승려대회에서 일곱 명의 교정(敎正, 오늘날의 종정) 중 한 분으로 선출된 뒤 네 차례에 걸쳐 불교계 최고 지도자인 종정(宗正) 역할을 맡았다. 일제강

상원사 한암스님 부도 옆에는 탄허스님, 만화스님의 부도가 자리해 있다.

점기 17년, 해방 이후 3년을 합쳐 총 20년이었다(성철스님은 12년간 종정을 역임했다).

스님의 수행법을 정리하면 이렇다. 계율을 잘 지킬 것. 참선, 간경, 염불, 의식, 가람수호의 승가오칙(僧家五則)을 잘해야 참다운 수행자다. 참선도 중요하지만, 불교의 전통 수행방법을 두루 익히고 실천해야 진정한 수행자라고 본 것이다. 스님의 이러한 수행법에 감명받은 효봉, 탄옹, 청담, 고암, 서옹, 석주, 고송, 월하 등 많은 스님들이 오대산을 찾아왔다. 만해스님은 '이 나라 천지 7,000 승려 가운데 뜻이 굳기는 한암스님뿐이다'라고 칭송했다. 한암스님이 입적하자 경봉스님은 이렇게 추도시를 썼다.

눈빛을 거두는 곳에 오대산이 서늘해
꽃과 새들도 슬피 울고 달에까지 향연이 어리는 듯
격식 밖의 현담을 누가 아는가
만산에 변함없이 물이 흐르네

오대산 상원사는 바로 그 한암스님이 27년 동안 선풍을 일으켰던 곳이다. 상원사에 가면 절 마당의 돌배나무 그늘에 들어가 땀을 식히며 먼 산을 바라보라고 권하고 싶다. 바라보면서 '이번 생은 크게 망했다'라고 가만히 중얼거리다가 내려오시길.

03

월정사와 탄허스님

일체 말이 없어

탄허의 발자국

"법당 100채를 짓는 것보다 스님들 공부시키는 게 더 중요하다."

1934년 나이 22세에 '도란 무엇인가?'를 찾아 오대산 상원사로 입산해 한암(漢岩)스님에게서 계를 받은 탄허(呑虛)스님이 1966년(54세) 동국역경원 개원식에서 한 말이다. 이 한마디 말이 여전히 현재형인 채 어쩌면 이 땅의 불교와 우리의 미래가 모두 여기에 들어 있는지도 모르겠다고 생각하며 탄허의 발자국을 더듬더듬 좇아가 보기로 했다. 그러나 미리 고백하건대 오대산 입구에서 태어나 살아온 나 역시 염불보다 잿밥,

일주문을 통해 나온 법문보다 수챗구멍으로 흘러나온 이야기에 더 코를 벌름거렸던 한심한 중생일 뿐이다. 돌돌(咄咄)!

입산 전, 유학의 전 과정을 마친 탄허는 노자와 장자의 철학에 심취했다. 그러나 사회에는 노장의 세계를 가르쳐줄 선생이 없어 궁궁하다가 오대산에 한암이라는 도인이 있다는 소식을 듣고 3년간 편지를 주고받는다. 그리고 마침내 오대산으로 들어오게 된다. 처음엔 3개월만 공부를 할 생각이었는데 3개월이 3년이 되고 결국 스님이 되어 한암스님 아래에서 20여 년을 머무르게 되었다. 그러니까 공부를 일러줄 스승을 찾아 산에 들어왔다가 그만 물이 들어버린 것이다. 화엄(華嚴)이라는 거대한 바다로 뛰어들게 된 것이다.

'절에 들어온 뒤 처음 3, 4년간은 일체 경전이나 문자를 보지 않았다. 그것은 선방의 당연한 관례이고 선방에 온 사람으로서 당연한 자세였다. 그런데 얼마를 지나자, 우리 스님인 한암 노화상께서 나에게 도가 문자에 있는 것은 아니지만, 글을 아는 사람은 일단 경을 봐야 한다고 몇 번인가 권하셨다. 스님께서는 내가 문자에 빠질 사람이 아니라고 인정하신 모양이다.' 이때부터 탄허는 불경의 세계로 들어가게 된다. 때마침 1936년 오대산 상원사에는 '강원도 삼본산 승려연합수련소'가 생기고 탄허는 스승 한암의 조교가 되어 『금강경』『기신론』

『범망경』 등등을 가르치고 배우며 불교의 경전들을 섭렵하게 된다. 그 세월이 7년이었는데 그로 인해 불교사상에 정통하고 유불선(儒佛禪)의 서로 달라 보이는 가지들을 조화롭게 해석할 수 있는 기반까지 갖추게 되었다.

당시는 일제강점기였다. 숭유억불의 조선을 지나온 불교는 또 다른 시련과 맞닥뜨려 있었다. 이 땅의 전통불교와 일본불교(대표적으로 대처승 제도)의 부딪침이 그것이다. 이 문제는 해방이 되고 나서도 분란의 불씨가 되었는데 오대산도 마찬가지였다. 사찰의 소유권 문제 등등을 놓고 비구승과 대처승과 긴 싸움은 6·25전쟁이 끝난 뒤에도 그치지 않았는데 이후 이승만 정권의 독단적인 불교정화운동으로 점입가경의 상태로 접어든다.

탄허는 입산 후 전쟁이 나기 전까지 15년 동안 오대산에서 한암스님을 모시고 각종 불경 공부에 매진했다. 한암스님은 전쟁 중 오대산 상원사를 지키고 열반한다. 월정사는 팔각구층석탑과 석조보살좌상만 남기고 나머지는 폐허가 되었다. 1955년 월정사 조실에 추대된 탄허는 다음 해 월정사에 '대한불교조계종 오대산수도원'을 설립한다. 설립 목적은 청정한 도량을 만들고 불교와 사회 전반에 걸쳐 인재를 양성하겠다는 취지다. 입학생들은 당연히 승속을 가리지 않았다. 더불어 수도원의 교재로 쓰기 위해 본격적으로 『신화엄경합론』의 번역에 들어갔다. 그러나 전쟁 뒤의 오대산수도원은 춥고 가난했다. 대처승들과의 분쟁도 끝나지 않았다. 결국 1년여 동안 문을 열었다가 닫고 탄허는 제자들을 이끌고 삼척 영은사로 자리를 옮겨 '영은사 수도원'을 개설한다. 30년 불경 번역의 장대한 역사가 서서히 시작된 것이다.

탄허는 1967년 10년 만에 6만 4천여 매의 『신화엄경합론』을 번역하고 온갖 우여곡절을 겪은 뒤 1975년 18년 만에 불교 최고의 경전을 여러 신도의 도움으로 간행한다. 이 공로로 동아일보사 주최 '인촌문화상'을 수상한다. 선정 이유는 이렇다. '이것은 우리 불교계에 있어서 보기 드문 공전절후의 금자탑과도 같다 …… 흔히 불교와 불경은 난해하기 짝이 없는 종교이며 학문이란 말을 듣는다. 우주의 섭리와 진리를 설파하는 데 있어 직선적인 표현보다는 많은 비유와 암시가 있고 보면 여기에는 난해한 대목이 포함되지 않을 수 없다 …… 바로 이를 어떻게 하면 쉬운 말로 이해시키며 또 이를 어떻게 하면 실천에 옮길 수 있는가 하는 문제로 요약할 수밖에 없을 것이다.' 그러나 탄허는 여기에서 그치지 않고 모든 불교 경전을 번역하는 곳으로 나아갔다. 입적하는 그날까지.

월정사 금강연 봄여름엔 연둣빛과 초록이 섞이고 가을엔 단풍이 물든다. 겨울엔 꽁꽁 얼고.

일체 말이 없어

재미난 일화 하나가 있다. 어떤 불교학자가 탄허기념박물관 관장인 혜거스님에게 60년대 중반 월정사 대웅전 상량식을 할 때 방문한 성철스님에 관해 물었다.

"상량식이 지난 한참 뒤에 성철스님이 오셨어요. 그런데 성철스님은 방산굴에서 딱 보름간 있었는데, 놀란 것은 그 보름 동안 두 스님이 서로 간에 한 말씀도 안 했다는 것입니다. 그래서 우리 대중들은 저 영감들이 왜 그러냐고 그랬어요. 두 스님은 방산굴의 윗방, 아랫방을 따로따로 쓰셨어요. 공양을 가져가면 우리 스님은 우리가 갖다주는 상을 받지만 성철스님은 시봉이 잡수실 것을 가지고 다녔어요. 성철스님은 당신이 잡수실 것은 직접 만들어서 해결하시더라고요. 그러니 두 분이 말할 기회가 없었어요. 탄허스님은 성철스님이 가신 후에 저에게 할 말이 있어야 하지 그러셨어요. 그래서 저에게는 두 스님이 보름간 말을 안 한 것이 숙제였어요."

아랫방, 윗방에 앉아 있는 불교계 두 거장의 대결이 자못 아름답지 않은가. 당신은 어느 편이 더 아름다운가? 오(悟)와 수(修)를 한순간에 모두 완성한다는 돈오돈수(頓悟頓修)인가, 문득 깨달음에 이르는 경지에 다다르기까지 점진적인 수행을 요구하는 돈오점수(頓悟漸修)인가. 내 생각은 이렇다. 둘 다 아름답다고. 위와 아래가 없다고. 탄허의 스승인 한암은 선수행을 중심으로 교(敎)를 전개했다면 탄허는 교학을 중심으로 하는 선자(禪者)였다고 월정사 자현스님은 말한다. 이는 스님의 시대가 불교의 혼란기이자, 나라의 과도기로서 교육을 통한 계몽이 가장 절실한 시대였기 때문이라고 덧붙인다. 아마 탄허는 그러했기 때문에 어려운 불경의 번역에, 특히 화엄경에 매달렸을 것이라고 본다.

"스님들이 공부에 더욱 열중해야 합니다. 제가 수많은 불경을 번역한 것도 교재를 마련하기 위한 작업의 일환이었어요. 공부하지 않고서는 불경의 의미를 제대로 깨달을 수 없지요. '여름벌레에게 얼음 이야기를 할 수 없고, 우물 안 개구리에게 바다 얘기를 할 수 없지요(『장자』에서). 또 못난 선비에게 도를 얘기한들 무슨 소용이 있겠어요. 결단하고 승려가 됐으면 공부에 충실해야 합니다."

탄허는 70세가 되는 1982년 11월부터 1983년 2월까지 월정사에서 병환의 노구를 이끌고 화엄학 특강을 개최한다. 화엄 철학은 모든 존재의 차별성을 인정하는 화해와 평등의 사상을 말한다고 한다. 현실에서 평등을 찾는다는 것은 어려운 일이다. 대립과 갈등이 더 먼저 으르렁거린다. 어떻게 해야 하는가? 김형효는 원효의 대승철학에서 이렇게 말했다. '깊고 넉넉한 연못과 바다는 어떤 물은 깨끗하니까 받아들이고 다른 물은 더러우니까 배척하는 그런 택일을 하지 않는다. 모두 자기 품 안에 받아들이면서 서서히 진정시켜 맑은 물로 정화한다. 연못과 바다는 모든 물의 차이를 다 수용하고 동거하기에 각박하게 신경질 내지 않는다. 대등주의자들은 각박하다. 그래서 매서운 눈초리와 신경질을 얼굴에 깔고 다닌다. 오직 차이와 동거하는 평등론자의 융화만이 담연하다.' 탄허는 평생 이 말을 무지한 우리에게 알려주려고 했던 것 같다. 하지만 이 시대를 사는 아둔한 우리에게 있어 이 말은 얼마나 멀고 먼 말이란 말인가.

1983년 음력 4월 24일 탄허는 오대산 월정사 방산굴(方山窟)에서 입적하기 직전 한 말씀을 구하는 대중들에게 이렇게 말했다.

"일체 말이 없어."

그해 겨울 폭설이 오대산을 덮었던 어느 날, 나는 월정사 전나무 숲을 무리 지어 떠나가는 새들의 검은 그림자를 스님이 뱉어냈던 갖가지 예언인 것처럼 오래 들여다보았다. 돌돌(咄咄)!

오대산 가는 길이 어딥니까?

일찍 찾아온 무더위가 기승을 부렸던 날이라고 하자. 서울 종로에서 강릉 가는 버스를 타면 무려 열 시간이 훨씬 넘어야 오대산과 강릉으로 갈라지는 곳인 월정거리에 도착할 수 있다. 전쟁이 끝난 지 얼마 되지 않았기에 주변의 풍경은 삭막하기 이를 데 없다. 그 버스에서 내린, 눈빛 형형한 한 사내가 있다. 월정사까지 이십여 리 길, 걸어야 하는 방법밖에 없다. 온몸이 땀으로 젖어들 무렵 사내는 길옆 밭에서 김을 매는 노파에게 길을 묻는다.

"오대산 가는 길이 어딥니까?"

"그 길로 쭉 가시오."

"오대산에 탄허라는 도인이 살고 있는 게 사실입니까?"

"……그렇게 들었소만."

노파는 산 하나쯤은 거뜬히 삼킬 것 같은 사내의 눈을 보며 고개를 끄덕인다. 사내는 고맙다는 인사와 함께 길을 걷는다. 그동안 비슷한 질문을 건네는 사람들을 많이 봐왔던 터라 노파는 사내의 뒷모습을 바라보다가 다시 밭을 맨다. 저잣거리로 가는 길을 가르쳐줘야 하는 게 아니었을까 후회하며.

"쯧쯧! 저 이는 얼마나 버틸꼬……."

아주 오래전의 그 사내처럼은 아니지만 나 역시 햇살 쨍

쨍한 날 오대산으로 가고 있었다. 탄허를 만나러. 자장율사가 문을 연 오대산은 1만 문수(文殊)가 상주하는 곳이라고 한다. 개창 이후로 오대산에는 많은 고승이 머무르거나 다녀갔다. 고려의 나옹 혜근과 조선의 사명당, 청허 휴정…… 그리고 한암과 탄허까지. 어디 그들뿐이겠는가. 중학교에 다닐 때 내 친구들의 아버지 중에는 전직 대처승이 많았다. 월정사와 상원사는, 그리고 스님들은 지나온 세월 속에서 가깝고도 먼 그 무엇이었다. 탄허스님을 만나러 가는 오늘의 탐방 역시 그 묘한 마음의 그늘에서 자유롭지 않다는 것을 느끼며 일주문 앞에 섰다.

초록의 전나무 숲으로 들어가는 문 없는 문인 일주문에는 '월정대가람'이라는 현판이 곱게 다져놓은 흙길을 내려다보고 있었다. 탄허스님이 1979년에 쓴 글씨다. 그 아래에 서서 촘촘한 전나무 잎 사이를 비집고 들어온 햇살이 그늘과 함께 반짝이는 그물처럼 내려앉아 있는 길을 바라보았다. 고백건대 오대산 월정사는 내가 태어나 처음으로 본 큰절이었다. 초등학교 저학년 시절 월정사를 보기 위해 이십 리 길을 걸어 전나무 숲으로 들어섰고 그 너머에 절이 있었다. 거대한 전나무 숲과 위풍당당한 월정사의 모습은 한동안 내 기억 속에서 사라지지 않을 정도였다. 일주문을 지나 전나무 숲의 초입에는 자그마한 삭발비(削髮碑)가 세워져 있었다. 첫 방문 이후 헤아릴 수 없을 정도로 여러 번 전나무 숲을 통과해 절을 찾아갔지만, 나는 단 한 번도 삭발을 생각해 보지 않았다. 주머니 속에 감추고 있는 그 무엇도 버리지 못하였기에 끙끙대며 숲의 그늘만을 찾았고 어두워져서야 빠져나오곤 했다.

평일의 월정사 경내는 그늘 없는 고요가 팔 할이었다. 옛날 사진 속의 절과 지금의 절은 많은 부분이 달랐다. 전쟁은 월정사의 많은 것을 앗아갔다. 50년대의 사진을 보면 팔각구층석탑과 그 탑을 사색하는 석조보살좌상이 거의 전부였다. 석탑과 석조보살좌상에도 한동안 총탄이 지나간 흔적이 남아 있었다. 탄허스님은 그 폐허 위에다 오대산수도원을 열고 경향의 인재들을 모아 공부를 가르쳤다. 외롭고 가난하고 추웠으리라. 당시 수도원생으로 들어와 있었던 문학평론가 김종후의 일기를 보면 매일 죽과 꽁보리밥을 먹으며 강의를 듣고 참선했다고 한다. 모두가 가난했던 그 시절 스님의 인재 양성을 향한 강한 의지를 엿볼 수 있는 대목이다. 또 당시 월정사는 비구 대처승들 간의 분쟁 속으로 휘말려 들고 있었다. 가난과 분쟁의 여파로 결국 탄허스님은 수도원을 삼척 영은사로 옮겨야만 했다. 그늘 없는 월정사 경내를 천천히 거닐었다. 세월의 풍화를 견디지 못한 석조보살좌상은 성보박물관으로 이사를 하였고 그 자리엔 새 보살이 자리를 잡고 있었다. 탑은 절의 한가운데서 팔각의 추녀 아래에 풍경들을 매단 채 선정에 들어 있고…… 약속도 없이 불쑥 찾아온 내게 탄허스님이 기거하던 월정사 방산굴(方山窟)로 가는 길은 쉽게 열릴 것 같지 않았다. 마치 문자 밖의 어떤 소식처럼. 나는 대웅전 현판과 주련에 적혀 있는 스님의 글씨들을 툴툴거리며 훑었다. 땀을 흘리며. 언젠가 시인 김지하는 스님의 힘찬 글씨와 오대산, 그리고 월정사의 고요한 이미지가 어울리지 않는다고 내게 속삭였던 적이 있다. 그런 듯도 하고 그렇지 않은 듯도 하고. 내 눈은 자꾸만 침침해졌다. 나는 결국 방산굴로 가는 길을 잠시 접고 상원사로 발길을 돌렸다.

월정사에서 상원사로 가는 이십여 리 길은 흙길이다. 탄허스님은 상원사에서 출가 후 15년여 동안 한암스님을 모셨다. 그 기간에 묵언 정진과 중요 선어록들을 사사하였다. 더불어 강원도 '삼본산 연합승려수련소'가 상원사에 개설돼 조교 겸 강사 생활을 했고 이후 선원의 대중들과 함께 화엄결사와 화엄산림까지 열게 되었다. 화엄학을 통해 동양학을 아우르는 경지까지 이르렀다고 한다. 그러던 중 전쟁이 일어나자, 스승은 오대산에 남고 제자는 오대산을 떠나면서 영영 이별하게 된다. 나는 점심 공양을 마친 스님들이 밀짚모자를 쓴 채 산책하는 그 길을 덜컹거리며 달렸다. 시간이 넉넉하다면 오대천이 휘돌아 나가는 그 길을 옛사람들과 마찬가지로 걸어가는 게 마땅했지만 길이 멀다는 핑계를 대고 운전대를 잡은 채 오대산 깊은 곳으로 묵묵히 들어갔다. 흙먼지를 피우지 않으려 조심하며. 탄허스님의 운전기사였던 권영채 씨는, 스님은 상원사에 가면 북대미륵암에 꼭 들렀다고 한다. 나도 오대산의 여러 절 중에서 북대(北臺)를 가장 좋아한다. 상원사 시절 스님은 북대에 혼자 가서 책을 읽곤 했다고 한다. 나옹스님의 전설이 서려 있는 북대는 오대산에서 가장 멀리, 그리고 가장 높은 곳에 자리하고 있는 암자다. 북대는 길이 끝나고 벼랑 위에 피어 있는 한 송이 꽃 같은 암자다. 그러나 나는 상원사에서 서대 염불암, 중대 적멸보궁, 북대 미륵암 어디에도 가지 못하고 멈췄다. 상원사 바로 아래 양지바른 곳에는 세 기의 사리탑비가 자리하고 있다. 사제 삼대인 한암, 탄허, 만화(萬化)의 탑비가 그것이었다. 그들은 그곳에서 오대산의 초록을 흠향하고 있었다. 상원사 동종 천 년의 소리를 들으며.

나는 다시 월정사로 돌아왔다. 팔각구층석탑은 여전히 뜨거운 햇살을 온몸으로 받으며 서 있었다. 바람이 잠자니 풍경소리를 들을 수 없는 게 당연하겠지만 풍경에 매달린 물고기 한 마리 스스로 종을 울려주었으면 하는 바람을 품은 채 성

월정사 내가 태어나 지금까지 가장 많이 들락거린 절이다.

보박물관을 찾아갔다. 그곳에는 스님이 『신화엄경합론』을 비롯해 온갖 불경을 번역하는 데 사용했던 만년필과 잉크, 원고지, 책상 등이 전시돼 있었다. 화엄경 번역 10만 매의 증거들이었다. 재가 제자의 회상에 의하면 당시 스님의 머릿속에는 만년필과 잉크밖에 없었다고 한다. 돌아가실 때까지도 특별한 지갑에 여러 개의 만년필을 넣고 다녔다고 한다. 스님은 미수 허목(許穆)의 시를 빌려 공부하는 이들이 귀감으로 삼을 글씨를 남기기도 했다. '눈이 한 척이나 내려 안부를 묻는 것만으로도 족한데 물건(붓과 쌀)은 왜 보냈는가? 선비로서 붓은 받아도 되겠지만 쌀은 받을 것이 아니니, 가(可)한 것은 두고 아닌 것(否)은 돌려보내겠노라.' 나는 스님의 만년필과 잉크를 마음 깊이 감춘 채 박물관을 나왔다. 석탑의 그림자가 조금씩 길어지는 시간, 방산굴로 가는 길은 아직 미궁처럼 얽혀 있었다. 종무실에서 냉커피 한 잔을 얻어 마신 나는 결국 방산굴행을 포기하고 절을 나왔다. 스님들이 선방으로 이용하고 있어서 갈 수 없다면 어쩔 수 없는 일이라 고개를 끄떡이며.

전화기가 울렸다. 생각을 바꿔 멀리서나마 스님이 입적한 방산굴을 엿보려고 몰래 숲을 헤매던 차였다. 방산굴로 가는 길이 열렸다는 전화였다. 나는 다시 절로 돌아왔다. 방산굴은 월정사 깊은 곳에 숨어 있었다. 검정 강아지 한 마리가 따라와 꼬리를 흔들었다. 탄허스님은 상원사 시절부터 방산굴이 있는 자리에 오면 유독 편안함을 느꼈다고 한다. 그리고 그곳에서 1983년 초여름에 돌아가셨다. 옛날 방산굴의 주련에는 스님의 이런 시가 걸려 있었다.

배고프면 쌀 없는 밥을 먹고
목마르면 젖지 않는 물을 마시고
허공 꽃 불사(佛事)를 짓는다

오대산에서 나온 젊은 스님이 땀을 흘리며 월정거리를 향해 씩씩거리며 걸어간다. 길옆 밭에서 감자를 캐던 노파가 일손을 멈추고 스님에게 묻는다.

"스님, 어딜 그렇게 급히 가시오?"

"에이, 절에 왔음 공불 가르쳐줘야지. 허구한 날 일만 시켜 먹고!"

시봉 생활하다 도망치는 스님이 분명하다. 노파가 웃는다. 언젠가는 깊은 눈을 지닌 채 다시 돌아올 스님을 보며. 돌돌(咄咄)!

04

오대산 나들이

오대천을 따라 올라가는 길

오대천을 거슬러 올라가는 길

겨울을 제외한 나머지 계절에 오대산을 여행하는 방법 중 내가 좋아하는 코스는 정선군 숙암에서부터 오대천을 따라 천천히 올라가는 것이다. 연둣빛 잎사귀들과 바위들 사이의 철쭉, 그리고 먼 산에서 아련하게 피어 있는 산벚꽃은 봄날의 풍경이다. 여름엔 초록의 물결이 계곡 아래에서부터 산꼭대기까지 한달음에 치솟는다. 그 초록이 어느 날 붉게 지쳐 물살을 어루만지고 있으면 오대산의 늦가을이다. 여유가 있다면 정선군과 평창군의 경계에 있는 장전계곡, 조금 더 올라와 막동계곡, 하오개계곡까지 차를 끌고 들어갔다가 나오는 것도 괜찮을 것이다. 이제부턴 오대천 골짜기가 조금씩 넓어지면서 사람들의 마을이 나타나는데 마지막으로 마평리 청심대[1]에 올라 억울하게 생을 마감한 강릉 관아의 기생 청심을 삶을 위로하는 건 어떨까.

진부는 진부한 동네가 아니다

이제 오대천은 진부(珍富)의 넓은 뜰을 가로지른다. 진부는 예전부터 강릉으로 가는 관문이고 오대산을 비롯한 높은 산들을 등지고 있기에 일제강점기에도 목재 수탈을 위한 일본인들의 회사가 들어서 있었다. 오대산 일대의 아름드리나무들을 조선시대에도 오대천을 이용해 서울로 반입되었는데 대표적인 일이 흥선대원군의 경복궁 중창이다. 그 여파로 진부에는 궁궐목터라는 지명까지 생겨났다. 일제는 오대산 일대의 목재를 대량으로 수탈하려고 대관령 고갯길을 넓히는 신작로까지

---

1 진부면 마평리 청심대에 얽힌 기생 청심의 사연은 요즘 관점으로 보면 화가 날 확률이 다분하다. 조선 고종 3년 강릉부사 박양수와 기생 청심의 이야기인데 박양수가 서울로 가게 되자 두 사람은 이곳에서 마지막 송별을 한 모양이다. 송별 후 청심은 청심대에 올라 절벽 아래로 뛰어내려 목숨을 끊었다. 강릉으로 돌아간들 전임 부사의 기생이었던 이력 때문에 삶이 순탄하지 않을 것이기에. 그런데 당시의 양반들은 그걸 두고 절개가 굳느니 어쩌느니 하면서 칭송을 아끼지 않았다고 하니……. 청심대는 경치가 수려해 단원 김홍도의 『금강사군첩』에도 등장한다. 김홍도는 이곳뿐만 아니라 월정사, 오대산사고, 상원사, 대관령 등을 그렸다.

만들어 우마차는 물론 차량으로 목재를 실어 주문진항으로 날랐다. 목재뿐만 아니라 오대산사고에 보관돼 있던 조선왕조실록도 대관령 신작로를 이용해 주문진으로, 거기에서 다시 배를 이용해 일본으로 수탈해 갔다.

해방 이후에도 진부의 목재산업은 번창을 거듭했다. 동양척식회사의 목재회사는 우리나라의 대표적인 연필 만드는 회사가 인수했고 진부의 곳곳에 자리한 제재소들이 호황을 누렸다. 그렇다 보니 진부의 부자들은 대부분 제재소를 운영하는 목상들이었다. 어린 시절 산에 가서 나무를 하던 어른들이 제일 무서워했던 이는 산림감수였고. 하여튼 오대천은 그 많은 세속의 사연들을 품은 채 월정거리를 지나 다시 오대산 좁은 협곡으로 들어간다.

산문을 열다

신라의 고승 자장율사가 처음 산문을 열어젖힌 오대산은 많을 사찰들을 품고 있다. 월정사, 육수암, 남대 기린봉 지장암, 동대 만월봉 관음암, 오대산사고와 영감사, 상원사, 중대 지로봉 사자암, 오대산 적멸보궁, 서대 장령봉 염불암, 북대 상왕봉 미륵암. 그뿐만이 아니다. 위성지도를 펼치면 일반인에게 개방하지 않은 작은 암자들이 산 곳곳에 숨어 있다. 개인적으

오대산 일주문 문을 통과하면 골짜기 골짜기에서 크고 작은 절이 우리를 기다리고 있다.

론 숨어 있는 암자들을 찾아가고 싶지만, 계곡 입구에 쇠로 된 문이 잠겨 있어 아쉽기 그지없다.

월정사를 중심으로 한 오대산 불교문화권은 찾아갈 때마다 변신을 거듭하고 있는 듯하다. 그중 가장 대표적인 것은 국립조선왕조실록박물관, 월정사 성보박물관, 한강시원지 체험관, 그리고 오대산 자연명상마을 개관이다. 오대산 입구인 오대산문을 통과하면 길 양편에 차례로 도열해 있는데 건물의 외관도 외관이지만 소장하고 있는 문화재들이 예사롭지 않다.

최근의 이슈는 당연히 오대산사고의 전통을 이은 조선왕조실록박물관 개관이다. 오대산사고는 산속에 자리 잡고 있어 관리가 어려웠기에 월정사를 수호 사찰로 두었다고 한다. 또한 조정에서는 정기적으로 사관을 파견해 서적의 상태를 점검하였다고 전한다. 승정원일기에는 오대산사고를 이렇게 묘사한다. '오대산 동네 어귀에서 30리쯤 들어가면 사각(史閣)이 있고, 사각에서 20리 떨어진 곳에 월정사가 있습니다. (사각과 월정사) 사이에는 다른 사찰이 없고, 사각 옆에 사관들이 포쇄(서적을 햇볕에 쬐는 일)하러 갔을 때 머무는 청사 3~4칸이 있습니다. 또 그 왼쪽에는 영감사라는 작은 암자 수십 칸이 있는데 승도(僧徒) 수십 명과 참봉, 그리고 수호군들이 모두 이 암자에 머물면서 사고를 수호합니다.

그러나 오대산사고에 보관되어 있던 실록과 의궤는 일제강점기에 일본으로 반출되는 아픔을 겪었다. 100여 년 만에 오대산으로 다시 돌아온 실록은 다음과 같다. 성종실록 47책 중 9책, 중종실록 53책 중 50책, 선조실록 89책 중 15책, 효종실록 22책 중 1책인데 모두 국보로 지정되었다. 다음은 왕실의 출생, 책봉, 즉위, 혼례, 장례, 잔치, 사신 영접, 기록물 편찬, 어진 제작, 건축 등 다양한 행사를 글과 그림으로 남긴 의궤다. 철종『국장도감의궤』, 고종의 즉위와 대한제국 선포 과정을 수록한『대례궤』, 태조의 어진 모사 과정을 수록한 태조『영정모사도감의궤』,『경운궁중건도감의궤』가 그것인데 모두 보물로 지정되었다.

박물관에서는 오대산 사고본이 오대산으로 돌아오기까지의 100여 년의 세월 동안 겪은 여정을 자세하게 알려주고 있다. 한 가지 아쉬운 점은 강원특별자치도민이 그동안 오대산 사고본의 환지본처를 위해 애쓴 점이 빠져 있다는 게 옥에 티라고 본다.

석조보살좌상의 미소

월정사 성보박물관의 핵심은 뭐니 뭐니 해도 옛날 월정사 팔각구층석탑 앞에 앉아 있던 석조보살좌상의 은은한 미소라고 나는 여긴다. 국보도 보물도 내겐 그다지 큰 의미가 없다. 석조보살좌상이 박물관으로 자리를 옮기기 전 나의 월정사 방문은 그 미소를 보기 위함이었다. 그 미소를 보면 마음속에서 들끓던 무엇인가가 조금은 가라앉았다. 그 미소를 보는 시간도 다양했다. 해질녘이 가장 좋았지만 심지어는 밤에 보는 것도 괜찮았다. 미소뿐만이 보살좌상의 등도 마음에 들었다. 또 어느 날은 머리에 쓰고 있는 돌로 된 관이 너무 무겁지 않을까 하는 걱정도 들었다. 그랬던 보살좌상이 세월의 힘을 이기지 못하고 박물관으로 들어간 뒤부터 한동안 월정사를 방문하고 싶지 않았다. 새로 자리를 차지하고 있는 석조보살은 왠지 낯설기만 할 뿐이었다.

월정사 팔각구층석탑은 왜 삐딱하게 서 있는 것처럼 보일까

5월의 햇살이 만들어 낸 주름살이 펼쳐져 있는 오대산 전나무 숲을 걸었다. 숲 중간에 있는 성황각은 문이 반쯤 열려 있다. 안을 들여다보니 할아버지 한 분이 근엄한 표정을 한 채 액자 속에 모셔져 있다. 혈기 왕성했던 이십 대 시절 오대산 아랫마을에 살던 나의 꿈 중 하나는 밤중에 이 성황각에 들어가 하룻밤 잠을 자보는 것이었다. 잠이 잘 올까? 무섭진 않을까? 성황신이 노여워하진 않을까? 온갖 상상이 다 들었지만 나는 그 꿈을 이루지 못하고 이십 대를 건너왔다. 지금 해봐도 늦지 않았을 것 같기도 한데…….

전나무숲을 빠져나와 소나무 한 그루가 금강연을 굽어보는 걸 일별하고 천왕문을 지나 월정사 경내로 들어섰다. 가장 먼저 눈에 띄는 건 당연히 팔각구층석탑이다. 나는 습관적으로 카메라를 작동시켰다. 가끔 그런 일이 벌어진다. 멀쩡하게 서 있는 팔각구층석탑을 사진에 담으려고 하면 옆으로 약간 기울 게 보였다. 사진을 찍어도 마찬가지였다. 내 마음이 삐딱해서 그런 걸까. 어떨 땐 카메라를 삐딱하게 기울여야 비로소 제대로 탑이 사진에 찍혔다. 대체 무슨 조화란 말인가. 다른 사람도 그런 걸까. 나는 찍힌 사진을 지우고 다시 찍기를 반복하다가 겨우 탑 하나를 바로 세웠다.

월정사 뒤편, 탄허스님이 계시던 방산굴(方山屈)에 가보고 싶었지만 역시 관계자 외 출입금지라 돌아서야만 했다. 절에는 문이 많다. 열려 있는 문도 많지만 닫혀 있는 문도 그만큼 많다. 나는 절에 가면 늘 닫혀 있는 문 안이 궁금하다. 담을 넘어서라도 그 안에 들어가고 싶은 적이 많았다. 그것은 또 왜 그런 걸까? 전생이 스님이었단 말인가. 나이는 들었지만, 이제라도 머리를 밀고 스님이 되라는 것일까.

부도밭과 선재길

월정사를 나와 다시 오대천을 따라 천천히 삼보일배하듯 차를 몰고 올라간다. 전나무숲에 둘러싸인 부도밭(浮屠-)엔 햇살과 나뭇가지들의 그림자만 가지런하다. 개산 이래 이 산에서 살다가 입적하신 스님들이 한데 모여 있으니 따사롭기까지 하다. 한 시절 산 아랫마을의 청년들은 결혼식을 올리고 난 뒤 부도밭에 모여 신랑 신부가 숨바꼭질하는 풍속이 있었다. 신부가 눈을 가리고 저편에 서 있는 신랑의 말만 들으며(친구들은 입을 모아 다른 방향을 알려주고) 정해진 부도를 찾아가는 풍속이었는데 지금은 사라져 버렸다. 그 모습을 지켜보는 부도

속의 스님들은 즐거웠을까, 시끄러웠을까.

산으로 들어가는 길은 비포장도로다. 오대천은 그 옆에서 재잘거리며 흐른다. 5월은 연두가 흐르지만, 10월엔 단풍이

오대산 사고 조선왕조실록을 보관하고 있던 곳.

흐르고, 1월엔 하얀 눈으로 덮이는 게 오대천이다. 물 건너편 월정사에서 조성한 선재길로 걸어가는 이들이 연두 사이로, 단풍 사이로 가끔 보인다.

경사가 급한 오대산사고 가는 길을 올랐다가 다시 내려온다. 다리를 건너고 하늘이 보이지 않는 숲을 지나고 다시 다리를 건너기를 되풀이하면 상원사 입구다. 차도 더 이상 갈 수가 없고 선재길도 유턴해야 한다. 오대천도 몸피를 줄여 개울물처럼 보인다. 산의 더 깊은 곳에 있는 절을 찾아가려면 걸어야만 갈 수 있다. 상원사, 중대 사자암, 적멸보궁, 서대 수정암, 북대 미륵암이 그곳이다. 이 중 가장 먼 곳에 있는 절은 나옹화상이 수행했다는 북대 미륵암이다. 이십 대가 끝을 맺고 삼십 대가 시작될 무렵의 어느 늦가을 북대 미륵암의 부엌 아궁이 앞에서 손을 녹인 적이 있다. 그 아궁이 앞도 부도밭처럼 따스했다.

한암스님의 서릿발 같은 일갈이 남아 있는 상원사

언젠가부터 오대산 상원사에 가면 빠트리지 않고 세 스님의 탑비를 찾아간다. 한암스님, 탄허스님, 만화스님, 이 세 분이 그 주인공이다. 만화스님은 전쟁 때 불탄 월정사를 중창하신 분인데 세속의 관계로 세 스님을 정리하면 이렇다. 한암스님은 할아버지, 탄허스님은 아버지, 만화스님은 아들이라고 보면 된다. 돌배나무가 마당 귀퉁이에 서 있고 영산전 앞엔 파탄이 서 있는 상원사에서 멀리 있는 동대산을 바라보다가 다시 물소리가 졸졸거리는 오대천으로 돌아왔다.

물을 따라 올라왔으니
이젠 물을 따라 내려가야 한다.

05

미탄

아름다운 여울에서 송어가 헤엄치는 곳

미탄(美灘)은 평창읍에서 동쪽으로 30여 리 거리인데 42번 국도에 자리한 멧둔재(멧둔재터널)를 넘어야 갈 수 있다. 미탄으로 가는 또 다른 길은 영월 마차리에서 밤재(밤재터널)를 넘어서 가는 길(415번)이다. 세 번째 길은 정선 광하리에서 비행기재(비행기재터널)를 넘어야 한다(옛 고갯길 이름은 마전치다). 이 세 개의 길이 전부다. 걸어서 산을 넘지 않는 한 미탄에서 밖으로 나가는 길도 당연히 이 세 개의 길이 다다. 아, 마하리에 가면 동강과 만나는데 거기 절매나루터에서 자그마한 배를 타고 영월 신동읍 고성리로 갈 수도 있다. 하지만 요즘 세상에 관광객들 외에 누가 그 배를 타겠는가.

산너미목장에서 내려다본 미탄 미탄 시내를 가로지르며 흘러가는 물은 동강과 합류한다.

청옥산, 삼방산, 재치산, 백운산, 만지산, 성마령에 둘러싸인 미탄은 그야말로 산속에 자리 잡은 분지 마을이다. 그 산들에서 흘러 내려온 물은 모두 마하리의 동강으로 흘러간다. 마하리 동강은 정선과 영월의 경계선에 자리 잡고 있다. 마하리 동강 건너편 위쪽은 정선이고 아래쪽은 영월이란 얘기다. 옛날에는 육로보다 동강의 물길이 뗏목으로 더 흥했던 터라 물가에 사람들이 많이 살았지만, 지금은 모두 떠나버린 지 오래다. 더 이상 떼꾼들이 올라탄 뗏목에서 건너오는 아라리를 들을 수 없다. 물 옆 산자락의 비알밭(비탈밭)은 잡목이 무성하고 너와집 굴피집 들은 세월의 힘을 이기지 못하고 모두 허물어져 버렸다.

미탄은 고려시대에는 미탄(味呑)이었다가 조선말 창고가 있었다. 하여 미창(米倉)으로 불리다가 일제강점기 때 미탄(美灘)으로 개정되었다. 1980년 폐광 정책 시행 전 인구가 10,000여 명으로 최고점을 찍었고 그 후 계속 감소하였다. 1990년 3,242명이었다가 2002년에는 2,184명이 되었다. 2020년에는 1,700여 명의 작은 산간마을이 되었다. 1970년대까지 석탄공사 율치갱, 용배탄광, 미탄탄광, 대양탄광, 중인탄광, 제일탄광이 있었으나 지금은 모두 폐광이 되었다. 현재는 석회석을 생산하는 태영석회 청수광업소가 유일하게 남아 있다. 지금 미탄은 주로 밭농사에 의지하고 더불어 물이 차고 맑아 송어양식장이 성행하고 있다.

평소 지나가면서 본 미탄의 시내 풍경은 늘 쓸쓸했다. 건물들은 낡아가고 있었고 페인트가 벗겨진 간판은 새 옷을 갈아입지 못하고 있었다. 마침 배가 출출해 들어간 음식점도 마찬가지였다. 허기만 겨우 채우고 서둘러 나온 적이 많았다.

시내를 포기하고 동강이 흐르는 문희마을에 가서 물 구경, 송어 구경이나 하다가 돌아왔다. 게다가 외곽도로가 개통된 뒤부터 아예 시내를 경유하지도 않게 되었으니……. 미탄은 그저 평창에 가거나 정선에 갈 때 지나가는 동네가 되어버렸다. 도시가 아무도 모르게 사라진다 해도 이상하지 않을 것 같은 곳이었다. 잊을 만하면 찾아오는 선거 때도 마찬가지였다. 평창 사람들은 군에서 인구가 가장 적은 미탄의 존재에 그다지 신경을 쓰지 않았다.

그런 미탄이었는데 언젠가부터 인터넷에 미탄이란 지명이 하나둘 떠돌기 시작했다. 그러더니 이내 포켓몬스터처럼 인터넷의 여기저기서 모습을 드러냈다. 아니, 대체 미탄에 뭐가 있다고 이렇게 난리들이지? 나는 결국 호기심을 참지 못하고 미탄의 이곳저곳을 클릭하기에 이르렀다. 바깥사람들이 왜 미탄에 열광하는지 평창이 고향인 사람으로서 조금이나마 알아야 했기 때문이었다. 그러나 그때까지는 몰랐다. 내가 얼마 지나지 않아 차를 끌고 다시 미탄 시내로 들어가게 될 줄은.

06

산너미목장

육백마지기가 있다면 육십마지기도 있다

산너미의 한자는 산유(山踰)다. 유(踰)는 넘을 유다. 미탄의 횟골 서북쪽 산 너머 수리봉 아래에 있는 마을의 이름이 바로 산넘이마을 또는 산너미마을이다. 산 너머에 자리한 마을이 세월이 흐르는 동안 산너미가 되었다고 한다. 아름다운 마을 이름이다. 산너미마을에는 한때 비탈진 산자락에 20여 가구가 있었다고 하는데 지금은 모두 떠나가고 단 한 가구만 남아 있다. 그 집에서 운영하는 목장이 바로 산너미목장이다.

미탄 장거리의 식당에서 백반으로 점심을 먹고 시내 한 바퀴 둘러보고 산너미목장으로 향했다. 종이지도에서 대충 위치만 파악했을 뿐 내비게이터는 켜지 않았다. 청옥산 육백마지기로 가는 회동리 쪽으로 방향을 잡았는데 얼마 가지 않아 길옆에 자그마한 목장 알림판이 나타났다. 알림판에는 흑염소 한 마리가 그려져 있었다. 구불구불 돌아가다 갈라지는 마을 길을 따라 얼마쯤 가자, 다시 알림판이 나타나 길에 대한 의심을 떨쳐버릴 수 있었다. 마을과 비탈밭 다음은 좁은 산길이었다. 시멘트로 포장이 돼 있어 그나마 안심이었지만 앞에서 차가 오면 비킬 수 있을지 걱정이 새록새록 돋아났다. 예전에, 산길에서 길을 비켜주다 풀 속에 숨어 있던 날카로운 돌에 타이어가 찢어졌던 기억이 자연스럽게 떠올랐다. 길의 왼쪽은 산비탈이고 오른쪽은 벼랑이니 마음은 바람 앞의 등잔불처럼 흔들거렸다. 더군다나 초행길이었다.

다행히 산에서 내려오는 차를 만나지 않고 작은 고갯마루에 도착했다. 커다란 돌에 '산너미 농장'이라고 새겨놓은 까만 글씨를 만나자 비로소 불안했던 마음이 진정되었지만, 또 다른 안내문(사유지이므로 일반인의 출입을 금한다는……)을 발견하자 새로운 걱정이 피어났다. 연락도 없이 무턱대고 찾아가는 길이었기에 고갯마루에 차를 세우고 안내문 아래에 적혀 있는 번호로 전화를 걸었지만 없는 번호라는 멘트만 흘러나왔다. 그 아래의 휴대전화 번호의 시작은 011이었다. 들어가야 하나 말아야 하나를 고민하고 있을 때 처음 우려했던 일이 벌어지고 말았다. 저편에서 올라온 자가용에게 길을 비켜주느라 한참을 후진과 전진을 반복했다. 찾아가는 곳에 대한 사전 정보도 제대로 습득하지 않고 길을 떠나는 나의 오래된 버릇은 도무지 고쳐지지 않는다. 쉬는 날일 수도 있고, 당사자가 바쁜 날일 수도 있고, 폭우에 길이 끊길 수도 있고…… 하지만 고갯마루에서의 후회는 아무 소용이 없다. 어찌될지 모르지만, 끝까지 가보는 수밖에 없다.

고갯마루를 천천히 내려가자, 남서쪽 산에 둘러싸인 분지가 나타났고 길옆에 쌓아놓은 돌탑들이 하나둘 보였다. 크기와 모양이 제각각이었다. 돌탑과 나무들 사이로 산비탈에 펼쳐진 목장의 초지가 모습을 드러냈다. 길 왼편에 몇 채의 집들이 있었는데 어디로 가야 할지 막막했다. 나의 준비 부족으로 인해 헛걸음이 될지도 모른다고 인정한 뒤 저편에 자동차 몇 대가 서 있는 건물로 향했다. 자, 부디 내게 행운이 있기를!

내가 찾아간 곳은 목장의 식당이었다. 행운이 내게 문을 열어주었다. 식당에서 아는 사람을 만났고 그가 산너미목장의 목장 지기를 전화로 불러주었다. 오, 쉬는 날도 아니고, 태풍도 물러갔고, 목장 지기를 볼 수 있게 되었으니 행운이란 행운은 다 받은 것이었다.

자, 이제 산너미목장으로 들어가 보자!

밀짚모자를 쓰고 나타난 목장지기 임성남 씨는 젊었다. 연락도 없이 불쑥 찾아갔던 터라 살짝 긴장했는데 그의 선량한 눈빛을 보고 안심되었다. 식당에서 몇 마디 대화를 나눈 뒤 나는 그를 따라 목장 구경을 나섰다.

임성남 씨의 증조할아버지가 산너미에 처음 터를 잡았다. 강원도의 산골짜기 대부분이 그렇듯 당시 산너미도 화전(火田)의 골짜기였다. 산비탈에 불을 놓아 밭을 일구는 화전민의 삶이 고달프지 않을 까닭이 없다. 나라가 근대화되면서 이 땅의 화전민들은 하나둘 산을 떠났다. 산너미에 살던 사람들도 마찬가지였다. 그러나 임성민 씨 집은 산너미를 떠나지 않았다. 증조할아버지와 할아버지의 자취가 남아 있는 곳이었다. 할아버지와 아버지는 모두 떠나간 산너미에 홀로 남아 농장과 목장을 일궜다. 목장의 대표 가축은 흑염소였다. 아버지의 꿈이었던 일이었다. 산너미목장은 그렇게 시작되었고 결국 지금까지 4대째 산너미에서 살아오고 있다.

"1970년대에는 저의 할아버지와 할머니인 임운섭, 전옥자 부부가 농사를 지으며 살았던 이곳이 1980년대부터는 저희 아버지께서 흑염소를 자연 방목의 형태로 목축하기 시작했습니다. 현재 아버지와 함께 저희 두 형제는 이 산너미목장을 흑염소 방목목장에서 평창의 자연과 라이프스타일을 제안하는 새로운 산촌경험 공간으로 만들어 가고자 합니다. 집을 떠나 서울과 다양한 도시에서 여러 경험을 하다가 이제 평창으로 돌아온 지 6년째가 되었네요. 목장지기 두 형제는 앞으로 산너미목장을 차박, 육십마지기 트레킹, 별밤 투어, 산촌피크닉, 북스테이 등 다양한 산촌경험을 제안하는 공간으로 만들겠습니다."

목장에는 예상외로 많은 돌탑이 곳곳에 자리하고 있었다. 모두 땅에서 파낸 것들이었다. 물었더니 모두 300여 기가 된다고 하였다. 언덕 위에서, 나무 옆에서, 땅에 박힌 암반 위에서 돌탑들은 이를 데 없이 수수한 모습으로 목장을 지키고 있었다. 가까이 다가가 보니 저마다 다른 모양의 돌들 수백, 수천 개가 모여 탑을 이루고 있었다. 사람의 키보다 큰 것에서부터 꼬맹이 돌탑까지. 마치 산너미목장의 별자리를 환한 대낮에 보는 것 같았다. 산너미목장의 흑염소 별자리.

어렸을 때 우리 집에서도 가끔 염소를 기른 적이 있다. 염소는 고집이 셌다. 사람 말을 그리 잘 듣는 가축도 아니었다. 가까이 다가가면 슬쩍 물러나고 돌아가려 하면 슬금슬금 다가왔다. 그런데도 호기심이 많아서 눈을 마주치면 끝까지 먼저 눈을 다른 데로 돌리지 않았다. 저녁 무렵 개울 옆에 묶어놓은 염소를 집으로 끌고 오는 일은 고역이었다. 도무지 사람의 걸음과 맞추려 하지 않았다. 자기 방식대로 걸어야 비로소 만족했다. 새끼 흑염소는 아주 귀여워서 쓰다듬어 주려 해도 웬만해선 머리를 들이밀지 않았다. 곁을 잘 내주지 않는 가축인지라 개처럼 친해질 수가 없었다. 그럼에도 어두워질 무렵 주인이 데리러 오지 않으면 꼼짝하지 않고 서서 길만 바라보는 참 묘한 성격의 가축이었다. 물론 산너미목장에서 자라는 700여 두의 흑염소들은 자연 방목하는 터라 그런 수고를 하지 않아도 된다. 저녁이 되면 알아서 우리로 돌아온다. 산너미목장은

흑염소들 산너미목장의 염소들은 음메에~ 하고 울었다. (사진 목장 제공)

농림부가 지정한 산지생태축산농장이다. 있는 그대로 산지를 활용하여 동물복지를 실현하려고 노력한다. 약 20만 평 규모의 목장에서 자라는 흑염소들은 해발 700~900미터에서 자라는 산야초와 샘물을 먹으며 건강하게 자라고 있다. 나는 목장지기에게 어떻게 하면 흑염소들을 만날 수 있느냐고 물었다.

"운이 좋으면 볼 수 있어요."

건너편 산자락의 넓은 초지를 바라보니 그 말이 사실인 듯했다. 어쩌면 한 마리의 흑염소도 만나지 못하고 돌아갈지도 모른다는 생각이 문득 들었다. 송어낚시처럼.

우리는 목장 뒤편의 운치 있는 소나무 숲으로 향했다. 소나무들은 한눈에 보기에도 수령이 깊었다. 산너미마을의 역사를 고스란히 알고 있을 것만 소나무들이었다. 그런데 아름드리 소나무들의 밑동이 하나같이 이상했다. 마치 넘어진 것처럼 껍질이 벗겨졌고 그곳엔 송진이 흘러나와 굳어 있었다. 목장지기의 설명에 의하면 일제강점기 때 송진 착취의 흔적이라고 했다. 이 땅의 소나무들이 겪었던 아픔이었다. 다행히 시련을 이겨내고 푸른 가지를 허공에 펼쳐놓고 있어 안심되었다.

소나무 숲 옆에 설치해 놓은 야외무대에 올라가 목장의 전경을 둘러보았다. 가운데 골짜기를 두고 목장은 양편으로 나

뉘어져 있었는데 전체적으로 마치 둥그런 함지에 들어가 있는 것처럼 아늑했다. 1983년에 문을 연 목장은 처음엔 개방하지 않다가 3년 전쯤부터 일반인들에게도 문을 활짝 열어놓았다. 산골짜기에 자리 잡은 농장의 특성을 살려 봄에는 취, 달래, 곤드레, 고사리, 더덕, 칡, 황기 등의 산나물과 약초 체험을 할 수 있고 가을에는 호두 줍기, 버섯 산행, 흑염소 만나기 등등의 프로그램도 만들었다. 여기에서 멈추지 않고 목장지기는 '문화가 있는 산너미목장'이란 타이틀 아래 각종 음악공연도 열고 있었다. 그동안 퓨전국악그룹인 '연희별곡', 아리랑과 오페라가 함께 한 '아페라 트레킹', 인디밴드 공연이 목장의 곳곳에서 개최되었다. 또 평창 청년들의 프로젝트팀인 '포레스트 로드 700'이 '산너미목장 숲향 지혜 트레킹', '포레스트 투 테이블: 산너미목장'도 열었다. 이것은 평창의 숲에서 평창의 로컬푸드를 즐기고 맛보는 생태관광이라고 할 수 있다. 또 하나가 있다. 어느 기자의 도움으로 캐리어 도서관을 만들었다. 재활용 캐리어 10개 정도에 책을 넣어 목장의 정자에 비치하는 일종의 간이도서관이다. 목장을 찾아오는 사람들이면 누구나 정자의 나무 기둥에 기대어 흑염소의 울음소리를 들으며 책을 펼칠 수 있는 정자 도서관이 그것이다.

목장지기에게 물었다. '문화가 있는 목장'은 뜻은 좋지만

목장 정상 퓨전 아리랑을 부르는 청년들. (사진 목장 제공)

쉽지만은 않은 일인 것 같은데 그동안 어떻게 헤쳐 나갔는지를. 첫 번째 난관은 부모님과의 조율이었다. 목장 일도 바쁜데 거기에 전념해야 하지 않겠느냐가 부모님의 생각이었다. 목장지기는 미래의 목장이 가야 할 길로 부모님을 설득했다. 두 번째 맞닥뜨린 난관은 문화행사에 들어가는 비용에 관한 문제였다. 사실 자력으로 문화행사를 꾸준히 개최한다는 것은 쉬운 일이 아니다. 지금까지 목장지기가 할 수 있었던 일은 자리를 내어주고 물품을 협찬하는 정도에서 그칠 수밖에 없었다. 예술인들도 평창의 자연이 좋아 거의 재능기부를 한 것이나 다름없었다. 하지만 언제까지나 그럴 수는 없다. 문화 소외지역에 대해 기관이 적극적으로 관심을 가져줬으면 하는 게 목장지기의 소박한 바람이었다.

산너미목장에는 빨간 강판 지붕을 얹은 기역자집 한 채가 아담하게 자리 잡고 있다. 목장지기의 부모님이 사는 곳이다. 할아버지도 사셨던 집이고 목장지기도 이 집에서 태어났다. 햇살이 감싸주는 장독들, 넓은 마당 귀퉁이에 세워놓은 기이한 수석, 그늘이 내려 있는 시멘트 마루와 벽에 붙여놓은 위성안테나. 마루에 걸터앉아 막걸리 한 사발 마시고 있으면 이 집에서 4대에 걸쳐 살아온 산너미농장 가족들의 오래되고 소중한 이야기가 가만가만 흘러나올 것 같은 집이었다.

육십마지기 가는 길

연락도 없이 불쑥 찾아온 터라 더 이상 목장지기를 붙잡고 얘기를 청해 들을 수가 없었다. 나는 사진으로만 보았던 목장 정상(육십마지기. 목장지기는 건너편 청옥산 육백마지기와 비교해서 붙인 이름이라고 했다)으로 가는 길을 물었다. 목장지기가 말로 길을 설명했지만, 왠지 불안했다. 그야 눈을 감고도 갈 수 있는 길이겠지만 나로서는 처음 가보는 길이었다. 더군다나 산길이었다. 멧돼지를 만날지도 모르고 까딱 길을 잘못 들면 다른 산으로 올라갈 수도 있는 게 바로 산길이었다.

"큰길로만 가시면 됩니다. 갈림길이 나타나면 더 큰길로 가시면 아무 문제없어요."

이정표가 없다는 얘기였다. 나는 가방을 둘러매고 차의 트렁크에서 나무 지팡이를 꺼냈다(한결 안심되었다. 목장지기는 가끔 들개가 출몰한다고 말했다). 물 한 병을 얻어 가방에 넣고 길을 떠났다. 아무렴 명색이 대관령 촌놈 아닌가. 초입은 계곡을 따라가는 길이었다. 길옆으로 낙엽송 군락이 시원하게 하늘을 향해 뻗어 있었다. 예전에 화전이었던 곳이다. 화전을 정리하면서 나라에서는 대부분 낙엽송을 심었다. 늦가을 시골길을 달리다 보면 산자락 일부나 산꼭대기까지 노랗게 물들어 있는 걸 볼 수 있는데 그 나무가 바로 낙엽송이고 그 자리가 바로 화전이다. 그걸 알고 난 뒤부터 낙엽송의 단풍이 결코 아름답게 보이지 않았다. 밭을 일구려 산꼭대기까지 올라간 화전민들의 후손이 바로 우리이다.

그다음은 잣나무밭이었다. 여기저기서 풀벌레 소리와 새소리가 피어났다. 나무 그늘에 가린 햇살은 바람이 불면 바늘처럼 숲길로 쏟아졌다. 물이 흐르지 않는 계곡 주변은 보라색 물봉선화 군락지였다. 거기서 날아온 나비가 산비탈의 하얀 취나물 꽃으로 너풀거리며 날아갔다. 그곳에서 길이 갈라졌다. 나는 잣나무가 자라는 산비탈 쪽으로 난 큰길을 택했다. 흙길 위 여기저기에는 잣 껍데기가 소복하게 쌓여 있었다. 청설모나 다람쥐가 만들어 놓은 작품이었다. 그늘과 햇살이 번갈아 가며 깔린 저 앞에서 길은 다시 휘어져 있었다. 지그재그로 이어진 길은 영화 〈내 친구의 집은 어디인가〉에서 본 것과 비슷했다. 왼편으로 돌아갔다가 어느 지점에서 다시 오른편으로 돌아가는 길. 그곳에 어김없이 숨어 있는 샛길. 목장지기의 말은 틀리지 않았다.

산 중턱쯤 왔을까. 이번엔 도토리가 길 위에 드문드문 떨어져 있었다. 하늘을 쳐다보니 잣나무들은 어느새 사라지고 도토리나무가 울창한 가지를 펼친 채 방문객을 맞아주었다. 거기서부턴 비슷비슷하게 생긴 참나뭇과의 나무들이 모습을 드러냈다. 굴피나무? 상수리나무? 그리고 기다렸다는 듯 바람이 불어와 이마의 땀을 식혀주었다. 나는 잎이 말라가는 고사리밭이 내려다보이는 길 위에 앉아 물을 마셨다. 운동화의 끈에는 생김새가 도꼬마리와 비슷한 작은 풀씨들이 붙어 있었다. 떼어낼까, 하다가 그냥 내버려 두었다.

지그재그로 휘어지는 숲길에서 몇 번의 우회전을 하고 좌회전하며 산을 올랐을까. 이번에는 멋진 소나무들이 평평한 지대에서 한껏 자세를 잡고 모여 있었다. 뭔가 새로운 냄새도

솔솔 피어났다. 길 위를 살펴보니 검은콩 같은 염소 똥이 사방에 흩어져 있었다. 거기서 피어나는 냄새였다. 아니나 다를까. 어디선가 음메에~ 하는 염소의 반가운 울음소리가 들려왔다. 주위를 둘러보니 고사리밭을 지나 비탈이 완만한 초지의 그늘 넓은 나무 아래에 염소들이 모여 풀을 뜯고 있었다. 염소 중에는 덩치가 송아지만 한 녀석도 있어 깜짝 놀랐다.

"니가 대장 염소냐?"

"메에에~"

어떤 염소가 답을 보내왔지만 무슨 내용인지는 알 수 없었다.

산너미목장 육십마지기 정상엔 미탄에서 두 번째로 아름다운 소나무 한 그루가 서 있었다. 그 그늘도 한없이 넓어 사람 육십 명, 염소 육십 두가 앉아 책을 읽고 풀을 뜯어도 될 것 같았다. 그늘 속으로 들어온 바람이 달았다. 염소 똥 냄새마저 구수했다. 산 너머, 너머, 너머의 푸른 하늘에는 뭉게구름이, 산 아래, 아래, 저 아래에는 손바닥만 한 미탄 시내가 자리하고 있었다. 육십마지기 정상의 수령 깊은 소나무는 산너미목장을 가려주는 우산처럼 보였다. 그 그늘에 육십 명의 사람과 육십 두의 염소가 서로 어울려 앉아 평창아라리를 감상하는 장면을 상상해 보았다.

목장 정상의 소나무 그늘이 넓어 나무 아래에 앉아 멍 때리기 좋은 장소다. (사진 목장 제공)

07

미탄 동강 십여 리

평창, 정선, 영월의 아라리가 뒤섞여 흐르는 동강

모르는 사람들이 많은데 평창에도 동강이 있다.

동강은 정선 읍내를 통과한 조양강이 남면 가수리에서 동남천(사북에서 흘러온)과 만나면서 새로이 만들어진 강의 이름이다. 이후 정선군 신동읍 운치리, 고성리, 덕천리 구간의 뼝대와 여울, 자갈밭을 뱀처럼 구불구불 휘돌아 나와 절매나루터의 시퍼런 무당소에서 숨을 고른다. 미탄 백룡동굴이 자리한 문희마을 절매나루터부터 행정구역이 바뀌는데 강의 북쪽은 평창군 미탄면 마하리고 남쪽은 영월읍 북면 문산리다. 여기서부터 5km 정도가 평창이 동강의 등허리를 어루만질 수 있는 구간이다. 나루터로 치면 절매나루터에서 진탄나루터까지인데 중간에 옛날 뗏목을 망가뜨리고 떼꾼들을 죽음으로 몰고 가기도 했던 그 유명한 황새 여울이 자리하고 있다. 비록 짧은 구간이지만 강 바로 옆에 시멘트 도로가 붙어 있어 동강의 절경을 감상하기엔 부족함이 없다. 아니 과분할 정도다.

평창의 송어낚시

미탄 시내에서 동강으로 가려면 정선으로 이어진 서동로(42번 국도)를 따라가다 한탄리 입구에서 평창동강로로 틀어야 한다. 한탄리, 기화리, 마하리로 이어지는 길인데 이 길은 마하리 문희마을 절매나루터에서 끝을 맺는다. 더 가려면 차에서 내려 배를 타는 방법밖에 없다. 하지만 물가에 묶어놓은 배는 아무나 태울 수 없다는 듯 완고한 표정을 짓고 있다. 아니면 절벽에 뚫려 있는 백룡동굴로 들어가야 하는데 그것도 미리 준비하지 않으면 쉽지 않은 일이다. 하지만 그렇다고 해서 실망할 것까진 없다. 동강은 곳곳에 많은 것들을 숨겨놓고 있으니까 말이다.

미탄은 산이 높고 계곡이 깊은 고장이어서 차고 맑은 물이 흐르는 곳이다. 그래서 송어양식을 하기에 적당한 곳이 많다. 미탄에는 크고 작은 송어양식장이 많아 평창을 송어의 고장으로 알리는 데 큰 역할을 하고 있다. 창리, 회동리는 물론

이고 그중에서도 동강으로 가는 한탄리, 기화리, 마하리 곳곳에 송어양식장이 자리하고 있다. 평창의 무지개송어(Rainbow Trout)는 이름만큼 아름답다. 원산지는 북아메리카와 러시아인데 환경 적응력이 뛰어나 양식에 적당한 어종이다. 성어가 되면 붉은색으로 옆줄이 생기는데 얼핏 보면 무지갯빛이 보여 무지개송어라고 한다. 1965년 어류학자 정석조 씨가 수정된 알을 우리나라에 처음 가져와 조건이 가장 좋은 평창의 양어장에서 자라게 된 것이었다. 무지개송어는 지금은 희귀한 우리나라의 토종 송어와는 다른 특성을 보인다.

어느 해 여름 내내 나도 엉성한 낚싯대를 들고 기화리를 가로지르는 창리천을 어정거린 적이 있었다. 발이 시립도록 차가운 물에 들어가 이곳저곳으로 낚싯대를 휘둘렀다. 양어장에서 흘러나오는 수로 근처를 기웃거리다(혹시라도 도망친 송어가 있을지도 모른다는 생각에) 돌에 미끄러져 개울물 속으로 처박히기도 했다.

송어는 민물고기의 제왕 중의 하나다. 루어를 물었을 때의 손맛은 결코 잊을 수 없다고 송어를 낚아본 낚시꾼들을 입을 모아 합창했다. 사실 그때까지 내가 남한강 최상류에서 잡은 물고기들은 그저 어린아이들도 운이 좋으면 잡을 수 있는 피라미들에 불과했다. 작고 가시가 있고 맛도 별로 없는 물고기를 잡으려고 더 이상 밤이슬을 맞을 수는 없다는 생각이 들었을 때 누군가 미탄의 무지개송어낚시 얘기를 꺼냈다. 때마침 나는 대학 시절에 읽었던 소설 리처드 브라우티건의 『미국의 송어낚시』를 다시 뒤적거리고 있던 참이었다. 나는 곧장 송어낚시 채비를 갖췄다. 더불어 노먼 F. 매클린의 소설 『흐르는 강물처럼』도 탐독하고 영화도 함께 보았는데 흥분을 가라앉힐 수 없었다. 더군다나 내 고향인 평창에서 송어낚시를 할 수 있다니 송어낚시야말로 나의 운명처럼 여겨졌다.

하지만 그해 여름 『미국의 송어낚시』에 나오는 시에서처럼 단 한 마리의 송어도 낚지 못했다. 반짝이는 수면 위로 튀어 올랐다가 사라진 송어를 본 게 전부였다. 그러던 어느 날 오후 좁은 수로에서 등이 구부러진 송어 한 마리를 족대로 건진 게 유일한 포획이었다. 나의 낙심은 이만저만 큰 게 아니었다. 송어낚시는 아무나 하는 게 아니라는 걸 몸소 체득한 여름이었는데 우리는 어두워지는 어느 날 저녁 무렵 낚싯대를 접고 근처 송어횟집을 찾아가 돈을 주고 송어회를 먹으며 쓸쓸함을 달래야만 했다.

나는 참을 만큼 참았다

나는 7년 동안 낚시를 하러 갔으며

단 한 마리의 고기도 낚지 못했다
나는 낚싯바늘에 걸린 송어를 전부 놓쳐버렸다
그것들은 펄쩍 뛰어오르거나
또는 몸을 비틀어 빠져나가거나
또는 몸부림쳐서 빠져나가거나
또는 나의 리더를 부러뜨리거나
또는 수면으로 떨어지면서 빠져나가거나
또는 자신의 살점을 떼어내면서 빠져나갔다
이러한 좌절과 당혹스러움에도 불구하고
나는 믿는다
그것이 대단히 흥미로운 실험이었음을
놓친 송어의 총계를 생각해 볼 때

그러나 내년에는 다른 어느 누군가가
송어낚시를 하러 가야만 할 것이다
다른 어느 누군가가 그곳으로 가야만 할 것이다

— 알론조 하겐의 〈미국의 송어낚시 비문〉

나의 송어낚시는 그렇게 끝나버렸다. 이후에도 나는 몇 차례 미탄의 창리천을 기웃거렸지만 더 이상 낚싯대를 꺼내지 않았다. 송어양식장에서 떼를 지어 몰려다니는 크고 작은 송어들을 바라보기만 했다. 송어양식장에서 낚시하지 않는 한 송어는 내가 낚시로 넘볼 수 없는 물고기임을 깨끗하게 인정했다. 내 생각을 읽기라도 한 듯 창리천의 무지개송어들은 반짝이는 수면 위로 튀어 올라 은빛 물방울을 뿌리곤 다시 물속으로 사라지길 되풀이했다. 나는 물가의 바위에 엉덩이를 걸치고 앉아 그 아름다운 장면을 오래 바라보았다. 무지개송어 한 마리가 내 마음속으로 들어오길 기다리며. 미늘이 달린 날카로운 낚싯바늘로 무지개송어의 입을 아프게 하는 것보다는 훨씬 운치 있는 평창의 송어낚시라고 고개를 끄덕거렸다. 때맞춰 송어 한 마리 멋지게 뛰어올랐고.

마하리 동강 어름치마을

우리나라 고유종인 어름치는 천연기념물이다. 한강의 상류에 많이 서식하고 있는 물고기인데 몸통에 줄줄이 박혀 있는 흑색점이 인상적이다. 가슴, 배, 등, 꼬리에 달린 크고 작은 지느러미에는 수묵화 같은 흑색 줄무늬가 있는데 이 또한 아름답다. 물속 유속이 약한 자갈밭에 산란탑을 만들어 알을 낳고 번식한다. 동강변에 사는 사람들은 산란탑의 위치에 따라 그해의 장마가 어떠할지를 점치는 풍습이 있었다고 한다. 얕은 곳에 있으면 큰물이 오래 나가고 깊은 곳에 있으면 무난한 장마를 예상한다고. 조선시대에는 어름치를 얼룩 반(斑)자를 써서 반어(斑魚)라고 불렀다.

마하리 어름치마을은 창리천이 동강과 만나는 곳에 있다. 마을 광장(야영장)에 있는 알림판에는 어름치마을을 이렇게 설명하고 있다.

'어름치마을은 평창군 미탄면 마하리에 소재한 마을로 본동과 문희동으로 구성된 마을입니다. 말이 물을 마시는 형상이라 마하(馬河)라는 이름이 붙었으며, 2009년부터 어름치마을이라는 별칭으로 마을 공동사업을 진행하고 있습니다. 어름치는 천연기념물 259호로 지정되어 보호받고 있으며, 5월 산란기에 접어들면 주둥이로 자갈과 모래를 날라 산란탑을 만드는 특이한 형태를 나타냅니다. 이것은 산란한 알을 포식자로부터 지키려는 행동으로 이러한 어름치의 자식 사랑을 모티브로 우리 마을을 어름치마을이라 칭하게 되었습니다. 어름치마을은 백룡동굴탐사, 동강래프팅, 스카이라인/스카이점프 등 지하, 수상, 창공 체험이 한 번에 모두 가능합니다. 또한 과학생태교실 등 학생들을 위한 생태교육 프로그램을 운영하며 자연을 즐기며 배울 수 있는 프로그램을 제공하고 있습

니다.'

어름치마을의 각종 체험시설은 백룡동굴만 빼고 모두 본동의 광장 부근에 자리하고 있다. 본동은 삼면이 산으로 둘러싸였고 해가 뜨는 동쪽이 트여 있는데 마치 아늑한 둥지 속 같다. 어름치 조형물이 있는 광장 뒤편으로 이어진 언덕길 왼편에는 스카이라인과 생태 펜션이 오른편에는 평창 '동강민물고기생태관'이 자리하고 있다. 민가와 상가는 그 사이사이 그리고 비탈밭 귀퉁이 여기저기 흩어져 있는데 마을 한 바퀴 돌아보고 싶은 충동을 불러일으킬 정도로 정겨운 풍경이다.

이 마을의 특이한 점 중 하나는 마을 가운데에 산봉우리가 하나 있다는 것이다(동산). 어린 시절 우리 마을에도 그런 산이 있었는데 아이들은 그 산을 딴봉산이라 불렀다. 아마도 따

동강 어름치마을로 가는 관문 개울을 끼고 천천히 가다보면 동강의 물소리를 들을 수 있다.

로 떨어져 있는 산이라 해서 그렇게 불렀을 것이다. 하여튼 그 봉우리 주변에 민가와 밭들이 흩어져 있는데 여기에는 대단히 중요한 지질학적 비밀이 숨겨져 있다. 그것은 바로 구하도(舊河道)란 명칭이다. 구하도란 무엇일까? 광장의 알림판에는 이렇게 적혀 있다.

'보통 하천은 마치 뱀이 기어가는 형태로 구불구불하게 흐른다. 이렇게 흐르는 하천은 계속 양쪽 옆으로 길게 확장하면서 말의 말굽 모양을 가지게 된다. 이 경우 물이 흐르는 통로가 앞으로 나가면서 하류와 연결되고, 그렇게 되면 과거에 하천으로 물이 흐르던 곳은 하천이 아닌 물이 고여 있는 호수가 된다. 이 지역은 과거에 물이 흘렀다가 물이 마른 곳으로 과거에 하천이 흘러갔던 곳이기 때문에 구하도라 한다.'

그러니까 지금의 본동 일대가 모두 하천이었다는 얘기다. 마을 가운데에 있는 봉우리(동산)를 뱀처럼 돌아나가는 물길. 아, 그러고 보니까 옛날에는 홀로 떨어진 봉우리가 아니라 창리천 건너편의 산자락과 연결된 봉우리였다. 오랜 세월의 침식작용으로 그 물길이 사라진 구하도에 민가와 밭이 들어선 것이다. 놀라울 따름이다. 이곳의 지형은 태백의 구문소와 거의 비슷하다. 마하리는 말이 물을 먹는 형상에서 지명이 유래되었다고 하는데 그렇다면 그것은 산자락의 형태가 말을 닮았다는 얘기다. 하늘 위로 올라가 그 옛날의 말 한 마리가 고개를 숙이고 물을 먹는 형상의 산자락을 내려다보고 싶은 생각이 간절했다.

진탄나루터에서 절매나루터로 가는 동강길

어름치마을을 되돌아 나와 마하교를 건너 우회전을 하면 진탄나루터 야영장이 곧바로 나타난다. 진탄나루터는 창리천이 동강을 만나는 곳에 자리하고 있다. 지금은 이름뿐인 나루터지만 뗏목이 수시로 다니던 시절에는 중요한 나루터였다. 물 건너편은 영월읍 문산리다. 수로가 흥성했던 시절에는 나루터 주변의 주막은 그야말로 흥청거렸다. 동강변엔 이름난 주막들이 많았다. 주막들의 주요 손님은 당연히 떼꾼들이었다. 북한강과 남한강은 흘러 흘러 수도인 한양과 이어져 있기에 조선시대에는 대단히 중요한 강이었다. 바로 한양에서 소요되는 많은 목재를 공급할 수 있기 때문이었다. 강원도 내륙 오대산에서 벌채된 나무들은 한강의 상류에서 떼로 엮어 물에 띄워 한양으로 보냈다. 물론 뗏목만 물에 흘려보낼 수는 없었다. 곳곳에 암초들이 도사리고 있는 동강에서 뗏목을 끌고 능숙하게 헤쳐 나갈 노련한 떼꾼이 필요했다. 또 뗏목은 수량이 많아지는 여름철에 집중적으로 나가는데 아무리 노련한 뗏사공이라 하더라도 까딱하면 뗏목이 뒤집혀 목숨을 잃을 수도 있는 위험한 일이었다. 벌건 흙탕물 속의 상황을 속속들이 알고 있어야만 떼꾼이 될 수 있었다. 그렇다 보니 떼를 끌고 한양에 무사히 도착하면 막대한 돈을 벌 수 있었다. 떼돈을 번다는 말은 그렇게 생겨난 것이다. 동강변의 주막들은 그 떼꾼들이 떼를 몰고 가다가 밥을 먹고 잠을 자는 곳이었다. 일종의 휴게소 같은 곳이었는데 어떤 주막에선 떼꾼들이 지나가면 기생들이 물 옆에서 장구를 치며 노래까지 부르며 호객행위를 했다고 한다. 전하는 말에 따르면 당시 정선 아우라지에서 한양까지는 수량이 많으면 일주일 정도, 적으면 한 달 가까이 걸렸다. 미탄에는 떼꾼들이 두려워했던 여울 중의 하나인 황새여울이 있다.

뗏목은 수량이 적은 상류에선 길이가 짧고 하류로 내려가면서 그 길이가 점점 길어진다. 보통 두 명의 뗏사공이 타는데 앞에 있는 사람을 앞 사공, 뒤에 있는 사람을 뒷 사공이라 부른다. 남한강 상류 아우라지에서 처음 떼를 엮은 뗏목은 정선, 미탄, 영월, 단양, 충주, 여주를 거쳐 한양에 도착하는데 그 긴 거리만큼 곳곳에 많은 이야기가 전해 내려온다. 그러나 댐과 육로가 생기면서 뗏목은 사라졌다. 뗏목만 사라진 게 아니라 물길 옆에서 살아가던 많은 사람도 거처를 육로 주변으로 옮겼다. 모두 사라진 그 자리에 지금은 물만 변함없이 흐르고 있다.

진탄나루터에서 절매나루터로 가는 십여 리 강변길은 걸어야 제격인데 나는 매번 시간이 없다고 변명하며 차를 타고 이동한다. 가다가 멈추고 또 가다가 멈춘 채 동강을 바라본다. 동강은 언제 어느 시간에 오느냐에 따라 매번 옷을 갈아입는다. 지난여름 태풍이 몰아쳤을 땐 물 옆의 모래사장과 자갈밭은 물론 강변길까지 모두 잠겼었다. 그 흔적이 곳곳에 남아 있었고 아직 다 빠져나가지 못한 누런 물이 세차게 바위 사이를 돌아나가며 사납게 아우성쳤다. 도로와 물 옆의 바위, 나무 들은 진흙을 뒤집어쓴 채 신음하고 있었는데 다행히 이번 방문에는 어느 정도 제 모습을 찾은 상태였다. 그중 가장 눈에 띄는 것은 물빛이었다. 소에 고인 초록 물빛, 여울을 빠져나가는 은빛 물빛, 햇살을 조각조각 반사하는 물빛…… 그리고 모래사장을 쓰다듬는 물소리, 자갈밭을 어루만지는 물소리, 뼝대(절벽)를 휘돌아 나가는 물소리…… 미탄의 동강은 한 마디로 유장했다.

절매나루터로 가는 강변도로에는 설악산 울산바위를 닮은 특이한 형태의 바위 하나가 있는데 이름이 안돌바위다. 그 바위 옆에는 '떼꾼부부위령비'가 세워져 있다. 돌에 새겨놓은 안돌바위의 유래는 슬프다.

'동강 진탄나루 벼랑 밑 길은 홍수가 나서 물이 불어나면 본래의 길로 통행할 수 없고 이 바위를 안고서야 겨우 통과할 수 있었다. 위험하기 이를 데 없는 길인 것이다.

마을에 내려오는 전설에 의하면 옛날 뗏목으로 나무를 운반하던 시절 뗏목을 타고 내려오던 한 사내가 이 바위 위 약 2km 지점에 있는 황새여울에서 사고로 목숨을 잃었다. 그런데 시신마저 물에 떠내려가 찾을 수 없게 되었다. 사내의 부인은 남편의 시신을 찾으려고 황새여울로 가던 중 길이 물에 끊겨버리자, 이 바위를 만나 안고 돌아가다가 그만 급류에 휘말려 안타깝게 목숨을 잃고 말았다. 떼꾼과 그의 아내가 모두 목숨을 잃은 것이다. 그래서 사람들은 떼꾼의 아내가 이 돌을 안고 돌다가 목숨을 잃었다고 해서 안돌바위라 부르기 시작했다.'

안돌바위를 지나 올라가자 마침내 황새여울이 모습을 드러냈다. 황새여울의 물은 건너편 영월의 뼝대를 치며 돌아가고 있었다. 도로에서 보면 아름답기 그지없는 풍경이었다. 하지만 떼꾼들 입장에선 전혀 다를 것이다. 물 밖으로 삐져나온 검은 암초 몇 개가 보였다. 뗏목은 휘어져 돌아가는 물길에 도사리고 있는 그 날카로운 암초들 사이를 빠져나가야 했을 것이다. 평상시라면 문제 될 게 없겠지만 물이 불어나 유속이 빨라지고 암초가 간당간당하게 물속에 잠겨 보이지 않는다면 큰 위험 요소가 될 터였다. 나는 길옆에 차를 세우고 한동안 건너편 황새여울에서 눈을 떼지 않았다. 물 위 검은 암초에는 다리가 긴 흰 새 한 마리가 앉아 있다가 날개를 퍼덕이며 날아가고 있었다. 황새여울. 이름은 왜 또 이렇게 아름답단 말인가……. 혹 황새여울로 날아오는 황새들은 뗏목 사고로 명을 달리한 떼꾼들의 다른 모습이 아닐까…….

배를 타고 동강을 건너보고 싶었는데……

미탄 동강 십여 리의 끝에는 자그마한 문희마을이 있다. 문희마을엔 산장이 많다. 문희마을엔 백운산(해발 883m)과 칠족령이 있다. 칠족령을 넘으면 정선의 오지인 제장마을이다. 그리고 백룡동굴이 백운산 뱅대 깊은 곳에 숨어서 동강을 내려다본다.

'백운산(白雲山)은 평창군 미탄면과 정선군 신동읍 경계에 있는 산으로 정선군의 조양강과 평창군의 오대천이 만나 흘러오다가 남한강의 지류인 동강이 되어 이 산을 휘돌아 간다. 이 산은 깎아지른 듯한 암벽을 오르기도 하고 순한 평탄지를 오르기도 하는 등 산의 생김새가 가는 곳마다 다르다. 백운산은

물이 사라진 개울 석회암지형의 영향으로 미탄의 물은 사라졌다가 다시 나타난다. 비가 많이 내려야 비로소 물이 흐른다.

또한 천연기념물 제260호인 백룡동굴을 간직하고 있는 산이기도 하다.

백운산 산행은 동강과 함께한다. 정상에서 칠족령까지 이어진 크고 작은 봉우리는 항상 동강을 건너야 갈 수 있는 곳으로 알려졌지만, 미탄의 진탄나루터로 들어와 약 4km 백운산 쪽으로 진행하여 문희마을에서 등산을 시작하면 강을 건너지 않아도 된다. 그리고 산행을 마치고는 칠족령에서 문희마을로 내려선 뒤 백룡동굴과 민물고기생태관을 관람할 수 있는 흥미 만점의 코스이다.'

문희마을의 강변 끝은 절매나루터다. 건너편 영월 땅으로 배를 타고 건너가고 싶었으나 사공은 보이지 않았다. 나는 길이 끊어진 곳에서 서성거리며 발밑의 깊이를 알 수 없는 물만 들여다보았다.

미탄의 동강 십여 리 길은 언젠가 한 번 꼭 걸어보고 싶다. 흘러가는 물을 따라서 걸어도 좋고 거슬러 올라가도 괜찮을 듯싶다. 왕복해도 좋다. 자갈밭에도 들어가 보고 모래사장에 발자국도 남기고 싶다. 물 위를 날아가는 새들이 시야에서 사라질 때까지 우두커니 서서 바라보고 싶다. 가다 힘들면 배낭에서 김밥을 꺼내 우적우적 씹으며 걸을 것이다. 그렇게 천천히 걷다 보면 그 옛날의 떼꾼들이 뗏목을 타고 내려오며 부르는 아라리가 내 몸과 마음을 휘감은 채 황새여울로 데려갈 것만 같은 길이다.

08

청옥산 육백마지기

산비탈, 산꼭대기 화전민 마을

화전은 뜨거운 밭이다

강원도는 논과 밭보다 산이 압도적으로 많은 곳이다. 그렇다 보니 농사지을 땅이 없는 가난한 농민들은 산으로 들어갈 수밖에 없었다. 하긴 평지에 논과 밭이 있는 사람들이 굳이 깊고 높고 험한 산속으로 들어가 불을 놓아 밭을 일굴 까닭이 없었다. 일제강점기 때부터 화전민들은 자신이 살던 땅에서 쫓겨난 사람들이었다. 물론 화전의 역사는 그보다 더 과거로 거슬러 올라가야 한다. 강원도의 화전에 대한 구체적인 기록은 이중환의 『택리지』에 실려 있는데 지금의 평창(당시에는 강릉부)에 관한 이야기다.

한강에서 동쪽으로 용진을 건너 양근 지평을 지나고 갈현을 넘으면 강원도 경계이다. 또 동쪽으로 하룻길을 가면 강릉부 서쪽 경계인 운교역(평창군 방림면)이다. 나의 선친께서 계미년(1703년)에 강릉원이 되어 가셨는데 그때 내 나이가 열네살이었고, 가마를 따라갔다. 운교에서부터 서쪽 대관령에 이르도록 그사이는 평지거나 영이거나를 막론하고 길은 빽빽한 숲으로만 지나게 되었다. 무릇 나흘 동안 길을 가면서 쳐다보아도 하늘과 해를 볼 수 없었다. 그런데 수십 년 전부터 산과 들이 모두 개간되어서 농사터로 되고 마을이 서로 잇닿아서 산에는 한 치 굵기의 나무도 없다. 이를 미루어서 보면 딴 고을도 이와 같음을 알 수 있는 바 착한 임금 밑에 인구가 점점 번성함을 알겠으나 산천은 손해가 크다. 예전에 인삼이 나는 곳은 모두 영서 쪽 깊은 두메였는데 산 사람이 화전을 일구느라 불을 질러서 인삼 산출이 점점 적게 되고 장마 때면 매양 산이 무너져서 한강에 흘러드니 한강이 차츰 얕아진다.

화전의 피해에 대해 언급한 것인데 마음을 무겁게 만드는 글이다. 먹고살 게 없어 산으로 들어간 화전민들이 산림의 황폐에 대해 신경 쓸 겨를이 없는 것은 불을 보듯 명확하기 때문이다.

하여튼 이 땅의 화전민들은 그 후로도 사라지지 않고 내가 초등학교에 다니던 1970년대까지 그 명맥을 유지해 왔다. 어린 시절 내가 처음 엿본 산골짜기 화전민들이 사는 집은 사실 많이 무서웠다. 울진삼척지구에 침투했던 무장공비들이 평창까지 휩쓸고 간 터라 우리들은 초등학교에 들어가자마자 반공교육을 받느라 바빴다. 학교 운동장엔 이웃 마을에서 무장공비에게 죽임을 당한 이승복 어린이의 동상이 서 있다. 산에 가면 심심찮게 북에서 날려 보낸 삐라를 발견하던 시절이기도 했다. 그 삐라를 지서에 가져가면 연필과 공책을 주었던 터라 일부러 산에 가기도 했다. 선생님은 간첩을 식별하는 방법을 수업 시간에 일일이 알려주었고 매년 유월이면 교내 반공웅변대회가 운동장에서 열렸다. 그러하니…… 내가 우리 집 뒤편 골짜기에서 처음 본 화전민의 집은 아무리 봐도 간첩의 은거지인 것만 같았다. 그 집은 마을에 있는 집들과 달리 거의 움막이나 다름없었기에. 거적을 젖히고 나온 사내도 선생님에게서 들은 간첩의 인상착의와 다를 바 없어서 숨어서 움막을 살피던 나와 친구들은 꽁지가 빠져라 도망칠 수밖에 없었다.

나중에 안 사실이지만 당시 화전민들의 삶은 곤궁하기 이를 데 없었다. 화전민의 자식들이었던 내 친구들은 툭하면 결석했다. 학교가 너무 멀어서 걸어서 등하교하는 게 쉽지 않았고 또 농사일이 바쁠 땐 부모님이 학교에 보내지 않았기 때문이었다. 어느 날 같은 반 친구의 결석이 이어지자, 선생님은 내게 그 친구 집에 가보라고 시켰다. 토요일 오후 나는 윗마을의 낯선 골짜기를 한 시간가량 걸어서 묻고 또 물어서 그 친구의 집을 찾아갔다. 친구는 없고 친구의 엄마가 집을 지키고 있었는데 내가 선생님의 말씀을 전하자 돌아온 대답은 이러했다.

"뭔 소리야? 갸 학교 갔다 아직 안 왔는데."

알고 보니 친구는 학교에 가는 대신 산속으로 등교해 도시락을 까먹으며 며칠째 놀고 있었던 것이다.

화전민들이 산에서 내려온 이유는 여러 가지다. 나라에서 일괄적으로 이주 정책을 시행한 게 첫 번째 이유다. 평창은 무장공비사건의 영향도 컸다. 울진삼척지구에 침투한 무장공비들의 도주로와 화전민들이 사는 곳이 일치했기 때문이다. 거기에 나라의 산업구조가 바뀌면서 많은 사람이 더 잘 살겠다는 신념으로 새로 생겨난 도시의 공장을 찾아 자발적으로 하나둘 떠나가기 시작했다. 골짜기와 산자락마다 넘쳐나던 화전민들은 그렇게 화전민의 굴레를 벗어 났다.

화전민들이 살던 집은 헐렸고 산림복구를 위해 화전엔 나라에서 나무를 심었다. 당시의 조림 원칙은 이렇다. '일반조림은 잣나무, 낙엽송 등 경제수종을 식재하고 벨트 조림은 아카시아를 심어 연료 자원을 조성하는 동시에 산림과 농경지를 영원히 그리고 명백히 구분한다.' 강원도는 1974년부터 화전정리를 시작하여 3년 뒤인 1976년에 화전 지에 대한 조림을 끝마쳤다. 그 결과 벌거벗은 산이 사라졌고 홍수가 나도 시뻘건 강물을 볼 수 없게 되었다고 담당자는 밝혔다. 평창엔 여기에 더해 한 가지 변화가 더 있는데 바로 군의 북부를 관통하는 영동고속도로가 개통(1974년)된 것이다. 또 화전민은 아니었지만, 오대산이 국립공원으로 지정되면서 오대산 안에 살던 많은 사람이 모두 밖으로 이주하는 일도 함께 벌어졌다. 1975년엔 대관령 발왕산 북쪽 자락에 한국 최초의 현대식 시설을 갖춘 용평스키장이 문을 열었다. 산골 마을의 삶의 방식이 급격하게 변해가고 있었다. 아, 흥미 있는 얘기가 하나 남았다. 단풍이 모두 떨어진 늦가을에 평창을 여행하다 보면 눈에 띄는 풍경 중 하나가 바로 산자락의 낙엽송 군락지다. 평상시엔 다른 나무들과 구분하기 어렵지만 낙엽송의 잎은 다른 단풍이 모두 떨어진 다음에야 비로소 노랗게 물든다. 높은 산 낮은 산 가리지 않고 노랗게 물들어 있는 낙엽송 군락지를 볼 수 있을 것이다. 그곳이 바로 옛날의 화전이고 화전민들이 살았던 자리다. 평창뿐만이 아니라 전국의 낙엽송은 모두 화전이 있던 자리다.

청옥산의 미로 같은 산길들

미탄면의 회동리와 평안리에 걸쳐 있는 청옥산(1,257m) 역시 평창의 대표적인 화전이 있던 자리다. 산이 험하지 않아 화전이 들어서기 좋은 조건을 갖추었기 때문이다. 또 청옥산에는 1970년대까지만 하더라도 회동리의 대한석공, 평안리의 미탄광업소가 있어 석탄을 생산했으나 지금은 모두 폐광이 되었다. 한 마디로 청옥산은 미탄의 보고였던 산이었다. 그런 청옥산의 정상 부근에 자리한 땅이 바로 육백마지기다.

미탄 시내에서 청옥산 육백마지기로 가는 대표적인 길은 두 가지다. 회동리로 올라가는 길과 평안리로 올라가는 길이 그것인데 각자 특징이 뚜렷하다. 자동차로 가기 편한 길은 회동리 길이고 조금 불편하지만, 청옥산 자락에 자리한 띄엄띄엄 숨어 있는 마을들과 비탈밭을 구경하려면 평안리 길이 적격이다. 회동1리 초입에서 갈라졌다가 다시 회동리 길과 만나는 도깨비길(회동2리)도 있는데 이 길 역시 운치 있는 길이다. 사실 청옥산에는 무수히 많은 길이 숨어 있다. 그 길은 거의

육백마지기 정상에서 바라본 서쪽 능선들 산들의 푸른 주름이 펼쳐지는 곳. 그 너머엔 무엇이 있을까.

미로나 거미줄 같은 산길들이다. 지도에 나와 길보다 더 많은 길이 숨어 있는데 초행자들은 감히 들어갈 생각을 말아야 한다. 길에 갇혀 나오지 못할 수도 있으니까. 아마도 그 길들은 저 옛날 청옥산에 살던 화전민들이 만들었거나 아니면 광산에서 만든 운탄로일 것이다. 그들이 떠나면서 많은 길이 사라졌지만, 아직도 남아 있는 아름다운 산길들이 곳곳에 숨어 있다. 청옥산에 갈 때마다 나는 매번 그 길들의 입구 앞에서 머뭇거린다. 들어가고 싶은 충동을 간신히 억누르며. 미탄 사람들이 청옥산의 숨은 길들을 아름답게 되살려 주면 얼마나 좋을까 아쉬워하며.

이번 청옥산 육백마지기 방문은 미탄 시내에서 회동리 길을 택했다. 산너미목장 입구를 지나 용수골 계곡과 동행하다가 헤어진 뒤 산자락 초입의 소수력발전소를 지나 수리재길과 청옥산길이 갈라지는 삼거리에서 잠시 차를 멈췄다. 비탈에 있는 삼거리에는 크고 작은 조형물들과 안내판들이 작은 공원에 모여 있었는데 이곳은 어떻게 청옥산을 아름답게 여행할 수 있을까를 알려주는 일종의 베이스캠프 같은 지점이었다. 왼쪽은 용수골로 가는 수리재길이고 오른쪽은 육백마지기로 가는 고갯길이었다. 삼거리에서 더 올라가면 회동2리 마을회관이 있다고 그림지도가 알려주었다. 청옥산 중턱 조금 아래에 자리한 이 마을은 마치 수목한계선처럼 화전정리사업의 결과를 보여주는 대표적인 마을로 보였다. 마을한계선이라고 할까. 이 마을을 기점으로 청옥산 위편의 곳곳에 흩어져 살던 화전민들은 집과 밭을 버리고 모두 산을 내려와야 했을 것이다. 그러니까 이 마을은 청옥산 육백마지기로 가는 마지막 마을이다.

마을을 벗어난 길은 본격적으로 산으로 올라가고 있었다. 왼쪽으로 비스듬히 달리다가 능선을 만나면 다시 오른쪽으로 방향을 틀었다. 동강이 높은 산의 벼랑을 뱀처럼 꾸불꾸불 돌아간다면 산길은 구배를 낮추려고 능선을 바로 올라가지 않고 지그재그로 올라가는 형식이었다. 길의 양쪽은 나무들이 빽빽하게 우거진 숲이었다. 포장이 되지 않았다면 승용차로는 쉽게 오르기 힘든 산길을 돌고 도는데 길옆에 인상적인 바위가 눈에 들어왔다. 서 있는 바위. 선돌. 입암(立巖)이었다. 산골을 돌아다니다 보면 간혹 만나게 되는 바위인데 옛날에는 길의 이정표 역할을 톡톡히 했던 바위가 바로 선돌이었다. 짐작하건데 반쯤은 온 것 같았다. 이상하게도 내 경험 속의 선돌은 대부분 여행길의 중간쯤에 있었다. 물론 믿거나 말거나 이지만. 특히 자동차가 아니라 걸어서 가는 길에 만나는 선돌은 심리적으로 위안을 줄 뿐만 아니라 쉼터의 역할까지 담당

했다. 생각해 보시라. 나무들만 가득한 산길을 힘들게 걷다가 문득 나타난, 서 있는 거대한 바위를. 그 바위는 여행이 끝난 다음에도 쉽게 잊히지 않고 가끔 떠오른다. 그 바위가 목적지가 아니었음에도. 나는 청옥산 육백마지기로 가는 산길에서 우연히 만난 선돌을 지나치지 못하고 차를 세웠다. 사진을 몇 장 찍었는데 전선이 그 앞을 가로지르고 있어 아쉬웠다. 좋은 풍경을 가로막는 전선이 청옥산 중턱에도 있을 줄이야…….

볍씨 600말을 뿌릴 수 있을 정도로 넓은 육백마지기

굽잇길을 돌고 또 돌고, 구배는 점점 급박해지기를 거듭하더니 이윽고 완만한 경사의 도로가 나타났다. 그곳에서부턴 아스팔트 도로가 끝나고, 흙길이었다. 멀리서 풍력발전기가 돌아가는 모습이 하나둘 보였다. 숲이 사라지고 탁 트인 초원이 펼쳐져 시야마저 시원해졌다. 자동차 계기판의 온도계를 보니 산 아래보다 5도 정도 차이가 났다. 자동차 안인데도 일시에 선선한 기운이 감돌았다. 창문을 열자 아니나 다를까 찬 공기가 와락 밀려들었다. 마침내 육백마지기로 들어선 것이다.

화전민들이 처음 일군 육백마지기는 이후 고랭지 채소밭으로 얼굴을 바꿨다. 전하는 말에 의하면 대관령보다 먼저 생겨난 우리나라 최초의 고랭지 채소밭이라고 한다. 지금은 육

육백마지기 고랭지 채소밭 바람이 불고 구름이 넘어가도 채소는 잘도 자란다.

백마지기 정상 부분의 평탄지만 밭으로 사용하고 서남쪽 비탈은 초지로 유지되고 있다. 화전정리 때 왜 나무를 심지 않았는지 궁금했지만, 산꼭대기에서 그 옛날의 일을 물어볼 사람이 없었다. 아마도 화전정리 때 밭으로 인정받았고 그 후 고랭지 채소밭으로 사용하다가 육백마지기가 관광지로 개발되면서부터 초지로 모습을 바꿨을 것이라는 생각이 들었다.

그렇다. 언젠가부터 사람들의 입에서 육백마지기가 호명되기 시작했다. 무더운 한여름에도 시원한 곳. 한 자리에서 일출과 일몰을 감상할 수 있는 곳. 봄부터 가을까지 야생화가 지천으로 피어나는 곳. 산나물이 널려 있는 곳. 차를 타고 올라갈 수 있는 곳. 운해와 밤하늘의 별을 마음껏 바라볼 수 있는 곳. 거기에다가 요즘 유행하기 시작한 차박(車泊, 여행할 때에 자동차에서 잠을 자고 머무름)캠핑이 가능한 곳. 외지인들의 그 입소문은 평창이 고향인 내게는 가장 늦게 도착한 것이다. 등잔 밑이 어둡다는 말은 등잔이란 조명 도구가 사라진 지 오래됐음에도 여전히 유용한 속담이었다. 하여튼 입소문 덕분에 그동안 산 아래를 지나다니기만 했던 나도 가을 초입에 육백마지기에 처음 발을 딛게 되었다.

육백마지기 정상은 한여름 주말이면 관광객들과 차박을 하려고 몰려온 방문객들로 한때 몸살을 앓았다고 한다. 하지만 가을 초입의 주말은 그 정도는 아니었다. 여름의 절정에 초

육백마지기의 꽃들 여름엔 흰 데이지가 화전이었던 비탈 밭에서 피어난다.

지 가득 피었던 흰색 데이지는 모두 진 채 줄기만 남아 있었다. 하지만 꽃이 지면 비로소 보이는 풍경도 있는 법이다. 그 풍경을 찾아 어슬렁어슬렁 걸어보았다.

서쪽에서 바람이 불어왔다. 먼 산들이 겹쳐 있는 주름살이 눈에 들어왔다. 하늘의 뭉게구름은 그 바람을 따라 동쪽으로 흘러가고 있었다. 정자에 올라가 사방을 둘러보았다. 사람들이 사는 마을은 어디에도 보이지 않고 오직 높거나 낮은 산, 산, 산들뿐이었다. 저 아래 어딘가에 인간들의 희로애락이 도사리고 있다는 게 한동안 믿기지 않았다. 나는 정자에 기대앉아 노을을 기다렸다. 저 아래 굽잇길 옆에는 차박 캠핑을 하기 위해 올라온 차들도 나란히 서서 서쪽 하늘을 향해 트렁크 문을 열어놓은 채 노을을 기다렸다. 지는 해는 서쪽의 마지막 산과 그리 멀지 않은 곳에서 노을을 상영할 준비를 하고 있었다. 서산과 해 사이에 두터운 구름층이 있어서 어떤 노을이 연출될지 알 수는 없었지만. 아무려면 어떤가. 청옥산 육백마지기 노을극장에서라면 문제가 될 게 아무것도 없었다. 사실 밤하늘의 별과 달도 궁금했지만 내가 끌고 온 차는 차박을 하기엔 아무런 준비도 되어 있지 않았다.

그날 육백마지기 노을은 아주 붉지는 않았지만,

포도주의 빛깔처럼 은은했다

얼마 후 다시 찾아간 육백마지기의 온도는 지난번보다 훨씬 떨어져 있었다. 두터운 점퍼를 걸치지 않으면 차가운 바람이 부는 자동차 밖으로 나가는 것조차 쉽지 않았다. 정상의 비닐하우스에서 재배하는 수국을 차창 너머로 구경하다가 차를 돌렸다. 그런데 육백마지기에 왜 단군 동상이 있는지 까닭을 모르겠다. 온도가 많이 떨어졌고, 평일인데도 차박을 하는 자리에는 이미 차들이 들어서 있었다. 조만간 육백마지기에도 눈보라 치는 겨울이 올 터인데 그때도 사람들은 차박을 하러 올라올까? 갈림길에 도착해 내려가는 길을 이번엔 평안리 방향으로 정할까, 고민하다가 포기했다. 길이 좁아 올라오는 차량과 마주쳤을 때의 곤란함 때문이었다.

평안리 길을 포기한 나는 산에서 내려와 대신 회동2리 마을회관 뒤편에서 들어가는 청옥산 도깨비길(앞골)을 선택했다. 이 길도 좁았지만 그래도 산꼭대기 길은 아니었기에 그나마 안심이 되었다. 회동2리 깨비마을의 전설은 이렇다.

'옛날부터 부자들이 들어와 정착했다고 해서 장자(長者)터라 했는데 그 말이 변해 장재터가 되었다. 부자터라고도 전해져오는 이곳에서는 지금도 옛 기와 조각이 발견되고 있다.

옛날 부자들이 하인들에게 일을 시켜놓고도 새경을 주지 않고, 잘 산다고 없이 사는 마을주민들을 업신여기고 갖은 행패를 부렸다. 이 절골에 살던 도깨비들이 가만 지켜보니 해도 너무한지라 장난을 치게 되었는데…… 그 장난의 목록은 이렇다. 솥뚜껑을 솥 안에 넣기, 소 입에 화살 시위 메기기. 등등 도깨비들의 갖은 시샘과 법정전염병인 장티푸스(열병, 장질부사, 염병)가 불꽃바위에서부터 발병하여 부자가 망했다는 이야기가 구전되고 있다.'

좁은 산길은 밝았다가도 금세 그늘에 덮였다. 혹시 도깨비가 나타나 장난을 칠지도 모른다는 생각에 운전대를 두 손으로 꽉 잡은 채 아주 천천히 길을 내려왔다. 사실은 시야가 확보되지 않은 터라 혹시라도 길을 잘못 들까 염려하면서. 이 도깨비 길의 매력도 만만찮다. 곳곳에 떨어져 있는 농가와 밭, 그리고 산길이 아담하게 잘 어울렸다. 마을을 빠져나가는 계곡에 있는 회동송어장 뒤편의 호랑이바위에 관한 전설도 흥미있다.

'회동송어장 뒤편에 호랑이바위가 있다. 하루는 이곳에 나물을 캐러 온 동네 젊은이들이 취기에 돌로 바위를 치며 장난했다. 그런데 갑자기 벼락과 천둥이 치며 억수 같은 소나기가 내렸고 바위가 둘로 갈라져 버렸다. / 그해는 마침 호랑이해였는데 바위가 갈라지자, 마을의 호랑이띠 처녀들이 하나둘 바람이 나기 시작했다. 원래 호랑이 바위는 양의 기운을 강하게 하는 바위였는데 그게 둘로 갈라져 제구실 못 하니 당연히 음의 기운이 강해지면서 얌전했던 처녀들이 바람이 날 수밖에…… / 지금도 호랑이 바위는 신성시 여겨 무속인들이 기를 받아 가기 위해 제를 올리러 찾아온다.'

앞골의 바람난 호랑이띠 처녀들은 그 후 잘 살았을까. 그 후손들은 어디에서 살고 있을까.

청옥산 슬픈 화전의 골짜기를 빠져나와 길옆에 차를 세우고 산을 바라보았다. 아직 단풍이 들기 전이었다. 성미 급한 잎들이 먼저 단풍이 들고 그 단풍이 모두 떨어지면 낙엽송 잎에 노란 단풍이 들기 시작할 것이다. 그때 미탄 청옥산 아래에 와서 청옥산 여기저기에서 화전의 불길처럼 번져가는 낙엽송 단풍을 보시길 부탁드린다. 그 자리는 바로 우리들의 부모님, 조부님들이 그 옛날에 힘들게 만들어 놓은 마음자리이다.

09

평창강이 품은 마을과 산

마을과 산, 밭을 아리랑처럼 휘돌아가는 물

물은 어떻게 흘러가는가

누구나 알고 있는 것처럼 물은 낮은 곳으로만 흐른다. 산과 뼝대(벼랑)를 만나면 돌아간다. 우리말로 물돌이라고 한다. 평창의 북쪽 계방산에서 발원한 평창강(속사천)은 평창의 험준한 지형 탓에 곳곳에 물돌이가 있다. 위성에서 찍은 사진을 보면 거대한 뱀이 산과 벼랑과 마을을 구불구불 돌아가는 것처럼 보인다. 그 평창강은 하류로 흘러가면서 여러 하천을 만나는데 내치지 않고 품 넓은 어머니처럼 기꺼이 받아들인다.

평창강은 봉평에서 흘러온 흥정천과 만나면서 비로소 평창강(금당계곡)이라는 이름을 가슴에 달게 된다. 더 아래로 내

평창강 근처의 산들 의좋은 형제들 같은 산봉우리들을 보고 있으면 왠지 마음이 편해진다.

려가 대화천, 계촌천과 합류하면서 마침내 어른의 모습으로 그 위용을 드러낸다. 거기서부터는 뇌운계곡이라는 절경을 이룬다. 높은 산들이 내려다보는 뇌운계곡을 빠져나와야지만 비로소 강을 끼고 살아가는 여러 마을을 만난다. 어쩌면 계곡과 마을을 반복해서 만나고 헤어지는 게 평창강의 운명인 듯하다. 그 아라리를 듣고 부르며 살아온 게 물돌이 마을 사람들의 삶이었고.

사실 평창강은 평창읍 곳곳을 구불구불 관통하는 강이다. 평창읍의 크고 작은 골짜기의 물은 빠짐없이 평창강으로 모여든다. 모든 마을을 다 적시며 흐르는 것은 아니지만 평창읍에서 가장 멀리 떨어진, 청옥산 아래 지동리의 물까지 평창강으로 흘러들고 있다. 그러하니 저물 무렵 평창강 천변리에 나가 노을에 물든 강물 소리를 듣고 있으면 숙연해지지 않을 수가 없다. 노을이 사라지고 어둠이 내리는 물소리는 마치 고단한 하루를 마무리하는 평창 사람들의 이야기처럼 들릴 테니까. 그 오래된 이야기들이 잠들 때까지 강변길을 걸어보는 것도 괜찮은 야행일 것이다.

골연불이 반짝반짝해 임 오시는가 했더니
고 몹쓸 놈에 개똥불이 날 속였구나

강냉이밥 사절치기는 오글박작 끓는데
임자 당신은 어딜 가시려고 신발 단속을 하시오
개구장가의 검은 오리는 무스내 죄를 지어서
다 큰 색시 손길에 칼침을 맞나
낚숫대를야 딸딸 끌고서 개구장가로나 갈 테니
싸리보구니 옆에 끼고서 날만 따라오게
날 가라네 날 가라네 날 가라고 하네
삼베질삼을 못한다고서 날 가라고 하네
노랑저고리 다홍치매를 받고 싶어 받았나
우리 부모 말 한마디에 울민불민 받았지
도랑 가역이 포름포름해 날 가자 하더니
온 산천이 다울어져도야 종무소식이네
두만이 둥둥재 새조밭 파기 싫거든
아랫미창 담배 수랍에 들병장사 갑시다
두견아 접동아 구슬피 우지 말어라
고향 못 간 이내 몸이 고향 생각난다
뒷집에 숫돌이 좋아서 낫 갈러나 갔더니
뒷집 처녀 옆눈길에 낫날이 홀짝 넘었네
보뜨렁 꽃이나 밭뜨렁 꽃이나 꽃은 일반인데
오시다 가시다 만난 님도야 님은 님이 아닌가

못골 골길이 인심이 좋다고 딸 놓지를 마세요
강냉이밥 아이듬하다가 잔허리 살짝 꺾어요
미탄땅이 살기 좋대서 내가 살러왔더니
돈 그립고 님 그리워서 나는 못 살겠네
산천이 고아서 뒤돌라다 보았나
임 계시던 곳이라서 뒤돌라다 보았소
청옥산이야 노름노름해 꾀꼬리단풍이 들거든
뒷집에 총각낭군아 동박 따러 가세[2]

어두워져 가는 평창강이 들려주는 아라리는 이 골 저 골에서 한 시대를 살아온 사람들의 이야기다. 우리네 아버지와 어머니, 그리고 할아버지 할머니들의 눈물과 웃음이 감자범벅처럼 뒤섞인 노래였다.

뇌운계곡 – 강을 따라 내려가다

봉평, 대화를 지나온 평창강은 방림의 동쪽 끝자락을 돌아 평창읍 뇌운리(雷雲里)로 접어든다. 천둥 번개와 구름의 마을이라는 뇌운의 지명은 옛날 옛적의 자연현상에서 비롯되었다.

---

2 〈평창아라리〉에서

강릉부사로 임명된 이가 횡성 안흥에서 강원도로 들어서는 문재에 도착했는데 날씨가 돌변해 천둥·번개가 몰아쳤다고 한다. 그런데 번개가 칠 때마다 산 아래 저 멀리 한 마을이 눈에 들어왔다고. 그 부사가 마을을 내려다보며 "천둥, 번개라!"라고 소리치자 비로소 날씨가 맑아졌기에 지명을 뇌운이라고 했다는데 그다지 신빙성은 없어 보이는 전설이다. 차라리 뇌운리, 뇌운계곡의 산세가 워낙 험해서 여름철이면 천둥·번개가 자주 치는 곳이라서 붙인 지명이라고 하면 더 쉽게 이해할 수 있을 것 같다. 강릉부사가 무슨 지명을 지으려고 내려오는 것도 아니고. 뭐, 하여튼 방림을 지나온 평창강은 뇌운계곡으로 접어들면서 다시 절경을 노래하기 시작한다.

뇌운계곡은 여름 한철 물놀이를 할 수 있지만 나머지 계절은 산과 물을 바라보며 천천히 드라이브하기에 적당하다. 봄날의 연둣빛 잎이 나뭇가지에서 솟기 시작할 때, 여름의 초록이 산자락을 뒤덮었을 때, 가을의 단풍이 산꼭대기에서부터 내려와 수면을 물들일 때, 눈보라가 천지사방 휘몰아칠 때마다 각기 다른 풍광을 자랑한다. 길옆으로 아름다운 펜션도 많아 하룻밤 묵으며 지칠 때까지 산과 물을 바라보며 휴식을 취하기에도 좋은 장소다.

아직 이른 봄날의 뇌운계곡에서는 마을의 장정들이 족대

와 지렛대를 이용해 물고기를 잡는 모습이 보였다. 한 사람은 바위 옆에 족대를 대고 한 사람은 지렛대로 바위를 흔든다. 또 한 사람은 물고기가 든 어망을 들고 있었는데 반짝이는 물살 덕분에 마치 한 폭의 그림을 보는 것 같았다. 퉁가리, 꺽지, 빠가사리, 쏘가리 등등을 골고루 잡아 얼큰한 매운탕 한 솥 끓여놓고 동네 사람들을 불러 막걸리에 취하고 싶은 봄날이었다.

평창강은 뇌운리 구간을 구불구불 돌아나가다가 원당계곡과 하일리에서 흘러오는 물과 만난다. 원당리는 뒷산은 영월 무릉도원면과 경계를 이루는 백덕산(1,348m)이다. 방향을 원당(元堂)계곡으로 틀었다. 원당은 항일운동의 전초기지다. 원

매화마을의 작약 작약이 지면 모란이 핀다고 어느 시인이 말했는데…….

당리의 손상봉, 유영묵, 김흥지 세 사람은 1919년 4월 4일 평창군 대화 장날과 이튿날 평창장에서 독립만세운동을 결의하고 동지를 규합한다. 그러나 4월 3일 태극기를 제작하다가 사전에 발각되어 체포되었다. 1919년 7월 16일 경성복심법원에서 보안법 위반으로 손상봉은 징역 8개월 집행유예 2년, 유영묵은 징역 8개월을 선고받았으나 2심에서 무죄, 김흥지는 징역 6개월을 선고받았으나 역시 2심에서 무죄를 선고받았다. 이에 나라에서는 1998년 고인(손상봉)의 공훈을 기리어 대통령표창을 추서하였다. 원당리 마을 한가운데 세워져 있는 비를 둘러보고 좁은 골짜기를 빠져나왔다. 이른 봄이라 그런지 물은 그다지 많지 않았는데 계곡의 큰 바위를 돌아가는 물이 한여름이면 장쾌하기 이를 데 없어 보였다. 큰물이 나가는 여름에 장쾌한 물소리를 들으러 다시 찾아오고 싶은 곳이었다. 마을 역시 아늑해서 아무 집에나 들어가 하룻밤 뒷방을 빌려 잠들고 싶은 생각이 간절했다.

옛날 옛적의 웅변대회

뇌운계곡을 빠져나온 평창강은 다수리, 임하리, 계장리를 지나간다. 강 주변으로 너른 논밭이 펼쳐지는 곳이다. 물의 품도 한결 넓어졌고 흐름도 완만하게 변했다. 임하리의 강물 옆을 지키고 이는 뼝대(절벽)엔 봄볕이 나른하게 널린 채 꽃피울 준비를 하고 있었다. 강은 용항리, 후평리, 주진리, 여만리, 중리를 구불구불 돌아 해피700 활공장이 있는 장암산(873m) 아래를 적시며 평창 시가지의 남쪽으로 흘러간다.

평창읍은 군청이 있는 곳이다. 어린 시절 대관령에서 살던 내게 평창은 같은 군이었지만 먼 곳이었다. 사생대회에 참가하러 한 번 왔었고 또 한 번은 웅변대회에 참가하기 위해 방문했다. 그 두 번이 전부였는데 사생대회는 입상도 하지 못했고 문예회관에서 열린 웅변대회는 사연이 좀 길다.

중학교 2학년의 어느 날이었다. 교내 웅변대회에서 1등을 한 나는 인솔 교사인 국어 선생과 함께 군청 소재지인 평창으로 시외버스를 타고 이동했다. 인솔 교사는 낭만적인 기질이 농후한 총각 선생이었는데 한 시간여를 달려 평창 읍내에 도착하자 아직 시간 여유가 있다며 중학생 교복을 입은 나를 다방으로 데려갔다. 그러니까 보온병에 담긴 커피를 들고 다니는 다방 아가씨들을 거리에서 본 적은 있지만 다방이란 곳엔 난생처음 들어간 것이었다. 거의 주눅이 든 채로 앉아 있는 내게 인솔 교사는 잠시 다녀올 곳이 있으니, 차를 마시며 기다리라 하고는 다방을 나가버렸다. 나는 가방에서 웅변원고를 꺼내 마지막 검토를 했는데 당연히 원고가 눈에 들어올 리 없었다. 차를 나르는 다방 아가씨와 그녀들의 말, 손님들의 농담 때문에 머릿속이 핑핑 돌 지경이었다. 더군다나 맞은편에 앉은 나이 지긋한 아저씨는 옆에 앉은 다방 아가씨의 손까지 만지작거리며 이야기를 주고받고 있었다. 다방에 대해 어느 정도 들어서 알고는 있었지만 직접 눈으로 보는 것은 처음이기에 콩닥거리는 가슴이 좀체 진정되지 않았다. 문제는 인솔 교사였다. 웅변대회가 열릴 시간이 임박한 데 도통 돌아오지 않고 있었다. 할 수 없이 지나가는 다방 아가씨에게 문예회관의 위치를 물었는데 다행히 걸어갈 수 있는 가까운 거리에 있었다. 문제는 또 있었다. 아까 인솔 교사와 다방 아가씨, 그리고 내가 마신 찻값을 어떻게 계산하느냐는 거였다. 아침에 엄마에게서 받은 돈이 바지 주머니에 있었지만 내가 인솔 교사를 대신해 계산하는 게 맞는 건지 아닌지 도통 헛갈리기만 했다. 시간은 점점 흘러갔고 결국 나는 계산대로 가서 돈을 내밀며 모든 걸 이야기했다. 그러자 계산대의 아주머니는 깔깔대며 웃더니 빨리 문예회관에나 가라고 내 등을 떠밀었다.

인솔 교사는 내가 어두운 문예회관의 앞자리에 앉아 순서를 기다리고 있을 때 비로소 모습을 드러냈다. 그는 내 등을 툭툭 치며 "나가 찻값을 내려고 했다."라고 중얼거리며 웃었다. 나는 대답하지 않았다. 연단에선 평창군의 각 중학교에서 선발된 웅변선수들이 열변을 토하고 있었기에 대답해도 들리지 않을 게 분명했다. 세월이 많이 흘러서 잘 기억나지 않지만 아마 군 대회에서 1등을 해야 도 대회에 출전할 수 있는 자격이 주어졌을 거다. 단 한 명에게만. 내 순서는 뒤편이어서 앞서 웅변하는 경쟁자들의 실력을 유심히 살폈는데 옆에 앉은 인솔 교사가 내 귀에 대고 속삭였다. 연단에선 평창여중의 한 여학생이 차분한 목소리로 웅변하고 있었다.

"내가 보기엔 재가 니랑 1등을 놓고 겨룰 것 같다. 근데 재가 여기 읍내 중학교 학생인지라 니가 밀릴지 몰라. 텃세라는 게 있잖아."

내가 보기에도 그 여학생은 다른 연사들과 차원이 다른 웅변을 하고 있었다. 그리고 나는 내 차례가 돼서 연단에 올랐다. 웅변원고를 올려놓고 심호흡했다. 원고는 모두 외우고 있었다. 그 여학생의 장점은 차분한 목소리의 호소력이었지만 원고 내용은 평범했다. 나는 일종의 싱어송라이터였다. 직접 쓴 원고는 국어 선생인 인솔 교사에게 글 쓰는 사람이 되어도 좋다고 칭찬을 받을 정도였다. 그리고 남자답게 박력을 내세웠다. 나는 연단에 서서 교복을 입은 학생들로 가득한 객석을 바라보며 웅변을 시작했다.

"니가 1등인데 역시 내 예상대로 텃세에 밀렸어. 가자."

우리는 문예회관을 나와 평창 차부를 향해 걸었다. 걸으면서 생각했다. 차부 근처 장거리에서 국수를 먹으면서도 나는 생각했다. 돌아오는 시외버스 안에서도 생각했다. 이 글을 쓰는 지금도 생각한다. 그 여학생은 참 단정했다. 그 모습이 잊히지 않았다. 세월이 흘러 가끔 평창읍의 시가지를 지나갈 때도 생각이 났다. 그 단정했던 여학생은 지금 무엇을 하고 있을까.

유동리 오층석탑

평창읍 시가지의 남쪽 천변리와 건너편 남산 사이를 빠져나온 평창강은 이제 본격적으로 읍의 남서쪽을 향해 흘러간다. 주변 마을의 이름은 하리, 종부리, 유동리다. 새로 뚫린 길은 아무렇지 않게 평창강을 건너가고 옛길은 강을 따라 산자락을 둥글게 돌아간다. 나는 옛길을 선택했다. 새 길이나 옛길 모두 영월, 제천으로 가는 길이었다.

하리와 유동리 구간을 흐르는 평창강은 유속이 완만하고 강폭이 넓다. 어느 겨울 강이 꽁꽁 얼었을 때 지나가다가 차를 멈추고 얼음 위를 걸어 다니는 여러 무리의 장정들을 본 적이 있었다. 그 장정들은 큰 망치와 지렛대를 들고 있었는데 얼음 위를 걷다가 무엇을 발견했는지 갑자기 망치와 지렛대로 얼음을 깨기 시작했다. 그렇게 얼음구멍을 뚫은 뒤 쇠꼬챙이를 재빠르게 구멍 속으로 찔렀다. 그 쇠꼬챙이(작살)에 팔뚝만 한 물고기들이 걸려 올라오자, 장정들은 일제히 함성을 내질렀다. 내가 사는 마을에선 볼 수 없는, 물이 많은 평창읍 사람들만이 한겨울에 얼음 위에서 물고기를 잡는 방법이었다. 단 얼음이 여러 차례 얼어 물속이 보이지 않으면 불가능하다. 물속이 보여야지만 얼음 위에서 물고기들을 쫓아갈 수 있기 때문이다.

겨울 강의 물고기들은 수온이 내려가면 움직임이 둔해진다. 사람들은 어떻게 그 사실을 알아냈을까. 얼음이 모두 녹아 물소리만 들리는 강변을 지나 나는 유동리 오층석탑(강원도 문화재자료 30호)을 찾아갔다. 고려시대에 만들어진 오층석탑은 몸돌의 남쪽 면에 문짝과 자물쇠 모양의 돋을새김이 인상적이다. 탑 속의 어떤 세계로 들어가는 문의 자물쇠인 듯한데 그렇다면 열쇠는 어디에 있을까. 주변을 둘러보니 탑을 둘러싸고 있던 절은 사라져 버리지 오래고 아름드리 소나무 숲에 평창 이씨의 종중 묘역이 자리하고 있었다. 어떤 연고로 같은 자리에 있게 됐는지 궁금했지만, 알 방법이 없었다. 하지만,

하지만, 세상 이치가 또 그런 것 같았다. 사라지고 새로 생겨나고, 그 흐름의 연속인 것. 가고 오는 것. 나 역시 그 흐름 위에서 세상을 살고 있다는 것. 어쩌면 탑에 새겨놓은 문과 자

물쇠는 그 만고의 비밀을 알려주려고 세월의 비, 눈, 바람에 마모돼 가며 서 있는 것은 아닌가 하는 생각이 들었다. 열쇠는 누구나 다 아는 곳에 있다고. 나는 마치 깨우침을 얻은 수도자처럼 미소 지으며 평창강이 만들어 낸 다음 마을을 향해 차를 몰았다. 평창 아라리를 나지막하게 흥얼거리며.

서발장대가 돌돌 굴어도 거침이 없는 신작로
총각낭군이 가자고 할 적에 왜 못 따라갔나
서산에 지는 해가 지고 싶어지나
나를 버리고 가시는 이는 가고 싶어가나
세월이 갈라거든야 지 혼자나 가련만
알뜰한 이내 청춘을 왜 데리고 가나
반달 같은 우리 오빠는 대동아전쟁 갔는데
샛별 같은 우리 올개는 독신 생활한다
소리 오소리 강냉이밭의 오소리
강냉이 한자리 다 파먹고야 간 곳이 없네
소나무 쓸 만한 거는 전봇대로 나가고
논밭에 쓸 만한 거는 신작로로 나간다
아라리 고개는 웬 고개가 많은지
고개를 넘다가 보니 다 늙어졌네

요놈에 총각아 내 치마꼬리를 놓아라
당사실로 자줏고름 콩 뛰듯 한다
울타리 밑에 수삼대궁은 늙던지 말던지
여기 오신 여러야 분들은 늙지를 마셔요
육백마지기 돼지마 감자를 첫 찜 드려놓고
곤드레쌈에 된장을 발라서 많이 드시고 가세요
육백마지기 퍽퍽 무너져 육지가 평지가 되더래도
당신하고 나하고 마음 변치 맙시다
청옥산 말랑에 노루 사슴이 놀구요
우리 집 울안에는 임자 당신이 노네요
청옥산 머루 다래는 엉크러성크러졌는데
나는 언제나 임을 만나서 엉크러성크러지나
청옥산 떡갈잎은 나날이 퍼드러지는데
우리 집에 부모님은야 나날이 늙어 가시네
한 길 담 넘어 두 길을 넘어 꼴 베는 저 총각
꼴 베기가 싫거든 내 옆으로나 오세요
황정산 중허리 굵으나 굵은 소나무
경복궁 대들보로 다 팔려 간다
평창 같이 살기 좋은 데 살려만 오세요
그물 같은 물밑에도 해당화가 핀대요

유동리를 지나면 평창강은 약수리 앞마당으로 흘러든다. 약수리에는 옛날 약수역(藥水驛)이 있었다. 약수리에서 천동교를 건너면 천동리다. 천동리는 샘골이라 불렸는데 안쪽으로 들어가면 강원도 문화재자료 74호인 지동봉가옥(智東鳳家屋)이 있다. 1941년쯤에 지은 가옥인데 영서지방의 단정한 건축 형식을 살필 수 있다. 기역자 한옥이고 대문에는 지천재(智泉齋)라 쓴 현판이 걸려 있다. 후손들이 살고 있는 집이라 담 너머로, 열어놓은 대문 밖에서 들여다본 집은 정갈했다. 여름날 대청마루에 누워 먼 산을 바라보고 있으면 절로 졸음이 쏟아질 것 같았다.

천동리에서 밖으로 나가려면 다시 천동교를 건너야 한다. 다음 마을은 평창강이 거의 마을 전체를 감싸고 도는 응암리 매화마을이다. 임진왜란 당시 평창군수(권두문)와 백성들이 마을 앞 평창강 건너편 절벽에 뚫려 있는 동굴로 피난했는데 매[鷹]가 함께 피난했다 하여 생긴 이름이다. 그런데 매화마을 녹색 길에 세워놓은 유래는 조금 다르고 자세하다. 민관군이 평창읍에 있는 노성산성에서 왜군에 패한 뒤 응암굴로 들어가 다시 전투를 준비했다. 이 굴은 절벽 중앙에 민굴과 관굴이 있는데 군수는 매를 날려 민굴과 관굴 간의 교신을 하던 차 방울을 단 매가 적에게 발견되어 군수는 포로가 되었다. 그러자 그의 처 강소사는 응암 절벽 위에서 강물에 몸을 던졌다. 이런 연유로 응암은 매화마을이라 부른다. 무엇이 사실이냐는 중요하지 않은 것 같다. 왜적들이 이 산골 마을까지 들이닥쳐 사람의 목숨을 앗아갔다는 사실이 중요하다.

옛길에서 응암리로 가는 산길은 아름다운 소나무들의 호위를 받으며 갈 수 있는데 중간쯤에서 길을 틀면 절벽 위에 평창강과 마지리가 한눈에 내려다보이는 아양정(娥洋亭)이 자리하고 있다. 조선 선조 17년(1580) 이곳의 선비이자 유생 대표였던 지대명(智大明) 등에 의해 세워졌다. 이 아양정은 당시 선비들이 당쟁을 피하여 시를 읊으며 피신처로 삼기도 하였고 선조 28년(1592) 임진왜란 당시에는 의병을 모집하기 위해 은밀한 연락처로 삼기도 한 전적지이기도 하다. 아양정 앞 30여 미터의 붉은 절벽은 중국의 적벽(赤壁)과 같다고 하여 절벽 아래의 평창강을 적벽강이라 부르기도 했다. 아양정이라는 이름도 적벽강 기슭에 있는 정자의 이름을 따서 붙였다고 한다. 한국전쟁 때 불에 탔으나 1963년 복원하였고 1998년에 보수, 복원하였다. 주민들은 자암성(紫岩亭)이라 부르기도 한다. 절벽 곳곳에서 자라고 있는 소나무들 사이로 산과 절벽을 돌고 돌아 흘러온 평창강이 보였다. 응암(鷹岩)에 터널을 뚫어 관통

천동리 지동봉 가옥 어린 시절 나는 마루가 있는 집이 부러웠다. 마루에서 해보고 싶은 일이 많고 많았다.

한 31번 국도 역시 평창강을 건너 영월을 향해 곧게 뻗어 있었다.

응암리 강변에 서서 나는 평창강 건너편 거대한 벼랑을 유심히 살폈다. 하지만 내 눈에는 응암굴이 보이지 않았다. 하늘을 나는 매도 찾을 수 없었다. 나는 아직 절박하지 않은 인생을 살고 있는 모양이었다. 대신 강가를 서성거리다 방랑시인 김삿갓이 하루를 쉬어 갔다는 초당 터 옆에 후세 사람들이 세워놓은 시비의 시를 읽었다.

뱃머리에 물고기 뛰어오르니 은이 석 자요

문 앞에 산봉우리 높으니 옥이 만 층이라
창 바로 앞에 물이 흐리니 아이는 늘 깨끗하고
떨어지는 꽃잎 방으로 날아와 늙은 아내를 향기롭게 한다

매화마을을 빠져나오는데 소나무 숲이 흘려보내는 향이 향기로웠다. 곧 피어날 매화의 향에는 미치지 못하겠지만.

평창강이 평창읍과 작별을 예고하는 곳은 도돈리 도돈교다. 도돈교 건너 대상리와 대하리는 평창강이 평창과 정말로 작별하는 곳이다. 도돈교 입구에 차를 세우고, 다리와 강을 바라보았다. 다리가 놓이기 전 이곳엔 도선장(渡船場)이 있었다. 도선장은 나룻배가 닿고 떠나는 곳이다. 그뿐만이 아니다. 일제는 신작로를 만들고 자동차를 들여왔는데 자동차들은 이곳에 도착하면 배를 타고 건너야 했다. 차를 싣고 평창강을 건너는 배가 있었다는 얘기다. 그러니까 도돈리 도선장은 예부터 교통의 요지였다는 것이다. 일제강점기의 신문을 보면 이런 기록이 남아 있다.

평창도선장 사용권입찰

1931년 4월 1일 매일신보

평창군 평창면에 3대 도선장이 있어 연수입 4, 5백 원에

불과하던 바 지난 10일 오전 11시로 오후 2시까지 평창 면사무소에서 사용권 청부입찰을 실행한 바 입찰 수속의 유폐됨을 생략케 위하여 1931년 1932년 양년도 분을 분산 입찰한 바 입찰 신입자 30여 명 중 좌기제 씨에게 낙찰되었다.

주진강 강릉선 1,676원 - 평창면 후평리 최종각

도돈강 영월선 96원 66전 - 평창면 마지리 정별렬

도돈강 제천선 2,002원 50전 - 평창면 대상리 이병하

도선장을 민간인이 입찰받아 운영했다는 기록이다. 평창강 평창읍 구간에 모두 세 개의 도선장이 운영되고 있었다는 기록이기도 하다.

다리가 건설되면서(1956년)[3] 도선장은 자연스럽게 사라졌다. 나는 도돈교를 건너 대상리, 대하리까지 가서 평창강과 작별했다. 물 건너편은 영월 주천이었다. 물은 지나온 모든 마을의 오래된 이야기를 실은 채 은빛으로 반짝이며 흘러가고 있었다.

---

3 위 일제강점기 기사의 주진 도선장에 주진교가 놓인 것은 1934년.

10

평창에는 돌이 많다

돌들은 무슨 말을 하고 싶은 것일까

바위공원에서 만난 거북이

평창읍 중리 장암산의 무릎을 적시며 흘러가는 평창강변 노람뜰에는 바위공원이 자리하고 있다. 강과 산, 그리고 강변의 키 큰 미루나무를 바라보며 걷다가 문득 눈앞에 떡하니 모습을 드러낸 기괴한 모양의 바위들을 보면 발걸음이 절로 멈출 수밖에 없을 것이다. 거대한 바위들의 모습을 기괴하다고 먼저 말했지만, 곧 다른 표현을 찾아야만 했다. 기이하다고 해야 하나? 아니 아름답다가 더 어울리는가? 저 많은 바위가 어떻게 이 강변에 모여 있지? 울산바위처럼 금강산 구경을 가다가 어떤 연유로 인해 이곳에 눌러앉은 걸까? 여러 의문을 풀

거북이바위 저렇게 크고 무거운 덩치를 하고서 어디로 가려는 것일까.

려면 강변을 따라 조성된 평창 평화길 산책로에서 바위공원으로 길을 바꿀 수밖에 없다. 집채만 한 바위 곁으로 다가가 이리저리 눈을 맞추고 말을 걸어야만 한다.

인터넷에서는 흔히들 이렇게 설명하고 있다.

> 공원은 강원도 평창군 평창읍을 중심으로 약 39km(100리) 안에서 수집한 자연석 123점을 전시한다. 자연석의 석질은 화강암, 석회암, 청석 등 다양하고, 무게는 2톤부터 140톤에 이른다. 잔디 깔린 평지에 거북바위, 두꺼비바위, 황소바위, 선녀바위, 병풍바위 등 생김새가 제각각인 바위들이 띄엄띄엄 자리한다. 사람 손길이 닿지 않고 오

직 자연이 조각한 바위들의 기기묘묘한 모습이 시선을 사로잡는다. 바위를 따라 산책로가 잘 조성돼 있어 호젓한 산책을 즐길 수 있다. 바위공원과 이어지는 너른 터에 평창군이 무료로 운영하는 바위공원 캠프장이 있다. 30여 개의 캠핑 덱을 갖췄고, 평창강이 흐르는 풍경 또한 수려해 찾는 이가 많다. 바위공원 북동쪽에 자리한 장암산(836m)은 패러글라이딩 활공장으로 쓰인다.

그러니까 평창읍과 인근의 잘난 바위들을 한자리에 모아 놓았다는 얘기였다. 이쯤 되면 더 구미가 당긴다. 나는 주저하지 않고 길을 바꿨다. 어린 시절 산골에서 자라난 우리들은 마을의 산과 들, 물에 있는 거대한 바위란 바위를 모두 오르고 내리며 호연지기를 키웠고 그 바위들의 전설을 들으며 꿈을 꾸지 않았던가. 너새니얼 호손의 『큰 바위 얼굴』이란 소설은 나의 애독서이기도 했다.

기묘한 형상으로 바위를 분류한다면 석회암의 손을 들어줄 수밖에 없었다. 하지만 그윽한 형상으로 분류한다면 당연히 화강암이었다. 석회암은 추상화를 닮았고 화강암은 자연의 구체적인 어떤 대상을 떠오르게 했다. 예를 들면 동물들을 닮은 바위는 화강암이 압도적으로 많았다. 석회암 앞에선 무엇인가 골똘히 생각하게 되고 화강암 앞에선 나도 모르게 빙그레 미소를 지었다. 동물을 닮은 화강암은 실제 동물보다 수십 배나 컸고 자연풍광을 닮은 석회암은 실제보다 수천수만 배나 작았다.

바위공원은 넓었다. 세상의 흔한 가준 중 하나인 축구장 크기는 충분히 될 듯싶었다. 표지판에는 어느 마을에서 바위를 가져왔는지 적혀 있었는데 나는 그 마을과 노란 뜰과의 거리를 생각하느라 마음이 분주해졌다. 요즘은 장비가 워낙 좋아 바위를 옮겨오는 데야 문제가 없겠지만 그래도 심정적으로는 발도 없는 거대한 바위가 전설 속에서처럼 걸어서, 날아서 온 것만 같아 신기할 뿐이었다. 땅속이나 물속, 그리고 들판이나 밭둑에 있다가 평창강변 노람뜰로 이사를 온 바위들 사이를 걷는 일은 그래서 즐거웠다. 어떤 바위는 몇 바퀴를 돌면서 보다가 비로소 고개를 끄덕였다. 또 어떤 바위는 바위 위로 올라가 보고 싶은 생각이 간절했는데 바로 황소바위였다. 정확하게 말하자면 올라가는 게 아니라 바위 소의 등에 타보고 싶었다. 거북바위의 등에. 해마바위의 목덜미에. 선녀가 목욕했다는 선녀바위는 물만 가득 차 있다면 아무도 없는 밤 벌거벗고 들어가 목욕해도 될 것 같았다. 신선이 바둑을 두었다는 신선바위에 누워 낮잠을 자면『구운몽』같은 근사한 꿈을 꾸게

병풍바위 어떻게 저 바위를 옮겨왔을까.

될지도 모를 일이었다. 거북의 등에 올라타면 아주 깊은 곳의 용궁으로 데려가 줄지도…….

옛날부터 사람들은 예사롭지 않은 바위를 보면 그 형상을 보고 이름을 붙여주었다. 어떤 바위에게는 기도를 드리기도 했고 또 어떤 바위엔 애절한 전설을 엮어주었다. 물론 웃음을 자아내게 만드는 희극적인 이름을 지닌 바위도 있었다. 그만큼 바위가 사람들과 가까웠다는 뜻일 거다. 어쩌면 어떤 바위는 가난한 사람들의 보풀 같은 소망이 다져지고 다져져 마침내 크기와 무게를 지닌 새로운 바위로 탄생한 것인지도 모른다. 그 바위를 보며 사람들은 흔들리려 하는 마음을 바로 세우고. 아, 물론 설악산에는 흔들바위라는 바위도 있긴 하지만.

바위공원을 몇 바퀴 돌아본 나는 마지막으로 거북바위를 다시 찾아갔다. 누가 봐도 거북이가 떠오르는 바위였다. 압도적인 크기 탓인지 마치 세상 모든 거북이의 시조처럼 보이는 바위였다. 거북바위는 땅에 엎드린 게 아니라 머리를 든 채 어딘가로 가고 있는 형상이었다. 거북바위가 바라보고 있는 곳은 평창강 건너편 장암산이었다. 저 험한 산에 올라가려는 것일까? 무엇 때문에? 아니 산을 등에 지고 어딘가로 가려는 것일까? 남쪽 어느 절엔 거북이들이 절 한 채를 짊어지고 바다로 가려 한다고 하지 않는가. 나는 거북바위의 뒤로 다가가 등을 밀어주었다.

두 손이 따스했다

바위들의 숲을 빠져나오는데 뭔가 허전한 느낌이 들었다. 무엇을 빠트렸나? 공원의 입구에 서서 바위들을 뒤돌아보았다. 잔디밭 위에 마치 축구 선수들처럼 서 있는 각양각색의 바위들이 내게 무슨 말을 하는 것만 같았다. 평일인지라 사람들도 없는 바위공원에 정적이 감돌고 있었다. 공을 차다가 무슨 일 때문에 어느 순간 바위 축구 선수들이 움직임을 멈춘 채 그대로 굳어버린 듯한 풍경이었다. 바위들의 그림자가 동쪽으로 길게 누워 있는 오후였다. 나는 결국 무엇에 홀린 사람처럼 다시 바위들의 숲으로 되돌아갔다.

석회암은 격렬한 시간의 흐름을 표면에 드러낸 채 꿈틀거렸다. 골이 깊고 봉우리가 날카로웠다. 겹겹이 잡힌 주름은 녹아내릴 듯 보였지만 가까이 다가가면 견고하기 이를 데 없었다. 반면 화강암의 표면은 유연했다. 골도 유연했고 주름은 부드러웠다. 오랜 세월의 여파를 부드럽고 유연하게 다스리며 살아온 사람처럼 보였다. 나는 마치 축구공처럼 화강암과 석회암 사이를 아무렇게나 쏘다니며 관전평을 늘어놓다가 질문을 던지기도 했다.

"네 이름이 마음에 들어?"

두꺼비바위였다.

"황소처럼 한번 시원하게 울어봐."

황소바위는 내 주문에 외면하듯 다른 곳을 보고 있었지만 나는 개의치 않았다.

"선녀가 진짜 여기서 목욕했어?"

욕조가 너무 작고 게다가 한쪽이 트여 있어서 물도 얼마 담지 못할 것 같아서 한 소리였다. 욕조 바닥에 고여 있는 빗물을 시무룩한 표정으로 하늘을 바라보고 있었다. 나는 선녀바위를 떠나 결국 거북바위 앞에 도착했다. 거북바위는 여러 종류의 암석이 다닥다닥 섞여 있는 바위였다. 마치 자개장을 보는 듯했다.

"세상엔 이름조차 없는 바위들이 엄청 많아. 넌 생김새 때문에 이름을 가졌으니 한마디 해야 하는 거 아냐?"

거북바위는 아주 무거워 보이는 등껍질을 짊어진 채 변함없이 장암산만 바라보았다. 나는 거북의 입 근처에 귀를 대고 대답을 기다렸다. 그러자 얼마 있지 않아 먼바다의 찰랑거리는 듯한 파도 소리가 들려왔다. 그 소리를 듣는 귓불이 조금씩 따스해졌다. 마음도 덩달아 따스해졌다.

"아주 오래전 넌 깊은 바다에서 살았구나. 알려줘서 고

마워.”

나는 거북이처럼 천천히 바위공원을 빠져나왔다.

평창의 물속에는 예쁜 돌이 많다

어린 시절 평창읍의 아이들은 평창강에서 돌을 주워 용돈을 마련했다고 한다. 바로 수석(壽石) 얘기다. 수석은 주로 실내에서 보고 즐기는 관상용 자연석이다. 내가 살던 대관령의 아이들은 뱀을 잡아 용돈을 마련했으니 이건 격이 달라도 한참 다른 것이다. 하긴 수석을 줍고 싶어도 그만한 돌이 나오지 않는 곳이 대관령이다 보니 나의 친구들은 어쩔 수 없이 뱀이라도 잡아야만 했다. 나이 들어 평창읍이 고향인 친구들에게 그 얘기를 들었을 때 살짝 자존심이 상했었다. 뭔가 고상해 보였다. 그 친구들은 주말이면 강으로 나가 수석을 찾았고 그걸 수집상에게 가져가 팔았는데 아마 아이들이다 보니 거의 헐값에 넘겼다고 한다. 그건 우리도 마찬가지였다. 귀한 뱀을 잡아도 뱀 장수는 제대로 값을 쳐주지 않았다. 하지만 우리들은 과잣값이 급했기에 망설이지 않고 돈과 바꿨다. 그래도 생각해 보니 뱀보다는 수석이 훨씬 격이 높아 보이는 것 어쩔 수 없는 현실이다.

평창은 우리나라 수석 산지 중 4대 명산지의 한 곳이다. 평창 돌의 특징은 그 밀도가 금속성이 날 만큼 견고하다고 한다. 표면은 거칠고 소박하지만, 그래도 따스한 맛이 있다고. 색은 회흑색, 회청색, 회갈색, 녹색 등으로 다양하며 그중에서도 물 씻김이 잘 되는 흑갈색, 회갈색의 돌은 농익은 과일처럼 중후하고 따뜻함과 편안함이 있다고 한다.

바위공원과 길 하나를 사이에 두고 있는 게 바로 평창돌문화체험관이다. 이곳은 국내 최대 규모의 수석전시관으로 수석과 관련된 자료들 다수 보유하고 있다. 이곳에 전시된 작품들은 전국 각지에서 산출된 가치 있는 수석들이며 누구나 쉽게 공감할 수 있도록 주제별로 연출하여 수석에 대한 이해를 높이고 관람의 즐거움을 선사할 것이라고 안내서에 적혀 있다. 더불어 명석의 뛰어난 기품 속에 담긴 자연의 신비와 아름다움을 느껴보라고 안내서는 권한다. 1층의 상설전시실과 2층의 기획전시실 그리고 부대 시설인 체험관이 있다. 입장권을 끊고 안내서를 받아 든 나는 잠시 심호흡을 했다.

수석전시관을 방문하는 것은 태어나 처음이었다. 그동안 내가 수석을 본 곳은 대부분 음식점 진열장에서였다. 음식이 나오기 전 진열장을 둘러보며 이 집 주인은 그동안 쉬는 날이면 강(江)과 천(川), 개울에서 마음에 드는 돌을 찾으며 휴식을 취했겠구나, 그런 생각을 한 게 고작이었다. 이상하게도 다른 어느 곳보다 식당을 운영하는 분들이 수석에 관심이 많았다. 그곳에 진열된 수석들도 대부분 예사롭지 않은 것들이었다. 나무받침대 위에 올라앉은 각종 수석. 또는 받침대에 고운 모래를 깔고 그 위에서 자태를 뽐내는 수석들. 어떤 것은 정말 탐나서 주인 몰래 가져오고 싶은 생각을 꾹꾹 눌러야만 했었다. 그런 영향 때문인지는 확실하지 않지만, 어느 시기부터 나도 강물 옆으로 가게 되는 날이면 강변의 돌들을 오래 눈여겨 바라보는 일이 버릇되었다. 물론 매번 허탕이었지만.

안내서를 펼쳐놓고 돌문화체험관 1층 상설전시실의 수석 배치도를 살폈다. 옛 선비들의 애석기풍 코너를 시작으로 수석의 다섯 가지 요소, 수석 산지의 중심 평창, 수석의 아름다움(秀-빼어날 수), 수석의 우아한 선(瘦-메마를 수), 수석의 주

돌문화체험관 온갖 수석들이 모여 있는 곳. 수석의 세계는 우주처럼 넓다.

름(皴-주름질 준), 수석의 구멍(透-구멍 뚫릴 투), 십장생을 담은 수석들, 사군자를 담은 수석들, 사계절을 담은 수석들, 남자와 여자 외, 대한민국 지도를 담은 수석들, 우리나라의 수석, 세계 속의 수석, 기증자 소개 코너가 삼면의 벽을 따라 전시돼 있다. 또 수석의 종류, 수석이 되기까지, 십이지 코너, 숫자를 담은 수석들, 평창군의 상징 수석들이 전시실 가운데를 차지하고 있다. 2층의 기획전시실까지 수석의 묘미를 음미하며 제대로 관람하려면 한나절도 모자랄 것 같았다.

안내서에는 좋은 수석이 갖춰야 할 다섯 가지 요소에 대해 이렇게 설명한다. 예전의 괴석 위주의 기준과 달리 현대 수석은 훨씬 세분되고 다양해졌다. 돌의 여러 요소를 고루 살피게 되고 다양한 장르를 수용한 터라 수석 취미의 폭이 훨씬 넓어졌는데 이는 현대인들이 미적 취향이 그만큼 다양해진 결과다. 형태, 질감, 색상, 크기, 그리고 자연미, 이 다섯 가지 요소를 잘 갖춰야만 좋은 수석의 반열에 들 수 있다. 또 예로부터 돌의 좋고 나쁨을 가르는 기준을 '돌의 4원칙, 또는 상석법(相石珐)'이라 불렀다. 돌의 4원칙은 북송 시대의 문인이자 화가인 미불이 창안한 돌을 보는 방법이다. 즉 아름다운 돌이 되려면 빼어난 기품이 있어야 하고, 군살 없이 야위어야 하며, 주름이 무수히 잡혀야 하며, 구멍이 뚫리고 파인 곳이 있어야 한다는 수수준투(秀瘦皴透)가 그것이다. 이 원칙이 예로부터 지금까지 존중받는 까닭은 그 안에 돌을 감상하고 이해할 수 있는 미적 정서가 잘 담겨 있기 때문일 것이다. 그렇다면…… 나는 지금껏 강변의 돌밭을 배회하며 어떤 기준으로 돌을 보았을까.

수석의 다섯 가지 요소 중 가장 중요한 첫 번째는 형(形)이다. '수석은 누구나 한눈에 아름답다고 공감할 수 있는 공감미, 강한 인상으로 마음을 사로잡는 개성미, 상식을 뛰어넘는 기상천외한 요소를 통해 나타나는 신비감을 가져야 좋은 수석이라고 할 수 있다. 이 세 가지 요소는 수석의 형태를 결정짓고 다듬는 중요한 바탕이 된다.' 두 번째는 색(色)이다. '색은 빛깔이 짙고 산뜻해야 한다. 여러 색깔 중에서도 까만색을 으뜸으로 하며, 점잖은 청색, 감색, 녹색 등 색조의 중후함이 있는 돌이어야 수석의 기품을 쉽게 찾을 수 있다. 질이 좋지 못한데 색이 좋은 경우는 드문 일이므로 질과 색은 상호보완 관계가 있다.' 세 번째는 질(質)이다. '석질이 견고해야 한다. 석질이 약하면 영구적이고 불변하는 수석의 본질에서 멀어진다. 단단함은 날카로운 못으로 긁어서 상처가 나지 않을 정도여야 하고, 입자는 치밀하고 섬세하여 만질 때 바늘처럼 찌르지 않아야 한다.' 네 번째는 자연(自然)이다. '수석의 아름다움은 인공을 가하지 않은 자연 그대로여야 한다. 따라서 자연스러운 아름다움이 필요하다. 수석의 자연미는 모든 선이 생동감이 있고 활달하며 투박하거나 너무 엷어지지 않을 때 관찰할 수 있다.' 마지막 요소는 크기(測)다. '크기는 실내에서 감상할 수 있는 15cm 이상 35cm까지 정도가 가장 이상적이며, 5cm가량 작은 돌부터 50cm까지 이르는 크기도 수석에 포함하고 있다. 다만, 혼자 들어 옮길 수 없는 큰 돌의 경우에는 수석이 아닌 초석 또는 정원석으로 분류하는 것이 옳다.'

다음은 수석의 형태를 구체적으로 공부할 차례다. 자연의 갖가지 수려한 경치가 한 덩어리 작은 돌에 축소돼 나타난 수석은 산수경석이다. 멀리 보이는 산이 축소된 모습을 연상시키는 수석으로 봉우리 형태에 따라 단봉형, 쌍봉형, 연산형으로 구분하는데 이를 산형석이라 부른다. 돌 표면에 사물의 그림이나 꽃무늬, 글자 등의 무늬가 자연적으로 나타나는 돌은 무늬석이다. 빛깔이 우아하고 농도가 짙고 화려한 원색을 가진 것은 색채석이다. 돌 한쪽에 산봉우리가 솟아 있고 언덕이 이루어져 있으며 그 옆이나 앞으로 드넓은 평지가 펼쳐진 형태는 평원석이다. 또 산간 언덕의 평탄한 빈터가 변화된 형상으로 평지가 깎여 벼랑이 이루어진 산악을 연상시키는 것은 토파석이다. 각양각색의 섬 모양을 한 돌로 산형석보다 규모가 작고 단조로운 것은 섬형이다. 이뿐만이 아니다. 바위형, 층계가 있는 단층석, 절벽석, 동굴석, 갖가지 사물을 특색 있게 닮은 물형석, 사물과 동떨어진 강렬한 인상을 가진 추상석, 폭포를 연산시키는 폭포석, 호수석 등 수석의 종류는 다양하기 이를 데 없다.

돌에 들어 있는 것들, 돌돌!

자, 이제 어느 정도 공부를 마쳤으니 하나하나의 수석들을 음미할 차례다. 받침대 위에 올라앉은 각양각색의 수석들이 조명을 받아 빛을 발하고 있는 전시실에서 나는 천천히 걸음을 옮겼다. 수석과 함께 놓여 있는 명찰에는 돌의 이름과 산지, 그리고 설명이 친절하게 적혀 있었다.

한 천 년 동안의 주름이 물결처럼 새겨진 검은 돌. 저 돌은 주름을 만들며 얼마나 마음이 출렁거렸을까 생각하니 갑자기 마음이 아득해졌다. 고운 모래 위에 섬처럼 단아하게 놓여 있는 돌. 막 알에서 깨어난 새끼 거북 같은 돌. 천지창조라 이름을 붙인, 자갈들이 엉켜 있는 돌. 황금두꺼비를 닮은 돌. 흰 오리가 유유히 헤엄치는 듯한 돌. 아기 스님이 명상에 잠겨 있는 듯한 돌. 밤바다 위에 떠 있는 보름달을 품고 있는 돌. 어라! 화가 잔뜩 난 사람의 얼굴 형상을 한 돌. 하품하는 돌. 국

물결석 물이 흐르고 흘러, 또 흘러 저 돌에 물결의 주름을 새겼을 것이다.

화꽃 송이들이 가득 들어 있는 돌. 노래하는 얼굴을 닮은 돌. 깎아지른 듯한 절벽을 보는 것만 같은 돌.

어느 여름날 나는 돌들이 가득한 강변을 서성거렸다. 돌을 주웠다가 놓고, 다시 눈에 들어온 돌을 들고 가다가 새 돌로 교체하기를 반복했다. 그렇게 한나절을 서성거렸지만, 마음에 드는 돌을 찾는다는 것은 쉽지 않은 일이었다. 내 마음에 무엇이 들어 있는지도 도통 모르겠는 여름날이었다. 멀리서 보면 아름다웠지만 가까이 다가가 손에 들면 허망하기 이를 데 없는 마음이었고, 또 돌이었다. 흐르는 물에 씻으면 잠시 반짝였지만 이내 창백해지는 마음이었고 돌이었다. 나는 마지막으로 쥐고 있던 돌을 강물에 던져버린 뒤 그 강변을 떠났다. 다시는 돌을 찾아 강변을 서성거리지 않겠다고 다짐했다. 그러나…….

하여튼 그 강변에서 내 눈과 마음이 찾지 못했던 돌들이 전시실에 가득했다. 대체 어떻게 이 돌들을 찾았는지 도무지 이해할 수 없었다. 나는 다시 천천히 전시실을 걸었다. 하마를 연상시키는 돌. 숲과 나무 구름을 그려놓은 돌. 목을 길게 빼어 무엇인가를 기다리는 것만 같은 돌. 아기공룡 둘리를 닮은 돌. 어이쿠! 사내의 물건을 닮은 돌을 나는 몰래 훔쳐보았다. 여인의 단아한 뒷모습 같은, 아니 여승의 뒷모습을 닮은 돌. 대장군이라 명명한 돌. 사진으로만 본 해금강의 한 장면인 듯한 돌. 용궁에서 나와 토끼를 찾아 모래밭을 기어가는 별주부인 듯한 돌.

그러나 나의 다짐은 오래가지 못했다. 운전하고 가다가 돌들이 깔린 강변을 만나면 차를 세워야만 했다. 무수히 많은 돌 중 어딘가에 내가 찾는 돌이 있을 거라는 생각에 다시 돌밭을 걸었다. 돌 하나하나에 눈을 맞췄다가 거두기를 반복했다. 돌을 들고 이리저리 한참을 돌려보다가 다시 제자리에 돌려보냈다. 마치 사래 긴 밭의 풀을 매듯 나는 강변의 돌밭을 눈으로 더듬으며 걸음을 옮겼다. 누군가 멀리서 나를 봤다면 어떤 모습이었을까. 무엇을 하고 있다고 여겼을까. 혹시 좀 이상한 사람으로 생각하지 않았을까. 그러거나 말거나 나는 돌밭을 서성거렸다. 마음에 드는 돌 하나를 찾아서. 대체 돌이 무엇이라고.

붉은빛을 담고 있는 돌 안에 뿔이 멋진 산양 한 마리가 자태를 뽐내고 있다. 남한강에서 건져 올린 자그마한 돌에는 원앙이 헤엄치고 있다. 전시실의 다음 코너는 십이지와 관계된 수석들이 모여 있었다. '십이지는 십이신장(十二神將) 또는 십이신왕이라고도 한다. 땅을 지키는 열두 동물로 쥐, 소, 호랑이, 토끼, 용, 뱀, 말, 양, 원숭이, 닭, 개, 돼지가 있다. 십이지는 방위와 시간을 상징하는데 시기에 따라 의미가 변하였다. 초기엔 호국의 성격에서 방위신의 의미가 있었으나 이후에는 명리학, 관상, 점 등과 관계된 관혼상제와 혼인, 이사 등 길흉을 가늠하는 생활 전반에 관여해 왔다.' 또 한 코너는 십장생과 관계된 수석들이다. '십장생이란 해, 산, 물, 돌, 구름, 소나무, 불로초, 거북, 학, 사슴 등 오래도록 유지되는 열 가지 사물을 이르는 말이다. 십장생은 모든 인간의 공통된 염원을 담고 있는 만큼 회화를 비롯한 도자기, 자수, 목공예, 등의 장식 문양으로 즐겨 사용되었다. 십장생도는 새해 첫날에 왕이 신하들에게 하사하거나 신하들이 왕에게 진상했다고 하며,

궁중의 행사 때에는 왕비의 자리 뒤편에 십장생 병풍이 놓였다.' 대체 자연은 어떻게 저 자그마한 돌에 이 모든 것을 새겨 넣었을까. 볼수록 신기할 뿐이었다. 그뿐만이 아니었다. 아라비아 숫자가 담긴 돌들도 1에서 10까지 차례대로 있었다. 나는 달마가 들어 있는 돌 앞에서 오래 서 있다가 사진을 찍고 전시실을 나왔다. 밖으로 나와 방금 찍은 사진을 확인하니 유리에 어렴풋이 비친 내 모습이 둥그런 달마의 몸과 겹쳐 있었다. 돌돌!

돌은 무엇일까. 사람들은 왜 돌을 찾아 개울이나 강변을 서성거릴까. 그렇게 찾아낸 돌을 집으로 가져와 갓난아기를 다루듯 공들여 씻기고 적절한 연출을 하는 것일까. 돌을 찾는 사람들은 자신이 찾은 돌에서 무엇을 보고 싶어 하는 것일까. 그리고 나는?

돌문화체험관을 나오며 생각해 보니 나는 아직 나의 돌을 찾지 못한 것 같다. 그 돌은 어느 강변에서 입을 굳게 다문 채 나를 기다리고 있을까.[4]

---

4 평창돌문화체험관은 오전 9시에 문을 열고 오후 6시에 닫는다. 매주 월요일은 휴관.

····· 더 보기 : 평창읍의 걷기 좋은 길

평창 평화길

2018 평창동계올림픽의 유산인 평화정신을 확산시키고 아름다운 평창강과 웅장한 장암산 자락의 등산로를 활용하여 조성된 '평창 평화길'은 모두 네 개의 노선을 가지고 있다. 1번 길은 바위공원과 건너편 장암산이 평창강과 만나는 곳에 설치한 수변데크로를 연결한 길이다. 평창강과 장암산의 사계를 감상할 수 있는 게 포인트. 길의 이름은 '노람뜰 탐방로'인데 산과 강, 논밭, 공원이 어우러져 지루할 틈이 없는 길이다. 2번 길은 '장암산 등산로'다. 솔향기가 물씬 풍기는 장암산에서는 평창읍을 한눈에 내려다볼 수 있다. 그리고 패러글라이딩 활공장이 있어 마니아들이 즐겨 찾는 곳이다. 2시간 30분에서 3시간 정도면 완주할 수 있다. 패러글라이딩을 즐기려면 바위공원 옆에 있는 조나단 패러글라이딩학교를 방문하면 가능하다. 조만간 장암산 하늘자연휴양림이 조성될 예정이다. 3번 길은 '남산 다 함께 나눔길'이고 인근에 4번 길인 '남산(수변)데크로'가 자리하고 있다. 이외에도 평창읍의 주산인 '노산 둘레길'이 있다. 3번과 4번 길은 시내에서 가까운 곳에 있어, 길을 걷다 배가 고프면 전통시장으로 달려가 갓 지진 메밀부침과 전병을 안주로 막걸리를 마실 수도 있다.

평창 백일홍축제

평창읍 제방길 81이 주소인 평창강 둔치에선 매년 9월(6~15일)이면 백일홍축제가 열린다. 백일홍의 꽃말은 행복과 인연이다. 소망이 이루어진다는 천만 송이 꽃길을 걸으면 어느새 사람들의 얼굴은 꽃처럼 붉게 물든다. 백일홍은 100일 동안 붉게 피는 꽃으로 백일초라고도 부르며 6월과 10월 사이에 개화한다. 제방길엔 깡통 열차가 달려가고 백일홍 산책

평창 백일홍축제

길(1~3구간)을 비롯해 조롱박터널, 소망의 돌탑, 백일홍 카페, 포토 존, 원두막 쉼터, 백일홍 피크닉(피아노 버스킹, 피크닉 테이블), 핑크뮬리 등등의 코너가 있고 중앙무대에선 각종 공연이 매일 열린다. 백일홍 화분도 판매하며 백일홍 엽서 보내기도 가능하다. 가을 하루를 제대로 보낼 수 있는 곳이 바로 백일홍축제장이다. 아, 야간에도 개장하는데 밤의 백일홍도 감상해 보시길! 야간에는 입장료도 무료다! 주간에 입장권을 사면 예쁜 백일홍 머리핀을 선물로 주니 입장료가 절대 아깝지 않다.

평창 올림픽시장

평창 전통시장은 매달 5, 10, 15, 20, 25, 30일이 장날이다. 평일에는 장거리가 한산하지만, 장날엔 장꾼들과 장 보러 나온 사람들로 북적거린다. 계절에 따라 장거리에서 파는 물건이 바뀌는 게 시골 오일장의 특징이다. 하지만 장이 서지 않는 날에도 메밀묵, 도토리묵, 메밀부치기, 양념한 생채가 들어간 메밀전병, 감자떡, 감자전, 수수부꾸미, 메밀 콧등치기, 메밀 비빔국수, 메밀 묵사발 등등을 언제라도 먹을 수 있는 식당들이 모여 있다. 척박한 땅에서 잘 자라는 메밀은 당연히 건강식품이다. 시장 안에 있는 메밀 전문 식당인 '메밀 이야기'의 벽엔 주인의 메밀 음식에 대한 자부심이 액자에 담겨 있다. '요즘 도시에서는 들기름에 부친 메밀이 많은 모양인데, 원래 들기름을 너무 많이 쓰면 음식이 느끼해져요. 그래서 저는 무 밑동을 써서 기름을 둘렀어요. 또 딴 지역에서는 메밀가루를 갖고 부치기를 만든다는데 여기서는 메밀 액을 갖고 만들어요. 이게 평창 요리만의 다른 점이에요.' 시장에 들어가면 메밀전의 고수들이 둥근 번철 앞에 앉아 메밀부치기를 부치고 있다. 얇은 메밀부치기에 구멍이 나지 않게 부치는 일은 아무나 할 수 있는 게 아니기 때문에 그 모습을 지켜보는 일도 의외로 즐겁다.

평창읍의 거리에는 이런 메밀 이야기도 벽에 걸려 있다. 제목은 〈메밀 나와라. 뚝딱〉이다. '호랑이가 담배 피우던 옛날 옛적에 있었던 일이래요. 시장 장사를 마친 평창댁이 깜깜한 시골길을 걸어 집으로 가고 있었어요. 그러다 도깨비들이 모여 놀고 있는 것을 보게 되었죠. "옳거니! 도깨비들은 금은보화를 많이 가지고 있다고 했지." 도깨비들이 메밀묵을 좋아한다는 사실을 안 평창댁은 꾀를 내어 팔다 남은 메밀묵을 꺼내 들었어요. 그리고 도깨비들한테 조심조심 다가갔어요. "여보시오들, 노느라 배고플 텐데 이것 좀 드셔 보드래요." 메밀묵을 본 도깨비들은 환호성을 질렀어요. "평창댁, 이렇게 맛있는 메밀묵을 계속 가져다주면 금은보화를 얼마든지 줄게." 메밀묵으로 도깨비들과 친해진 평창댁은 금은보화를 잔뜩 얻어 부자가 되었답니다.' 자, 더 이상 메밀에 대해 할 얘기가 없으니 평창 장거리에 가서 메밀묵 한 접시 드시길.

평창 올림픽 시장의 입구에는 규모가 꽤 큰 '대장철물점'이 있다. 이곳에 들러 자그마한 호미 하나 장만해 차 트렁크에 넣어 다니라고 권하고 싶다. 분명 언젠가는 쓸모가 있을 것이다. 요즘 우리나라 호미가 대세라지 않는가.

11

일제강점기 평창 사람들은 어떻게 살았을까 2

요즘의 기름값 인상은 예전의 장작값 인상이었다

수천의 화전민, 노동자로 전가

1936년 4월 16일 조선중앙일보

봄소식과 꽃 소식이 날을 거듭하여 짙어가는 이때 빈민층의 춘궁은 떠나갈 줄을 몰라 봄철이 올수록 더욱 심해져 간다. 영동 6군에서도 가장 산간지대인 평창, 정선은 지세를 따라 화전민이 도내에서도 유명하거니와 이제 춘궁기가 닥치자, 식량이 절핍되어 초근목피로 그날 그날의 생활난에 빠져 있는 수천의 극빈자에 대하여 시급한 구제에 부심하던 총독부에서는 빈민 구제책으로 수일 전에 강릉군에 의뢰하여 정선 평창 등지의 극빈자를 알선하여 동해안 철도공사 양양군 죽왕면 남견조 공사장으로 수송케 되었는데…… 파종기를 앞두고 고토를 떠나 행여나 살아볼까 찾아가는 그들의 노력은 얼마나 그들의 생활을 지속하여 줄지 매우 주목되는 바이다.

승려수련소, 1일에 입소식 오대산 상원사에서

1936년 7월 5일 매일신보

강원도 3본사 연합승려수련소 입소식은 지난 1일 오전 10시부터 평창군 오대산 상원사에서 성대히 거행하였는데 수련생의 입소자는 17명이며 당일 임석자는 손 지사, 홍 참여관, 홍본 부촉탁, 평창 정선 군수, 3본사 주지 기타 약 20명과 월정사 상원사 승려 약 20명이 열석하였다고 한다.

평창 주진교, 19일에 낙성

1936년 1월 5일 매일신보

평창에 제일 교통상 중요시하던 경성 춘천 강릉 간 주진교는 지방민의 열성으로 작년부터 착공 중이던바 내 19일에 낙성식을 보게 되었는데 원래 평창은 주위가 평창강으로 인하여 다소의 홍수가 유할지라도 교통두절이 되어 곤란을 당하였으나 지금으로부터는 전연 그러한 불편은 일소되리라 한다. 낙성 당일은 3대 부부의 초도식(初渡式)이며 기타 성대한 축하가 유하다 한다.

명찰 월정사 부흥비 4만 원을 또 희사

1936년 8월 2일 매일신보

평창군 오대산에 있는 대본산 월정사는 1천3백여 년의 장구한 역사를 가진 조선에서 가장 유명한 사찰의 하나로써 역사상의 일화도 많은 절인데 근년에 이르러 재정이 곤궁하여 거액의 채무를 져서 왕실에서 사패하신 토지까지 매각하기에 이르자 전조선 31대 본사 주지가 일제히 궐기하여 오대산 석존정골탑묘찬앙회를 조직하고 후작 박영효 씨가 회장이 되어 총도총감을 위시하여 중추원 고문 각국 부장 각 도지사 기타 조야 유력인사의 후원으로 월정사 부흥 운동에 노력하여 오던 중 최근에 이르러 이에 찬성하는 독지가가 속출하여 황공하옵게도 창덕궁과 양공가로부터 금일봉식을 하사하신 것을 비롯하여 경성의 독지가 김용우 노인이 일금 4만 원을 희사하였고 3천 원야 회장 박영효 씨, 1천 원야 이용순 씨, 1천 원야 박기우 씨 전재덕 씨, 5백 원야 이인직 씨 이병국 씨 조남섭 씨 등 제씨의 거액 기부가 접종하여서 역사 오랜 전기 월정사는 이에 완전히 부흥을 하게 되었다는데 취중 4만 원을 희사한 김용우 씨는 얼마 전에 40만 원이라는 거대한 재단을 던져 조선육영회를 조직케 한 독지가로 금번 월정사 부흥에도 실로 김용우 씨의 공로가 막대하다 하여 동사 주지 이종욱 씨를 비롯하여 일반의 칭송이 자못 높다고 한다.

호랑이 밥이 되는 대신 강도질하고 5년

1936년 10월 24일 매일신보

평창군 진부면 장평리 최○○(20)이가 금년 9월 18일 오전 2시 경에 동리에 사는 이○○(62) 씨의 집에 옥수수 수염에 수건으로 복면하고 침입하여 곤봉으로 주인을 위협하고 현금 10원을 강탈 도주한 사건은 지난 15일에 경성지방법원에서 꿈에 백발노인이 '너의 운명은 호랑이 밥이 될 운명이니 도적질이라도 하여 순사에게 잡혀 있어야 그 액을 면할 것이라' 하여 마침내 강도 노릇을 하였다는 요절할 공술을 한 강도상인 피고사건은 22일 동 법원에서 장정 검사 간여하여 증촌 재판장으로부터 구형과 같이 징역 5년의 판결 언도가 있었다고 한다.

평창천 호안공사 시급

1937년 3월 24일 매일신보

평창읍 내를 관통하는 평창천에는 호안 시설이 없어 매년 우기마다 읍내에 침수를 보게 되어 민의 피해가 상당히 많은 터로 일반시민은 1일이라도 속히 호안공사를 실시하여 연사 같이 겪게 되는 수해를 방지하도록 당국에 대한 요망의 소리가 높다 한다.

방림시장 낙성식

1937년 3월 31일 매일신보

평창군 방림면 방림리 시장은 면민 전체가 열망 중에 있는 바 거 25일에 시장 낙성식을 거행하였다 한다.

어머니가 아프대도 못 가게 합니다

1937년 7월 20일 매일신보

평창군 대화면 대화진흥회 안에 있는 박○○의 2녀 박광옥(19)은 가세가 적빈하여 경성으로 벌이를 하고자 1주일 전에 와서 부내 동대문 밖 제사회사의 여공으로 있게 되었는데 17일은 그 어머니 김씨가 병이 대단하다는 편지가 왔으므로 고향으로 가겠다고 회사 측에 말을 하자 5

개년 간 계약이 되었으므로 절대로 안 된다 하여 그는 어린 마음에 그리운 어머니를 만나고 싶어 기숙사를 탈출하여 18일 동대문서에다 그 서러운 사정을 말하고 고향으로 갈 여비를 주선하여 달라고 애원하였다고 한다.

평창 대화 간 자동차 2회 운전

1937년 9월 14일 매일신보

평창 대화 간 자동차 연로에는 승객의 내왕이 빈번함에도 불구하고 자동차 회수는 일 1회뿐으로 일반 승객의 불편과 불만이 많을 뿐 아니라 항상 만원이라는 소리에 승객의 심금을 더욱 초조히 함을 마지않던 바 동 자동차부 주임 엄정일 씨는 취임 이래 항상 이를 유감으로 생각하고 그간 강릉 본사와 누차의 교섭을 열성적으로 한 결과 행히 내 20일경부터는 대화에 차 1대를 비치케 하고 오전 오후로 매일 2회의 정기운전을 시행키로 하였다는데 금후로는 승객의 불편불만도 일소되리라 한다.

평창의 현안인 전등 가설 실현

1938년 4월 17일 매일신보

평창시민이 날로 고대하고 고대하던 전등은 마침 지난

12일부터 등화를 하게 되어 산간벽지에서 암흑한 원시 생활에서 울고 있던 평창도 일로부터는 문화의 혜택을 받게 되었다.

도랑 건너다 두 여자 익사

1938년 8월 14일 매일신보

지난 10일 오후 1시 대화면 작골 박○○의 처 김씨(16)는 그의 시누이 박녀(15)와 함께 이웃집에 방아를 찧으러 갔다가 소낙비가 급히 쏟아지는 바람에 집에 설거지를 하러 돌아오는 길에 산골 도랑이 급히 내려오는데 건너다가 실족을 하여 두 여자는 함께 약 2키로 가량 떠내려가 무참히 죽은 것을 부근 사람들이 발견하였는데 전신이 돌에 갈리어 눈으로 보지 못하게 되었다고 한다.

평창군 도암면에 상해가 다대

1939년 6월 13일 매일신보

도암면(대관령면)은 조선 반도 중에서도 고지대로 유명한 대관령이라는 큰 영에 걸쳐 있는 곳으로 1년 사시를 통하여 한랭한 바람이 그치지 아니하는 곳인데 요즈음 전 조선적으로 변태적 일기가 계속되는 이때 지나간 30

일 31일 두 밤에는 때 아닌 서리가 내리어서 농작물은 물론 뽕나무까지도 다대한 피해가 있다 한다.

평창 월정사에 경찰관 출장소

1939년 9월 30일 매일신보

평창경찰서에서는 오래전부터 평창군 진부면 월정사 부근에는 계림기업주식회사와 동양척식회사 등의 출자로 목재 제재를 대대적으로 하고 있어 각지로부터 모여드는 인부는 어느 때이나 천여 명에 달하여 현재 호수로도 3백 호나 되므로 그의 복잡한 관계와 위치상으로라도 경찰관 출장소 설치에 대하여 절실히 느낀 바 있어 그의 설치 운동을 하여왔었는 데 지난 8월 30일부로 당국의 인가가 났으므로 동 소 초대 수석으로는 정상 씨가 피임이 되어 그의 준비에 분망 중이라 한다.

평창 장작 가격 인하

1939년 10월 20일 매일신보

평창면에서는 지난 10일 오후 1시 평창면 사무소 회의실에 군 경찰서 각 계원이며 각 당 업자들을 모아놓고 협의한 결과 종래보다 장작 1관에 대하여 각기 5리씩 인하하기로 결정하였으며 장래 이에 위반자가 없도록 각 방면에 주의시키었다 한다.

평창 도돈 도선 적벽환(赤壁丸) 진수식

1939년 10월 20일 매일신보

평창면에서는 도돈강 도선의 불완전함을 통감하여 금반 총공비 2천4백원을 들여 적벽환이라는 도선을 신조하였는데 지난 15일 준공되었으므로 당일 동지 적벽암 하강상에서 성대히 진수식을 거행하였다 한다.

여자 사기 기도사, 요언으로 각 농촌서 금품편취

1939년 11월 10일

자칭 원주 치악산에서 수도를 하였다는 이대원(35)이란 여자와 주소도 씨명도 확실치 못한 35, 6세 쯤 되는 여자 두 명은 지난 10월 25, 27, 31일 세 번에 긍하여 평창군 대화면 대화리 최○○의 집에 가서 최씨의 아내 되는 정씨(32)에게 대하여 기도를 올리지 않으면 당신의 내외가 11월 중에는 일시에 죽어버린다고 한 후 금품 1백95원30전을 편취하였으며 동월 25일과 29일에는 전기 피해자의 이웃에 사는 김○○의 처 이○○이 아들이 없어

애태우고 있는 사실을 알고 찾아가서 치악산에 기도를 올리면 옥동자를 낳게 된다고 속인 후 금품 1백5원54전을 두 번에 사취해 먹었다 한다. 그리고 전기 김○○의 처는 현금과 의복을 줄 때 잘못하여 액면 3백26원이나 되는 우편저금통장도 함께 주었다는 것으로 전기 사실을 알게 된 평창서에서는 크게 놀라 각서에 수배 하는 등 목하 범인을 수색 중인 바 여자로서의 범행으로서는 너무나 대담한 만치 각 가정에서는 속지 않도록 주의함이 좋으리라 한다.

국유림에 실화하고 초부가 액수자살

1940년 1월 31일 매일신보

평창면 대상리 이○○(57)은 지난 25일 그 동리 국유림에서 나무를 하다가 날이 매우 차서 언 수족을 좀 녹일까 하고 불을 살려놓고 쪼이다가 불이 사방으로 퍼지어 1정보 가량의 손해를 보았다는데 이 초부는 이 실화를 한 책임을 무엇으로 감당할 길이 없어 바로 그 즉시 소나무에 목을 매어 자살을 하고 말았다 한다.

불문에서 군문에, 월정사 젊은 승들 지원병을 지원

1940년 2월 9일 매일신보

2월 10일 모집 마감을 앞두고 조선 각지에서 애국에 불타는 씩씩한 청년들이 다투어 가며 지원병을 지망하고들 있거니와 이와 같은 애국열은 산간에서 불도를 닦고 있는 젊은 승에게도 숨어들어가 이번에 강원도 오대산 월정사의 젊은 승려 네 명이 지원병 되기를 지원하였다는 아름다운 소식이 들리고 있다.

강원도 평창군 진부면에 있는 대본산 오대산 월정사 안에는 젊은 승려 20여 명이 불경을 연구하고 있는데 지난 1월 27일 그들 중에 이○○(21) 이○○(20) 김○○(21) 남○○(20) 네 청년이 주지 이종욱 씨에게 '우리도 지원병이 되어 나라를 위하여 몸을 바치겠다'고 청을 하여 이 주지는 평창경찰서 월정사 경관출장소에다 그 뜻을 말하였는 바 수석 순사부장도 감격하여 즉시 수속을 밟게 하였다고 한다. 전 조선에서 승려로 지원병을 지망한 것은 이것이 처음이라고 한다.

(총독부 기관지인 매일신보에 실린 이 기사는 일제강점기의 암울한 현실을 보여준다. 기사 뒤에 숨은 의미를 꼼꼼하게 살펴봐야할 것이다.)

평창 제탄조합 만표 생산목표

1940년 4월 3일 매일신보

평창군은 전면적의 8, 9할이 산지대로 수목도 대개가 제탄용 참나무가 있는 관계상 종래부터도 목탄에 대하여 관심을 가져온 사람이 많았으며 따라서 군내 수용량에 있어서는 풍족한 생산이 있었으나 금반 국가비상시국하 목탄 사용량이 증가한 관계상 이를 더 증산하여 국책수행상 다대한 도움이 되게 하겠다는 목적 하에 동군 임업계에서는 내용이 출신한 모범제탄조합을 설립하여 조합원 각자들의 이익을 도모함은 물론이며 일반수요자 측에도 불편함이 없이 제탄에 대한 제반 것을 개량 혹은 충실을 기하고자 여러 가지로 활동을 계속하던 중 지난 3월 29일 제탄조합 창립회가 열고 연산 1만표 달성 목표로 노력할 것을 결정하였다.

김 평창군수도 창씨

1940년 4월 12일 매일신보

강원도 평창군수 김시명씨는 이번에 금자(金子)라고 창씨를 하여 정식 계출을 하였다 한다.

평창군청사의 시급 신축 요망

1940년 7월 14일 매일신보

평창군청사는 3백 년 전의 고건물로 혹은 부패되고 또는 협착하여 그의 신축은 시급을 요하므로 지난 6월 27일 군관민 회합 하에 그의 신축기성회를 조직하고 각 방면으로 맹활동 중이라 함은 기보한 바이어니와 그 후 지난 7월 1일부터 시작하여 끊임없이 내리는 호우로 동 청사에 보관한 서류용지들을 버리게 되는 한편 며칠간 집무에도 대 지장을 일으키었다는데 군청사는 시급을 요하게 되었다.

동산 진흥서당 간이교로 승격

1940년 7월 31일 매일신보

진부면 동산리 진흥서당은 그이 설립 이래 직접 간접적으로 월정사의 절대한 원조 하에 유지되어 오던 중 연연히 늘어가는 수학 아동 수용에 만유감이 없기 위하여 맹활동을 하더니 금반 간이학교로 승격인가까지 되었으므로 유지들과 협력하여 교실과 숙사 등을 확장 우(又)는 신축하기로 되었다.

평창군 우마차 운송조합 창총

1940년 8월 30일 매일신보

평창군 내 우마차 사업자는 각종 중요물자 계획수송의 철저한 수행을 기하는 동시에 정부의 저물가 정책에 순응하여 운임의 적정을 도하며 조합원 상호 간의 친목과 복리증진을 꾀하고저 운송조함 결성 준비를 하여 오던 중 지난 25일 오후 1시 공회당에 80여 명 조합원이 집합하여 고교 서장 임석 하에 우마차 운송조합 창립총회를 열었는데 역원은 다음 같이 정하였다.

조합장 소림태성 이사 지전해성

평창에 장작 기근

1940년 9월 18일 매일신보

평창 읍내 장작 가격은 각반 물가의 협정과 같이 2차에 긍하여 당 업자는 물론 일반 지방민들까지 일장에 회합하여 협정가격과 규격 등을 협정하여 실시하여 왔으나 일반 수요량 대로 장작이 출회되지 아니하므로 수요자 간에 있어 쟁탈전을 연출하고 심하면 암취인까지 되어 그의 폐해는 날이 갈수록 심하여져서 1일이라도 속히 관계 당국에서 선처하여 주기를 바란다 한다.

제방공사가 절박 50호 세민대문제

1940년 9월 21일 매일신보

평창읍에는 천변리 하청 제방공사로 인하여 철거할 가옥이 50여 호에 달하는데 전부가 극빈자들로서 신건축 부지임차 문제는 2, 3년 전부터 논의된 바이거니와 지우금 해결을 짓지 못함은 평창 지방인사와 지주 측들의 무성의한 바로 평창 지방발전 상 심히 한심함을 금치 못하는 바이라 공사기일의 절박함을 따라 철거의 최고는 심하여가는 중이며 또한 결빙된 동절도 불원한데 이에 대한 대책은 막연하니 일억일심을 부르짖으며 인보상조를 외치는 금일 특히 인근 지주 측에서는 따뜻한 손을 내어 그들의 안주할 부지를 대여하여 공종공영의 기지를 만들도록 각성을 바라마지 아니하며 그들 극빈자는 갈 곳이 없이 애를 태우는 중이라 한다.

평창에 부정 탁주 철저단속을 기도

1940년 9월 22일 매일신보

평창읍에 사는 강춘화는 지난 8월 20일 경 공인 특약점으로부터 조선탁주 한 병을 사들고 양조조합 사무소로 달려가서 감정을 원하였으므로 동 조합에서 감정한 결과 어떻게 물을 많이 탔던지 대경실색하여 말문을 열지 못하였다 하는데 평창읍 불량 소주류에 대해서는 전반 평창경찰의 철저한 취체로 그림자가 감추어졌으나 금반은 조선탁주에 이 같은 불량한 점이 있음으로 금후는 양조장으로부터 탁주를 내올 때에는 계원이 출장하여 일일이 감정을 하는 등 불량주 방지에 만전을 기하고 있다고 한다.

평창 봉평 간 정기차 운행

1941년 4월 9일 매일신보

평창읍과 봉평시 간의 정기승합차 개통은 다년간 현안이던 바 4월 1일부터 동해상사회사 버스가 매일 오전 중 1회 왕복운행을 개시하였다.

평창 시일 변경

1942년 5월 11일 매일신보

종래 평창군내에 시일(장날)은 각 면을 통하여 5일마다 시일이던 바 이 비상시국에 불합당하여 각 면 시일을 5월 1일부터 좌기와 여해 변경하였다.

- 평창 시일 매월 8, 18, 29일

- 대화 시일 매월 7, 17, 27일
- 진부 시일 매월 5, 15, 25일
- 봉평 시일 매월 6, 16, 26일
- 방촌 시일 매월 6, 16, 26일
- 미탄 시일 매월 9, 19, 29일
- 도암 시일 매월 4, 14, 24일

(장날의 변경은 이후 계속 지속되지 않은 듯하다. 어떤 까닭인지 모르지만 원래의 5일장으로 돌아갔다. 이 기사에서 특이한 점은 도암장이다. 비운의 도암장날은 다른 장에서 언급할 것이다.)

12

문재, 여우재, 방림삼거리로 가는 길

나흘 동안 걸어도 하늘과 해를 볼 수 없었던 길

문재와 문재터널

외부 지역에서 평창군 방림면(芳林面)으로 들어가고 나오는 길은 두 개인데 하나는 안흥을 지나는 42번 도로고 또 하나는 횡성 둔내의 웰리힐리파크 근처에서 넘어오는 420번 도로다. 주요 도로는 당연히 전재, 문재로 이어지는 42번 길이다. 문재는 옛적부터 강원도로 들어오고 나가는 중요한 관문 중 하나였다. 서울에서 강릉으로 가는 여행객들은 이 길을 꼭 통과해야만 했다. 영동고속도로가 개통되기 전 나도 시외버스를 타고 문재를 서너 번 넘었는데 그때의 아찔한 느낌은 아직도 기억 속에 또렷하게 새겨져 있다. 창밖 절벽 같은 산비탈을 내다보지 말아야 하는데 버스가 산자락을 돌 때마다 나도 모르게 고개가 돌아갔고 그때마다 너무 무서워서 사타구니와 오금이 저려올 정도로 험한 고갯길이었다. 70년대의 문재는 대관령보다 훨씬 더 위험한 길이었다. 1차선 비포장도로여서 앞에서 대형차가 오면 서로 교차할 수 있는 그곳까지 후진하는 때도 여러 번 있었으니…….

6·25전쟁이 끝난 뒤 서울에서 출발해 평창의 오대산에 가려면 7~8시간이 걸릴 정도였다. 그 구간 중 가장 위험한 곳이 바로 문재였다. 문재는 백덕산 자락을 넘어가는 고갯길인데 세월이 많이 흘러서야 비로소 문재터널이 생겼다. 더불어 안흥의 전재에도 터널이 개통되었다. 평창의 북쪽을 관통하는

문재터널 터널이 개통되기 전엔 버스 한 대가 겨우 다닐 수 있는 고갯길이었다.

영동고속도로까지 만들어지면서 평창으로 가는 길이 어느 정도 구색을 갖추게 된 것이다. 그리고 평창동계올림픽 개최 무렵에 기찻길까지 모습을 드러냈다. 옛길은 새로운 길에 밀려 점점 자취를 감추는 게 세상 이치인 모양인데 그 대표적인 길이 문재다. 이제는 임도의 역할에 만족해야 하니……. 저 옛날 이 길을 지나던 어느 선비는 이런 글을 남겼다. '평지이거나 고개이거나 길은 빽빽한 숲속으로만 지난다. 나흘 동안 길을 가면서 쳐다보아도 하늘과 해를 볼 수 없었다.' 병을 고치기 위해 오대산 상원사로 갔던 세조 임금, 서자의 아픔을 안고 세상을 떠돌던 시인 이달, 학자이자 문신인 율곡 이이, 『택리지』를 쓴 이중환, 화가인 김홍도 등등 무수히 많은 시인 묵객이 이 길을 지나가며 시를 남기고 그림을 남기고 전설을 남겼다.

자, 그렇다면 당대의 허름한 소설가인 나도 같은 길을 따라서 가보기로 마음을 먹었다. 문재터널을 빠져나와 길옆에 차를 세우고 백덕산[5] 등산 안내도를 기웃거리던 참이었다. 평

---

5 백덕산(1,350m)은 방림면 운교리와 영월군 수주면과 경계에 위치하고 있다. 태백산맥의 줄기인 내지산맥(內地山脈)에 딸린 산으로 주위에 사자산(獅子山, 1,120m), 삿갓봉(1,020m), 솟대봉(884m) 등이 솟아 있다. 예로부터 네 가지 재물 즉 동봉(東蜂, 동쪽의 석청), 서칠(西漆, 서쪽의 옻나무), 그리고 남토(南土, 남쪽의 전단토)와 북삼(北蔘, 북쪽의 산삼)이 각각 있다고 해서 사재산(四財山)이라고

창 방림의 이 오래된 길의 현재 이름은 서동로고 고갯길 아래에 있는 마을 이름은 운교리다. 새삼 드는 생각은 옛날 사람들은 어떻게 길을 만들었나 하는 것이다. 도보나 말을 타고 가는 옛길의 특성상 산을 넘는 고갯길과 물을 건너는 일이 가장 난제였다. 특히 강원도는 이 고을에서 저 고을로 가려면 반드시 산을 넘어야 했다. 그렇다 보니 산과 산이 만나는, 비교적 표고가 낮은 자리에 고갯길이 생겨났다. 그리고 가급적 큰물을 건너는 코스는 피하는 게 좋았다. 하지만 두 개의 코스를 모두 피하는 것은 쉽지 않은 일이었다. 피할 수는 있지만 그러면 길이 너무 멀어지는 게 문제였다.

육로의 한계는 고갯길과 물이었다. 그런 면에서 볼 때 수로는 매력적인 길임이 분명한데 역시 맹점도 분명했다. 강원도 내륙 깊숙한 곳까지 배가 다닐 수 있을 만큼 수량이 풍부하지 않기 때문이었다. 더군다나 바다도 아닌 육지의 수로는 바람의 영향을 많이 받았다. 서해의 소금을 배에 싣고 강원도로 가는 적기는 봄날의 서풍이 불어야만 수월했다. 남한강 상

도 불렀다. 4km 길이의 능선에 함께 있는 사자산과 합쳐 백덕산이라고 부르기도 하며, 불가(佛家)에서는 남서쪽 기슭에 있는 법흥사(法興寺)가 신라 불교의 구문선산(九門禪山)의 하나인 사자산파의 본산이라고 보기 때문에 사자산이라고 부른다. 바위 봉우리로 이루어진 정상에서는 가리왕산과 오대산의 산군(山群)과 함께 남쪽으로 소백산, 서쪽으로 치악산이 보인다.

류인 평창에서 수로를 이용해 서울로 가려면 불편한 뗏목밖에 없었다. 뗏목을 타고 가다가 물이 많아지는 지역에 가서야 배를 이용할 수 있었으니 옛날 옛적 평창 사람들은 어쩔 수 없이 물을 건너고 고갯길을 넘어야만 했다. 옛날 옛적 고갯길에는 도적뿐만 아니라 호랑이, 전설 속에 등장하는 도깨비나 구미호, 귀신들까지 살고 있었으니…… 혼자서, 또는 밤중에 높은 고갯길을 넘는 일은 결코 쉬운 일이 아니었다. 고갯길 아래 주막에서 배를 채우고 잠을 잔 뒤 아침 일찍 여러 사람이 모여 함께 넘어가는 게 상책이었다.

구름다리 마을

고갯길을 다 내려오면 옛날 운교역(雲橋驛)이 있었던 본동이다. 운교리는 본래 강릉 땅에 속했던 지역으로 구름다리가 있었다고 해서 구름다리 또는 운교라고 불렀다. 1906년 평창군으로 편입되었다가 1914년 일제의 행정구역 통폐합으로 인근 마을들을 합쳐 '운교리'가 되었다. 본동에서 방림면 계촌리로 가는 길과 백덕산 비네소골 가는 길이 갈라진다.

운교리는 마치 넓은 함지박같이 편안하게 느껴지는 마을이다. 마을 가운데로 개울과 도로가 관통하고 마을을 둘러싼 산은 완만하게 비탈을 만들고 있어 사방 어디를 둘러보아도 푸근하다. 이 길을 지나갈 때마다 나는 자동차의 속도를 늦춘 채 마을을 구경하며 지나가는데 왠지 자그마한 집 한 채 얻어서 살고 싶다는 생각이 매번 들었다.

율곡 이이(李珥)는 어느 여름 이곳을 지나가며 운교역이란 시 한 수를 남겼다. 문재를 넘어온 이이는 불어난 계곡물 때문에 주막에서 하룻밤 머물고, 다음날 물이 어느 정도 빠진 뒤에야 물을 건넜던 듯하다.

積雨瀨山路(적우뢰산로) 오랜 비에 산길은 여울로 변했고
終朝行石梁(종조행석량) 아침이 지나서야 돌다리를 건넜네
人愁荒店遠(인수황점원) 황량한 주막은 멀리 있어 사람은 근심스럽지만
馬愛綠坪長(마애녹평장) 말은 넓은 뜰의 푸르름을 좋아하네

운교본동을 지나 완만한 언덕길을 오르면 여우재(640m)가 있다. 지금은 길이 잘 포장되어 있지만 옛날에는 당연히 그렇지 않았다. 옛날 고갯마루에서 백여우가 자주 나타나 오가는 행인들을 괴롭혔다고 하여 여우재라 이름 붙였다는 데 믿어야 하나, 말아야 하나. 하여튼 여우재를 넘어 계속 내리막길을 천천히 내려가다 보면 왼편 길옆에서 자라는 거대한 밤나

여우재 여우들은 어떻게 사람을 홀렸을까.

무 한 그루를 만나게 된다. 바로 천연기념물 498호로 지정된 (2008년) 운교리 밤나무다. 안내판의 설명은 이렇다.

> 평창 운교리 밤나무 앞 도로는 과거 영동과 영서를 잇는 중요한 교통로다. 이 밤나무 앞이 과거 운교역창(雲橋驛倉)의 마방(馬幇)으로 전해지며 성황당도 있어 이 나무가 잘 보존될 수 있었다. 이 밤나무는 옛날에는 '명성을 떨칠 정도로 좋다'하여 영명자(榮鳴玆)라 부르며 3~4가마씩 수확하였고 현재까지 알려진 밤나무 중에서 가장 크고 오래되었을 뿐 아니라 생육이 양호하여 재래종 과일나무로서의 학술 가치가 매우 크다. 나무는 땅에서 약

1.5m 정도 높이에서 큰 가지가 세 갈래로 갈라져 있으며, 나무 높이는 16m, 가슴 높이는 둘레가 6.5m 정도이다. 가지 뻗음은 동서 24m, 남북 26m이다. (수령은 370년 정도로 추정된다고 한다.)

이 밤나무는 42번 도로 바로 옆에 있지만 계곡의 산자락과 붙어 있어서 잠깐 한눈을 팔거나 다른 생각을 하다 보면 지나치기가 쉽다. 겨울이면 잎이 다 떨어져서, 봄여름엔 뒷산의 다른 나무들과 녹음을 섞어버려서, 그리고 가을엔 또 모두 함께 물들고 있어서 그렇다. 나 역시 이 길을 운전하다가 늘 지나치고 나서야 아, 밤나무를 깜박했네, 하고 후회한 적이 한두 번이 아니었다.

무더운 여름 널따란 밤나무 가지의 푸른 그늘에 앉아 있으면 그 시원함에 마음마저 초록으로 물들어 간다. 나무 한 그루가 부어주는 그늘의 맛은 막걸리처럼 달고 또 시원하다. 시간이 넉넉하다면 그늘에 자리를 깔고 잠시 낮잠을 청해도 좋을 것이다. 가을 오후 바람이 불면 여기저기로 툭툭 떨어지는 재래종 알밤이 재잘거리며 부르는 노래도 들을 수 있다. 그러다 보면 서서히 자동차 소리는 사라지고 먼 옛날 이 길을 오가던 사람들의 이야기와 나귀의 방울 소리, 말들의 발굽 소리가 치

어날 것이다. 운교리 밤나무는 그 모든 걸 기억하고 있을 테니까 말이다. 아, 봄날의 밤꽃 향기를 만나는 것도 행운이다.

운교리 밤나무 옆에는 자그마한 후박나무 한 그루가 마당 귀퉁이에 서 있는 허름한 민가가 한 채 있다. 어느 여름날 밤나무를 구경하다 문이 열려 있는 집안을 얼핏 들여다볼 기회가 있었다. 오, 한 어린 학생이 반바지와 하얀 셔츠를 입은 채 책상 앞에 앉아 공부하고 있었는데 마치 나의 어린 시절 풍경을 보는 것 같아 깜짝 놀랐다. 나는 그 자리를 떠나지 못하고 계속해서 눈을 비볐다. 말을 걸고 싶었지만 나는 그 아이에게 가는 길을 찾을 수 없었다. 잠시 뒤 그 아이의 엄마가 빨래를 들고나오자 서둘러 밤나무 아래로 돌아가야만 했다. 밤나무를 떠나 다시 자동차를 운전하면서도 나는 오래된 사진 속 나의 모습 같은 아이를 내내 생각했다.

방림은 향기로운 숲이다

문재를 넘어와 방림의 길을 느긋하게 달린다는 것은 그 향기를 호흡한다는 얘기다. 밤나무를 지나면 자작나무들이 모여 있는 산자락이 보이고 단풍이 물든 계곡물이 흘러간다. 멋다리 만남의 광장에서 계촌리로 들어가는 길과 만나면서부터 비로소 주변이 넓어지며 사람들이 모여 사는 마을과 밭들이 모

운교리 밤나무 옛날의 나그네들은 저 밤나무의 밤을 주워 한 알씩 까먹으며 먼 길을 걸었을 텐데…….

습을 드러낸다. 이어 방림면 시가지다. 다시 차를 멈추고 만화가 허영만의 『식객』에 나오는 방림막국수 한 그릇으로 배를 채우라고 권하고 싶다. 허균과 허난설헌의 스승인 시인 이달은 방림역을 지나며 시 한 수를 남겼다.

西陽下溪橋(서양하계교) 석양은 계곡의 다리 위로 내리고
落葉滿秋逕(낙엽만추경) 낙엽은 가을 길에 가득하네
蕭蕭客行孤(소소객행고) 쓸쓸한 나그네의 길은 고독하고
馬渡寒溪橋(마도한계교) 차가운 계곡물에 말 그림자가가
건너가네

길은 이제 한때 검문소로 유명했던 방림삼거리로 향한다.

13

계촌 클래식마을

등이 굽은 산골 할머니 할아버지들도 클래식 매니아인 마을

별빛 오케스트라

방림면 계촌리(桂村里)는 운교리와 방림리 서북쪽에 자리 잡고 있다. 이 마을 역시 솟때봉, 술이봉, 용마봉(1,045m), 청태산(1,200m), 대미산(1,232m), 덕수산(1,000m), 장미산(978m), 수리봉(776m) 등등의 산으로 둘러싸인 산촌이다. 평창을 가로지르는 주요 도로에서 벗어나 있어 외지 사람들은 특별한 일이 아니면 지나치기조차 힘든 평창의 벽지 마을 중 한 곳이다.

그런데 이 작은 산촌에 언젠가부터 매년 여름이면 클래식 선율이 흐르기 시작했다. 그 출발지는 계촌초등학교다. 학생들의 방과 후 활동으로 처음 시작한 클래식 연주는 현재 계촌초등학교와 계촌중학교 학생 모두가 '별빛 오케스트라' 단원으로 활동하고 있다. 더불어 2015년 '계촌 클래식마을 축제'가 시작되었다. 그렇게 계촌리는 클래식이 흐르는 마을이 되었다. 계촌초등학교 '별빛 오케스트라'도 1학년을 제외한 모든 학생이 6년째 축제에 참여하고 있다. 언론보도를 뒤져 그동안의 내력들을 살펴보았다.

2017년 5월 23일 강원일보

첼리스트 정명화 시골 마을서 예술 꿈나무 교육 : 평창대관령음악제, 평창겨울음악제 음악감독으로 활동하고 있는 세계적인 첼리스트 정명화 씨가 평창의 한 산골 마을에서 클래식의 향연을 펼친다(8월 18일부터 3일간 방림면 계촌마을). 정명화 씨는 2015년부터 '계촌 클래식축제'를 진행하면서 계촌중 오케스트라 연주회와 함께 계촌리 특산물판매, 문화예술 체험 부스를 선보여 지역 주민은 물론 관광객들에게 호평을 받아왔다. 정명화 씨는 3년째 호흡을 맞추고 있는 명창 안숙선 씨와 함께 올해도 연주와 예술 꿈나무 교육에 나선다.

2017년 7월 20일 연합뉴스

별빛 쏟아지는 강원 산골 여름 밤하늘에 클래식 선율이 흐른다. 현대차 정몽구 재단이 주최하고, 한국예술종합학교 산학협력단이 주관하는 '제3회 계촌마을 클래식 거리축제'가 방림면 계촌리에서 열린다. 원주시립교향악단, 피아니스트 조재혁, 디토 오케스트라 등 20개 팀이 콘서트로 펼쳐진다. 계촌초등학교 '계촌 별빛오케스트라'와 계촌중학교 '계촌중 별빛오케스트라'가 협연하고 제1회 계촌마을 아마추어 클래식 콩쿠르가 개최된다. 평창군은 터 넓이 약 5천m² 규모로 계촌마을 클래식 공원을 조성 중이다. 심재국 평창군수는 20일 "해발 700m 잔디밭에서 쏟아지는 별빛을 바라보며 클래식 선율에 마음을 맡기는 순간 삶의 피로가 말끔히 사라질 것"이라고 말했다.

2019년 7월 30일 한겨레

별 밝은 강원도 평창군 계촌마을에 클래식 별들이 뜬다. 새달 15~17일까지 열리는 '계촌마을 클래식 거리축제'에 반 클라이번 콩쿠르(2017) 한국인 최초 우승자인 피아니스트 선우예권, 피아니스트이자 지휘자인 김대진 한국

예술종합학교 음악원장, 뉴욕 필하모닉이 주최하는 영아티스트 콩쿠르 최연소 우승자(2001)인 피아니스트 지용이 출연한다. 세 사람은 사흘간 펼쳐지는 '한밤의 별빛 그린콘서트'를 하루씩 맡아 한여름 밤 무더위를 식힐 시원한 연주를 들려줄 예정이다.

2016년 3월 7일 경향신문

강원 평창군은 오는 2017년 6월까지 방림면 계촌리 일원에 '정명화 거장 클래식 공원'을 조성키로 했다고 7일 밝혔다.

2015년 5월 4일 강원도민일보

첼리스트 정명화 거장과 함께하는 클래식 세상 계촌마을 선포식이 지난 2일 방림면 계촌리 계촌출장소 광장에서 열려 올해 예술세상 프로젝트의 본격적인 일정에 들어갔다. / 특히 계촌초교는 전교생 42명이 단원으로 활동하는 계촌별빛오케스트라를 운영하며 대관령국제음악제에 참가하는 등 매년 10회 이상 연주 활동을 하며 유명세를 치르고 있다. 이 프로젝트의 하나로 지난달부터 한예종 음악원 졸업생들이 계촌별빛오케스트라 단원들을 대상으로 마스터 클래스를 진행하고 있으며 오는 2017년까지 매주 1회씩 음악 지도를 받으며 기량을 키워갈 예정이다.

2018년 8월 19일 뉴스1

'별빛 가득한 클래식 세상으로'를 주제로 방림면 계촌마을에서 열린 제4회 계촌마을 클래식 거리축제가 6,000여 명의 관객을 유치하며 19일 폐막했다. / 개막일 계촌초등학교 운동장에서 열린 한밤의 느티나무 콘서트에선 서울시향의 첼로 수석인 심준호와 안숙선 명창의 협연으로 평창 홍보가를 선보여 큰 박수를 받았다. / 한왕기 평창군수는 "KTX가 평창을 지나면서 더 많은 클래식 애호가의 방문이 이어져 지역경제 활성화에도 도움이 될 것으로 평가한다. 계촌마을이 대한민국 클래식마을의 대명사로 떠올려질 수 있도록 지원을 아끼지 않겠다."라고 말했다.

2018년 1월 25일 세계일보

다음 달 전 세계인의 축제 '2018 평창동계올림픽대회 및 동계패럴림픽대회'가 열리는 강원도 평창. 서울에서 승용차를 타고 새말IC를 통과한 후 30분 정도 외길을 따라 들어서면 조용하고 아담한 마을 하나가 나타난다. 해발 700m, 인구 1,200여 명의 작은 산골 마을 '계촌마을'이다. 이곳에 전교생이 오케스트라 단원으로 활동하는 초등학교와 중학교가 있다. 올림픽이 다가옴과 동시에, 추운 날씨에도 불구하고 이 어린 학생들의 이마에 구슬땀이 흐르고 있다. 이번 올림픽은 다채로운 공연, 전시가 함께 열리는 이른바 '문화올림픽'으로 진행되는데 이 올림픽 공연무대 중 한 프로그램에서 공연하게 되어 막바지 연습에 한창이다. / 이날 전달식에서 정몽구 재단은 학생들이 최고의 실력을 선보일 수 있도록 연습 비용 및 강사료 일체와 20여 대의 클래식 악기를 지원키로 했다. 학교가 보유하고 있던 악기들 다수가 5년 이상 사용으로 노후화 정도가 심했던 상황이었기 때문에 이번 지원을 통해 학생들이 좀 더 왕성하고 안정적인 연주 활동을 할 수 있을 것으로 기대된다.

2020년 8월 14일 오마이뉴스

제6회 '계촌마을 클래식 거리축제'가 오는 16일부터 다음달 4일까지 20여 일 동안 온, 오프라인으로 동시에 진행

된다. / 특히 올해는 코로나바이러스 감염증(COVID-19)으로 지친 시민과 지역 주민을 위로하기 위해 '멀어진 거리, 하나된 소리'라는 주제로 축제가 진행된다. / 다니엘 린데만(방송인), 홍승찬(한예종 교수)이 사회로 나선 이번 개막식에는 서울시립교향악단 부지휘자 데이비드 이가 지휘하고, 서울시향 단원 등 50여 명의 연주자와 피아니스트 손민수의 환상적인 클래식 하모니가 울려 퍼질 예정이며, '예술세상TV'와 '네이버 LIVE'를 통해 실시간 온라인으로 관객들과 만나게 된다. / 한왕기 평창군수는 "온, 오프라인으로 진행되어 자연과 함께 호흡하는 클래식의 규모가 줄어 아쉬운 점이 있지만, 평창의 작은 마을에서 주민, 예술가, 관람객들이 클래식과 어우러져 하나가 될 수 있는 가치 있는 경험이 될 것이다"라고 전했다.

클래식 축제 이후 계촌은 조금씩 변화하고 있다. 사람들은 물론이고 자그마한 시가지도 옷을 갈아입고 있다. 우선 중심가의 전신주들이 모두 사라졌다. 그 자리엔 특색 있게 디자인한 가로등들이 들어서 있는데 밤엔 불을 밝히고 낮엔 클래식을 들려준다. 마을 사람들은 그 음악을 매일 같이 들으며 생활

계촌클래식축제 야외 공연이라 지나가는 바람도, 근처의 계수나무잎들도 연주자다.

하고 있다. 지나다니는 개며, 집에 있는 개도 클래식을 들으며 자란다는 얘기다. 길고양이들도 마찬가지다. 마을 뒤편의 밭에서 자라는 농작물도 음악을 들으며 키를 쑥쑥 키운다. 마을 앞 개울의 물고기들도 클래식 선율에 맞춰 헤엄치고 있을지도 모른다. 정말이지 옛날의 산골 마을 계촌 같았으면 상상도 못 할 풍경이다. 더군다나 대중음악도 아닌 클래식이 산골 마을에 축제로 안착하기란 결코 쉬운 일이 아니다. 여러 단체가 지원을 아끼지 않았겠지만 내가 보기엔 가장 가운데에 자리하고 있는 것은 계촌초등학교다. 이 모든 변화는 계촌초등학교 학생들이 고사리손으로 처음 연주한 바이올린에서 시작되었다. 서툴지만 소박하고 진심 어린 그 연주들이 교실과 운동장을 나와 마을을 조금씩 감쌌기 때문일 것이다. 문득 그 아이들이 함께 연주한 곡이 어떤 곡이었는지 궁금하다. 가능하다면 찾아가 듣고 싶은 마음이 간절하다.

계촌초 별빛 오케스트라는 2009년에 그리고 계촌중 별빛 오케스트라는 2012년에 창단해 지금까지 꾸준히 활동하고 있다. 특히 계촌중 오케스트라는 한예종과 정몽구재단의 후원으로 2박 3일간 하계 및 동계 오케스트라 캠프를 실시하며 기량을 연마하고 있다. 2013년 12월 평창지역 '연합 방과후학교 보고회' 연주를 시작으로 '2019 계촌 클래식마을축제' '2019 평창 학생연합오케스트라 연주회' 등에서 연주를 선보였다.

등이 굽은 산골 어르신들도 감상하는 클래식

'계촌마을 클래식 거리축제'의 지난 발자취를 간단하게 정리해 보았다.

2015년 : 5월 2일 클래식마을 선포식. 첼리스트 정명화와 함께하는 클래식 세상 계촌마을축제. 판소리 명창 안숙선 개막식 참석

2016년 : 정명화 안숙선 협연. 한예종 임준희 교수가 작곡한 〈판소리, 첼로, 피아노와 소리북을 위한 세 개의 사랑가〉 초연.

2017년 : 다양한 부대 행사. 〈제1회 계촌마을 아마추어 클래식 콩쿠르〉 개최. 청소년부 8개 팀, 일반부 5개 팀이 참가해 경연.

2018년 : 젊은 예술가들 참가. 피아니스트 김태형, 방송인 다니엘 린데만, 현악 앙상블 조이오브스티링스 참여. 개막식에만 1,500여 명의 관객 동원.

2019년 : 〈클래식 음악다방-음악평론가 정지훈 진행〉, 〈사운드 오브 뮤직-가족체험극〉, 〈한낮의 파크 콘서트-더 콰르텟 프로젝트, 온드림 앙상블, 목관 앙상블, 원주 사랑의 부부 합창단, 브라스 퀸텟 쇼〉, 〈개막식-신수정과 주연선 위재원 김송현, 계촌초 그리고 계촌중 연합 별빛 오케스트라〉, 〈한밤의 별빛 그린 콘서트〉

2020년 : 〈개막공연-피아노 손민수와 아벨 콰르텟〉, 〈한밤의 별빛 콘서트〉 〈한낮의 파크 콘서트〉를 온·오프라인으로 진행.

불행하게도 평창이 고향인 나는 그동안 한 번도 계촌 클래식축제에 참가하지 못했다. 가려고 했던 지난해는 코로나의 대유행으로 또 포기했다. 축제가 끝난 뒤에 차를 몰고 슬그머니 찾아가 가을이 짙어가는 계촌마을을 몇 바퀴 둘러보았을 뿐이다. 작은 시가지에는 지나다니는 사람들이 별로 없었다. 짧은 축제가 지나가자 다시 평상의 모습으로 돌아간 것이다. 계촌초등학교와 중학교에도 가보고 싶었지만, 코로나는 그것조차 힘들게 했다. 어쩔 수 없이 차를 우마차처럼 천천히 운전하며 오디오의 볼륨을 높였다. 스피커에선 그리그의 페르귄트 모음곡 중 〈솔베이지의 노래〉가 흘러나왔다. 내년에는 코로나가 물러나고 다시 이 작은 산골 마을에 모여 계촌 별빛오케스트라의 연주로 이 곡을 꼭 듣고 싶다. 빨갛게 익어가는 고추밭에서 일을 하는, 등이 굽은 미륵 같은 저 할머니와 함께. 아, 가수는 소프라노 강혜정이었으면 좋겠다.

> 그 겨울이 지나 봄은 가고 또 봄은 가고 여름날이 가면 또 한 해가 가고 또 한 해가 가겠죠. 하지만 당신은 돌아올 거예요. 당신은 나의 사랑. 나는 약속했잖아요. 당신을 기다릴 거라고. / 당신이 아직 태양을 보고 있다면 신의 축복이 있기를. 당신이 그분께 안긴다면 당신이 제 곁에 오실 때까지 저는 당신을 기다릴게요. 당신이 제 곁에서 기다리신다면 그곳에서 만나겠지요.

계촌 클래식마을의 골짜기를 빠져나오는 내내 나는 〈솔베이지의 노래〉를 반복해서 들었다. 그 골짜기가 끝나는 곳쯤에서 나는 경운기를 몰고 계촌으로 가는, 등이 굽은 미륵 같은 할아버지 한 분을 지나쳤다.

더 보기 :
방림 계촌의 골짜기들

평창은 산과 산들이 모여 있는 곳이라 크고 작은 골짜기가 많은 곳이다. 자동차를 끌고 한 번 들어갔다가 나올 수도 있고 여건이 되면 하룻밤 머물 수도 있다. 지금은 그렇지 않지만, 옛날에는 골짜기 골짜기에 화전민들이 살았다. 지금은 산과 나무 물밖에 없고 길도 좁지만, 어느 골짜기든 용기를 내어서 한번 들어가 보라고 권하고 싶다. 그러면 골짜기 밖에서는 볼 수 없었던 아주 작고 사소한 것들이 고개를 내민다. 언젠가 나도 더위를 피해 알려지지 않은 산골짜기 계곡을 찾아가 개울 속 바위에 앉아 탁족(濯足)을 한 적이 있다. 그러다 물속의 바위 하나를 살그머니 들어 올렸다. 세상에나! 바위 밑에는 어린 시절에 보고 더 이상 보지 못했던 가재 한 마리가 슬금슬금 기어가고 있었다. 당신도 평창의 어느 골짜기에 들어가면 예상치 못했던 그 무엇을 만나 활짝 웃게 될지도 모른다.

하늘마루염소목장

하늘마루염소목장

계촌마을 삼형제길 끝에는 산지생태축산목장인 '하늘마루염소농장'이 있다. 염소들이 뛰어노는 목장트레킹, 염소 먹이 주기 체험을 할 수 있다. 목장 길을 따라 초지에서 풀을 뜯어 먹는 흑염소들을 보는 재미야 당연한 거지만 그보다 먼저 방문객을 반기는 건 까만 개 한 마리다. 좀 무서워 보이는 외모와 달리 아주 착하다. 목장 곳곳에 서 있는 운치 있는 나무들과 계곡의 바위들을 구경하는 재미도 있는 곳이다. 하룻밤 묵어갈 수 있는 아담한 민박집도 운영한다. 바람에 실려 오는 염소 똥 냄새를 맡아보는 것은 덤이다.

대미동 마을

계촌 2리 대미동 마을은 대미산(1,232m) 아래에 자리 잡고 있다. 계곡을 따라 들어가는 입구는 좁지만, 안쪽은 아늑하고 넓다. 서쪽의 용마봉(1,045m), 북쪽의 청태산(1,200m), 동쪽의 대미산이 서로 품어주는 산골 마을인데 시간이 허락한다면 한번 차를 끌고 들어가 보라고 꼭 권하고 싶다. 마치 봄날 어머니 품속에 안겨 있는 기분이 들 것이다. 특별한 무엇이 있는 것도 아닌데 천천히 언덕배기 산골 마을을 한 바퀴 돌면 마음이 편안해지고 저도 모르게 감탄이 튀어나온다.

"야, 좋구나!"

창수동 계곡

방림면 계촌1리(수동마을)에 있는, 아직 외부인들에겐 잘 알려지지 않은 골짜기다. 덕수산(998m)과 장미산(978m)을 등에 지고 있는 골짜기인데 여름과 가을에 들어가면 잊지 못할 멋진 풍경이 펼쳐진다. 나오는 길에 수동 체험학교에 가면 '햄프전시체험실'이 있는데 대마를 원료로 한 각종 공예품을 구경할 수도 있다. 어느 하나 버릴 것 없는 게 바로 대마

창수동 계곡

(삼)이다. 시간이 허락된다면 '창수동쉼터'에 하루 여장을 풀고 밤의 계곡물 소리를 들어도 좋다.

성목재

성목재(850m)는 횡성 웰리힐리파크에서 방림면 계촌으로 넘어가는 고갯길이다. 고갯마루를 넘어 얼마 내려가지 않으면 왼편에 '평창 보타닉가든 BOTANIC CAFE'란 간판이 나타난다.

보타닉가든은 아담한 식물원이다. 야외정원, 온실, 카페 등이 아기자기하게 꾸며져 있다. 계절에 따라 구절초, 펜스데몬, 한라부추, 좀개미취 등의 야생화 50여 종과 자엽자두, 화이트핑크셀릭스, 서부해당화, 꽃사과 등의 나무들 50여 종을 감상할 수 있다. 잣나무 쉼터도 있는데 나무의자에 앉아 고소한 잣 냄새를 맡아보는 것도 좋다. 초가을이면 아마도 잣나무 가지를 분주히 오가는 청설모나 다람쥐와 눈이 마주칠지도 모른다. 아니, 그보다 '레오'라는 이름을 가진 멋진 고양이가 먼저 다가올 것이다.

14

대관령스키역사관, 스키점프대

눈의 나라

나의 스키

어린 시절 대관령 우리 마을의 사내아이들에게 스키는 눈 많은 겨울을 보내는 필수품이나 다름없었다. 겨울방학을 하고 본격적으로 눈이 내리기 시작하면 나 역시 온통 스키 생각밖에 하지 않았다. 발구를 끌고 산에 나무를 하러 가는 아버지에게 스키를 만들 나무를 해달라고 조르고 또 졸랐다. 제대로 된 스키를 갖고 싶기 때문이었다. 하지만 아버지는 매번 고개를 끄덕이긴 했지만, 스키를 만들기에 적당한 박달나무나 물푸레나무를 해 오지 않았다. 적당한 나무를 찾지 못했다고 대답할 뿐이었다. 이러다 겨울방학이 다 지나갈 것만 같아 조바심이 나지 않을 수 없었다. 그렇다고 어린 내가 톱과 낫을 챙겨 산으로 들어가 스키를 만들 나무를 찾기엔 여러모로 역부족이었다.

우리 마을의 사내아이들은 다른 마을 아이들과 달리 대부분 스키를 가지고 있었다. 어른들이 만들어 준 스키를 가진 아이들도 있었지만, 손재주가 좋은 아이들은 직접 만들기도 했다. 그 까닭은 마을에 제재소가 있기 때문이었다. 제재소엔 삽자루를 만들 참나무가 많이 들어왔는데 나무를 켜고 나면 졸대가 많이 나왔다. 어린아이들이 탈 스키를 만들기에 적당한 길이와 넓이의 졸대여서 마을 아이들은 거기서 손쉽게 나무를 훔칠 수가 있었다. 훔치는 형식이긴 하지만 제재소의 총무 아들이 친구이고 또 삽자루를 만들고 남은 졸대는 땔감으로 팔리는 터라 직원들도 아이들의 졸대 도둑질을 그리 신경 쓰지 않았다. 덕분에 여건상 아버지나 삼촌, 형이 스키를 만들어 주지 못하는 아이들도 제재소의 참나무 졸대로 직접 스키를 만들어 탈 수 있었다.

집으로 가져온 졸대는 일단 도구를 이용해 다듬었다. 바닥을 반들반들하게 만들려면 대패가 있어야 하는데 구하기가 쉽지 않았다. 할 수 없이 아이들은 낫이나 자귀, 그도 아니면 부엌칼이나 사포(우리들은 빼빠라고 불렀다)로 다듬었다. 바닥이 매끄러워야 눈 위에서 속력을 잘 낼 수 있기에 다 만들고 마지막으로 마무리할 땐 초 칠까지 칠했다. 왁스가 있으면 왁스 칠까지. 그다음은 스키 코를 만드는 일이다. 스키 코는 스키의 제일 앞부분의 휘어진 부분이다. 졸대의 끝을 뾰족하게 만든 다음 여물을 끓이는 가마솥에 그 부분을 넣고 삶는다. 소를 기르지 않아 가마솥이 없으면 불이 타는 아궁이나 화로 위에 올려놓고 생나무가 물러질 때까지 적당히 기다렸다가 꺼내 식기 전에 시멘트 담의 빈틈에 넣고 천천히 구부리는 데 힘 조절이 중요하다. 잘못하면 부러질 수 있기 때문이다. 스키 코가 적당하게 휘어져야 스키가 눈 속에 처박히지 않고 잘 미끄러진다. 더군다나 눈이 잘 다져진 스키장도 아니고 비탈밭에 쌓인 눈 위에서 타야 하므로. 스키는 짝을 이루기에 두 개의 코가 똑같은 각도로 휘어져야 보기가 좋다. 스키 코를 구부리다 부러지거나 나무가 트는 일이 생기므로 정성에 정성을 기울여야 한다. 다음 차례는 바인딩(우리는 밴딩이라 불렀다)을 만들어 스키에 부착하는 일이다. 바인딩은 운동화와 스키를 연결하게 해주는 장치다. 당연히 바인딩 역시 흉내 내서 직접 만들어야 했는데 주로 두꺼운 페인트 깡통 같은 걸 잘라서 못으로 구멍을 내고 망치로 두드려 모양을 다듬었다. 세워놓은 디귿 형태라고 보면 되는데 바닥은 못을 박아 스키에 고정하고 양쪽 면에 구멍을 뚫어 줄을 걸어 운동화의 앞부분이 들어갈 수 있게 했다. 어떤 바인딩은 운동화의 뒤꿈치까지도 고정했지만, 대부분은 귀찮고 별 필요가 없는 것 같아서 앞만 고정했다. 사실 우리들이 집에서 만든 스키는 바인딩을 장착하는 게 가장 힘들었고 또 스키를 타다 넘어지거나 하면 가장 먼저 고장 나는 게 바인딩이었다. 그다음이 스키가 부러지는 것이고. 하여튼 바인딩을 장착한 뒤 마지막 과정은 스키에 멋을 내는 거였다. 페인트가 있으면 그걸 칠했고 없으면 물감이라도 발라야만 속이 풀렸다. 더불어 바닥에 왁스나 초를 칠하거나 바닥 가운데에 조각칼을 사용해 세로로 홈을 팠다. 홈을 파면 스키가 지나간 눈 위에 멋진 줄이 새겨졌다. 하지만 제재소에서 가져온 참나무 졸대로 아이들이 만든 스키는 모든 면에서 성능이 좋은 것은 아니었다. 그렇다 보니 겨울방학 동안 스키가 고장 나서 서너 짝의 스키를 만드는 친구들도 있었다. 내가 튼튼하고 성능 좋은 스키를 만들어 달라고 아버지에게 조르는 까닭도 바로 그것 때문이었다.

비탈밭 스키대회

내가 살던 마을은 용평스키장에서 30리 정도 떨어진 곳이었다. 신식 용평스키장은 초등학교 4학년이 되던 해에 영동고속도로와 거의 비슷하게 대관령 용산리 발왕산 자락에 만들어졌다. 그전에는 대관령 횡계와 차항에 구식 스키장이 있었다. 하여튼 그렇다 보니 이런저런 경로로 스키장 소식이 우리 마을까지 전해졌고 당연히 어린 우리에게도 곧장 스키 열풍이 불기 시작했다. 당시 겨울이 되면 우리에게 가장 흥미로웠던 이야기가 바로 스키 얘기였다. 물론 용평스키장이 생기기 전부터 이미 스키를 타고 있었지만.

용평스키장까지 갈 수 없었기에 마을의 형들과 함께 '제1회 유천리 비탈밭 스키대회'를 개최하기 위해 우리만의 마을 스키장을 만들기로 했다. 스키장의 최적지는 당연히 경사도가 있는 비탈밭이었다. 방향은 눈이 잘 녹지 않는 북향이 좋았다. 코스의 길이도 너무 짧거나 길지도 않아야 했다. 우리들은 마을의 이곳저곳을 탐방한 뒤 마침내 적당한 장소를 찾았는데 바로 우리 집 옆에 있는 밭이었다. 산과 붙어 있는 그 밭은 처음엔 완만한 경사도를 유지하다가 중간의 밭둑에서 점프를 한 번 한 뒤 급경사로 이어지는 300미터 정도의 직선코스였다. 눈은 이미 충분히 쌓여 있는 터라 우리는 슬로프를 만들기 위해 스키를 신고 경사진 밭을 옆으로 올라가며 눈을 다졌다. 다 올라가면 한 사람씩 차례로 스키를 타고 내려왔다가 다시 눈을 다지며 올라갔다. 당연히 아랫마을과 윗마을에도 연락해 대회 참가를 독려하는 것도 빼놓지 않았다. 대회 일은 돌아오는 일요일 오후로 잡았다.

다음날부터 마을의 초등학교 중학생들은 비탈밭 스키장으로 찾아와 연습하기 시작했다. 나 역시 오전과 오후 연습을 멈추지 않았다. 가장 위험한 코스는 역시 점프해야 하는 1미터 정도의 밭둑이었다. 점프한 뒤 제대로 착지하느냐 못 하느냐가 관건이고 그다음의 급경사가 두 번째 험로였다. 넘어지지 않기 위해 점프대 앞에서 속도를 늦추면 좋은 기록을 낼 수 없을 게 분명했다. 급경사를 내려오면 가장 완만한 경사의 코스가 결승선까지 이어졌다. 좋은 스키를 가지고 있지 않는 한 점프와 급경사 구간에서 넘어지더라도 승부를 걸어야 한다는 게 나의 결론이었다. 때맞춰 보름달까지 뜬 대회 전날 밤 나는 저녁을 배불리 먹고 야간연습을 타기 위해 집 옆 비탈밭을 올라갔다. 비탈밭 꼭대기에 올라가니 달빛을 받은 눈밭은 온통 푸르스름하게 멍들어 있었다. 나는 그 달빛을 한입 가득 삼킨 뒤 고함과 함께 출발선을 떠났다.

결전의 날이 밝았다. 진행을 맡은 동네 형들은 결승선 옆에 장작불을 피웠다. 대회에 참가하기 위한 아이들도 스키를 들거나 어깨에 멘 채 삼삼오오 모여들었다. 예상했던 것보다 참석선수들이 많아 모두 들뜬 분위기였다. 경기는 기록을 측

정해서 가장 빠른 시간에 결승선을 통과하는 선수가 우승을 차지하는 방식이었다. 한 사람이 두 번 타서 좋은 기록이 본인의 점수였고 초등부와 중등부로 나눴는데 나는 초등부였다.

한 번씩 연습을 마친 뒤 경기가 시작되었다. 초등부가 먼저여서 모두 함께 출발선으로 올라갔는데 이건 학교 운동회의 100미터 달리기를 할 때보다 더 떨렸다. 출발선에는 붉은 깃발을 든 형이 우리들을 기다리고 있었다. 저 아래 결승선에서도 붉은 깃발이 바람에 흔들리며 우리를 기다렸다.

"양로!" (당시 우리는 출발할 때 누구나 할 것 없이 '양로!'라고 외친 뒤 출발했다)

우리 마을의 스키 선수들은 한 명 한 명 스키를 타고 비탈밭 슬로프를 달렸다. 어떤 아이는 출발하자마자 넘어지고 어떤 아이는 슬로프를 벗어나 허벅지까지 차오르는 눈밭에 거꾸로 처박혔다. 그리고 어떤 아이는 밭둑 점프대 앞에서 겁에 질려 주저앉았고 또 어떤 아이는 점프했지만, 엉덩이부터 착지하고 스키 하나가 발에서 떨어져 나가 저 혼자 눈밭을 질주했다. 그래도 운동신경이 좋은 아랫마을의 내 친구는 점프도 멋지게 하고 급경사 구간을 쏜살같이 질주한 뒤 결승전에 도착했다. 저 아래서 피어난 함성이 출발선까지 올라올 정도였다. 결승선 뒤편의 새로 개통한 1차선 영동고속도로를 달리던 차량이 속도를 멈추고 경적을 울리며 우리들을 응원했다. 우리도 손을 흔들어 답례했다.

마침내 내 차례가 돌아왔다. 우승하면 자그마치 어린이 잡지인『소년중앙』『어깨동무』『새소년』세 권을 한꺼번에 받을 수 있었다. 나는 스키 바닥에 얼어붙은 눈을 지팡이로 제거한 뒤 출발선상에 섰다. 저 아래서 깃발이 펄럭이고 얼마 안 있어 출발선의 깃발이 올라갔다. 자, 출발이었다. 두 손에 잡은 지팡이를 힘차게 꽂으며 슬로프를 내려갔다. 밭둑 점프대 앞에서도 결코 속도를 늦추지 않았다. 새처럼 우아하게 점프했다가 가볍게 내려앉은 뒤 무릎을 잔뜩 구부린 채 급경사 구간을 질주했다. 나는 마을에서 제일가는 사나이였다. 급경사 구간을 통과한 뒤 지팡이를 잡은 두 팔에 힘을 주고 노를 젓듯 눈을 헤쳐 나갔다. 낮과 밤을 가리지 않고 연습한 결과였다. 결승선은 백여 미터 앞에서 나를 반길 준비를 하고 있었다.

그때…… 마지막 스피드를 올리려고 지팡이를 쥔 두 팔과 양 무릎에 힘을 주었을 때…… 갑자기 스키 코가 무엇에 걸린 듯 강한 충격이 온몸으로 전해졌고 속도를 못 이긴 나는 그대로 눈밭에 꼬꾸라졌다. 부리나케 일어났지만 이미 한쪽 스키는 두 동강이 난 상태였다. 결승선이 오십여 미터밖에 남지 않았는데…….

나는 스키를 벗어 던지고 결승선을 향해 허겁지겁 눈밭을 달려갔다. 숨이 턱 끝에 차오를 때까지.

가난한 마을의 스키 선수들

대관령 스키역사관은 알펜시아 스키점프센터 2층에 자리하고 있다. 이곳엔 시대에 따라 변모해 가는 스키들, 그리고 스키와 관련된 각종 옛 사진들, 트로피들, 초창기의 스키 교본 등등이 다양하게 전시돼 있어 대관령의 스키 역사를 한눈에 들여다볼 수가 있다. 대관령의 스키 역사는 곧 우리나라의 스키 역사이기도 하다.

초창기의 나무 스키는 길이가 짧고 폭이 넓다. 바인딩 역시 쇠로 만든 게 아니라 스키 바닥에 구멍을 뚫고 노끈으로 신발을 고정했다. 스키 코도 스키장에서 타는 스키보다 훨씬 많이 구부러진 형태다. 일종의 전통 스키라고 보면 되는데 마을 사람들은 보통 썰매라 불렀다. 이 스키는 사냥용으로 만들어진 스키라고 보면 된다. 눈이 많이 내린 겨울 설피와 함께 멧돼지나 노루를 잡기 위한 목적으로 만들어졌다. 어린 시절 아버지가 박달나무를 깎아 만들어 준 바로 그 스키다. 한동안 나도 전통 스키를 탔는데 언제부턴가 우리 마을에도 정식 스키가 하나둘 들어왔다. 그 스키는 길고 날렵한 형태였는데 단번에 내 눈을 사로잡았다. 한 마디로 세련된 스키였다. 갖고 싶은 마음이 굴뚝같았지만, 그저 부러운 눈으로 바라볼 수밖에 없었다. 스키 주인에게 한번 타보자고 부탁도 했지만 거절당했다. 타다가 스키가 망가지면 책임을 질 수 있느냐는 말에 나는 할 말이 없었다. 그저 다른 아이들과 함께 부러운 눈으로 바라보는 게 전부였다. 그때부터 나의 전통 스키가 꼴도 보기 싫어졌던 것 같다. 그렇다고 부모님에게 정식 스키를 사달라고 조를 수는 없었다. 쌀밥보다 강냉이밥을 더 많이 먹던 시절이었다.

영동고속도로가 개통되고 대관령에 현대식 스키장이 들어서면서부터 우리 마을의 소박한 스키 열풍도 조금씩 침체하기 시작했다. 우리들의 스키가 왠지 초라해 보였기 때문이었다. 멋진 스키복을 입고 대관령으로 스키를 타러 오는 사람들을 우리들은 눈 덮인 국도변에서 그저 구경하는 게 전부였다. 스키는 돈 많은 사람들이 타는 거라고 황계에서 이사 온 친구가 중얼거리면 고개를 끄덕여야만 했다. 그들은 겨우내 유럽식 산장에서 머물며 스키를 타다 간다고 친구는 덧붙여 말했다. 어찌 보면 스키장 옆 마을에 사는 우리에게 있어 새로 생긴 용평스키장 이전의 대관령 스키가 낭만적인 시기였을 것이다. 우리들은 택시 꽁무니에 줄을 연결해 그걸 붙잡고 국도에서 스키를 즐기는 스키어들을 물끄러미 바라보다가 각자의 집으로 쓸쓸하게 돌아갔던 것 같다.

스키역사관의 한 코너에는 용평스키장 이전의 대관령 시대를 이렇게 알려주고 있다.

> 스키대회를 위한 항구적인 스키장 개발이 시급했던 때 대관령 일대의 광활한 산야에 눈이 쌓인다는 소식을 듣고 협회는 김정태, 백남홍, 정규홍 등 3인의 조사단을 구성하여 대관령으로 급파하였다. 조사단의 파견 당시 대관령은 마을이라기보다는 인가 몇 채의 산골이었으나 적지로 판단한 조사단은 군의 도움으로 지르며 산을 정비하게 되었다. 대관령의 등장 이후 한국스키사는 눈과 스키장을 찾아 전전하던 시대에서 현대 스키장의 시대로 크게 변화하게 된다. 이후 김정호를 단장으로 함완영, 손경석, 이동휘, 고완식 등 대한학생스키연맹의 일행 11명은 대관령에서 훈련을 시작했으며 1950년 2월 최초로 전국체육대회 동계대회와 선수권대회가 개최되어 본격적인 대관령 시대가 열리게 되었다.

대관령 정상 폭설이 내렸던 어느 겨울엔 저 바위까지 덮어버렸으니.

지르메와 내차항, 그리고 달판재

대관령에서 주로 경기가 치러진 곳은 지르메와 내차항이었다. 지르메는 슬로프의 피니시라인 부근에 골이 파여 있어 프리 점프를 할 수 있었으며 기자들의 요청으로 선수들은 경기 후에도 훌륭한 점프 묘기를 보여주었다. 지르메는 개발 당시 최적의 정소였으나 강한 바람에 눈이 날릴 때 내차항에서 경기를 치렀다. 지르메와 내차항에 눈이 전혀 없을 때인 1963년에는 달판재에서 대회를 치르기도 하였는데 골라인 아래로 개울이 흘러 선수가 골인하면서 물에 빠지기도 하였다.

1950년 이래 대관령은 남한의 스키장으로 정착되었고 1960년을 기점으로 현대화가 시작되었다. 홍종인 산악회장의 노력과 백선엽 장군의 지원으로 소박한 산촌이었던 대관령에는 대관령산장, 제2 슬로프의 오스도리 산장, 녹산장, 바리악산장 등이 건립되었고 지르메 사면에는 경기장 확장공사도 시작되었다. 초기에는 시설이 발달하지 않아 들판의 눈 사면을 다지며 경기하였으나 1970년대까지 발달이 거듭되며 대관령 일대는 확고한 스키의 발상지로서 정착되어 갔다.

초창기 대관령 스키 한복을 입고 타는 스키는 어떤 묘미일까.

대관령스키역사관에는 다양한 것들이 많이 전시돼 있지만 무엇보다 흥미를 끄는 것은 스키와 관련된 대관령의 옛날 사진들이다. 한 장 한 장의 사진들 속에는 무수히 많은 것들이 보물처럼 들어 있다. 산장 앞마당에 쌓여 있는 눈 위에 꽂아놓은 나무 스키들과 스틱들, 굴뚝들, 눈 덮인 야산에 서 있는 낙엽송들, 같은 스키복을 입은 채 대화를 나누는 사람들, 어깨 위에 스키를 둘러메고 눈길을 내려오는 스키어들, 처마까지 쌓여 있는 눈, 한복을 입고 댕기 머리를 한 채 마당에 앉아 있는 대관령의 사내아이들, 지금은 사라진 지르메산의 슬로프, 스키대회를 알리는 깃발들, 점점 고급화되어 가는 스키 장비들의 변천사, 스키를 신고 슬로프의 눈을 다지고 있는 스키협회 임원들, 앞면이 트럭처럼 튀어나온 강원여객 버스 앞에서 자세를 취한 스키어들, 산장 앞에서 맨손체조를 하는 스키어들, 스키를 신고, 산에 올라가는 스키어들, 스키대회를 구경하는 구경꾼들, 선글라스를 쓰고 슬로프의 정상에서 단체로 사진을 찍는 남녀 스키어들, 온통 눈밭인 횡계의 산야들……. 스키와 관련된 많은 옛날 사진을 더 많이 발굴해 전시했으면 좋겠다는 생각이 간절하게 든 것은 나만의 바람일까.

중학교에 들어가면서 나는 학교에 스키부가 있다는 걸 알았다. 겨울엔 스키 선수이고 나머지 계절은 육상선수였다. 아직 스키가 대중화되지 않았던 시절이라 스키만 타면 대학에 갈 수 있다는 얘기도 심심찮게 들려왔다. 그런데 대부분 가난한 집의 아이들이 스키 선수여서 대관령 일대 출신의 선수들은 대부분 노르딕 스키를 타야 한다는 얘기도 들었다. 알파인 스키는 험한 지형에서 스키를 타다 보니 파손될 위험이 많았고 당연히 스키값이 만만찮았다. 그런지 보니 대관령 선수들은 알파인스키를 타고 싶어도 못 탄다는 것인데 이해는 됐지만 사실인지 아닌지는 알 수 없었다. 하여튼 우리들은 매주 월요일 조회 시간이 되면 친구나 형들이 스키대회에 나가 받은 상을 교장선생님이 다시 수여하는 장면에서 박수를 치는 날들이 많았다.

하늘로 날아가는 스키

알펜시아 스키점프대는 2009년 7월에 평창동계올림픽을 유치하기 위해 준공되었다. 점프 타워의 높이는 93.2m다. 점프대는 연습용(K-60, 35, 15)과 경기용(K-125, 98)이 있다. 우리가 어린 시절 비탈밭 스키장에서 뛰었던 밭둑 점프대는 어린 아이들 장난감이나 다름없다. 전망대에 올라가면 대관령 일대가 한눈에 보인다. 평창동계올림픽 개최가 결정되던 날 밤 나는 스키점프대 앞에 설치한 대형화면으로 그 장면을 지켜보았다. 2018 평창동계올림픽이 열리고 있을 때는 관중석에 앉아 스키어들이 거대한 미끄럼틀 같은 슬로프를 내려와 새처럼 허공으로 치솟았다가 착지하는 장면들을 사진기에 담았다. 볼펜의 잉크가 얼어붙어 취재기를 쓸 수조차 없는 몹시 추운 밤이었다. 추위를 달래려고 화장실에서 뜨거운 정종을 마셔야만 했다. 태어나 처음으로 직접 보는 스키점프였다. 스키점프를 밤에만 한다는 것도 그때 알았다. 선수들이 스키를 신고 허공을 날아가는 그 짧은 시간 무슨 생각을 할까 궁금했었

알펜시아 스키점프대 2018동계올림픽 때의 경기 장면. 너무 추운 밤이어서 지켜보다가 손가락이 얼어버릴 정도였다.

다. 너무 추워서 아무 생각도 하지 않았을지도 모른다. 확실한 사실 하나는 내 인생에서 스키를 신고 스키점프대에 올라 점프할 일은 영원히 오지 않는다는 것이다. 어떻게 시속 90여 킬로로 내려와 140여 미터를 날아간단 말인가. 상상하기도 싫다!

스키점프대에는 겨울만 있는 것이 아니다. 봄, 여름, 가을이면 주변에 작은 들꽃들이 피어나 바람에 흔들린다. 점프대를 올려다보다가 시선을 옮겨 작은 들꽃들을 들여다보는 재미도 쏠쏠하다. 아니면 점프대 오른편 산자락 위에 지어놓은 관설정(觀雪亭)[6]에 올라 잠시 쉬어 가는 것도 좋다. 관설정에서는 사시사철 다른 바람이 분다. 그 바람은 2018년 겨울 세계의 스키점프 선수들이 만들어 놓은 꽤 괜찮은 바람이다.

---

6 관설정은 2018년 평창동계올림픽을 기념하여 전 세계인에게 한국전통건축의 아름다움을 알리기 위해 만들었다. 이 정자는 동계올림픽 설상경기장이 밀접해 있는 알펜시아리조트 안에서도 전망이 가장 뛰어난 곳에 위치해 있다. 평창은 국내에서 눈이 가장 많이 오는 곳이어서 정자 이름도 '눈을 바라본다'는 의미로 관설정이라 하였다. 관설장 바로 앞으로 보이는 경기장이 스키점프대이고 관중석 뒤로 보이는 곳이 크로스컨트리 센터다. 멀리 오른쪽으로 보이는 곳은 바이애슬론 센터다. 스키점프대에서 벌어지는 경기를 보면서 아름다운 평창의 설경까지 감상할 수 있는 곳이 관설정이다. 이 정자는 우리나라 정자의 전통 기법을 살린다는 취지에서 전통건축양식에 따라 한식 목구조로 지었다. 형태와 크기는 강원도 정선군 임계면에 있는 구미정을 따르고 있다. 구미정은 정자 안에 벽체가 있는 방이 있으며 방바닥은 온돌로 되어 있는 보기 드문 양식의 정자다. 관설정은 지금은 사라지고 없는 이 벽체와 온돌까지 복원하여 정자의 의미를 더했다.

15

대관령 국사성황사와 산신각

신들, 무녀와 신목, 그리고 인간들의 합창

신들의 숲

옛날 영동고속도로 대관령휴게소에서 국사성황사로 가는 숲길엔 사계절 신령한 기운이 맴돈다. 압권은 당연히 눈보라 휘몰아치는 겨울이지만 안개, 또는 바람이 빽빽한 다른 계절도 역시 심상치가 않다. 숲에서 새어 나오는 묘한 기운을 음미하며 걷다 보면 어느 지점에서부터 까마귀 울음소리가 아련하게 들려온다. 짙은 안개 속일 때가 있고 눈보라 퍼붓는 날일 때도 있다. 서쪽에서 몰려온 바람이 나무들을 일제히 뒤흔드는 날일 때도 있다. 좀 더 걸어가면 이번에는 징 소리가 들려온다. 국사성황사에 가까이 왔다는 신호다. 왠지 마음이 조금씩 두

근거리기 시작한다. 얼굴에 척척 감기는 안개 속에서, 소용돌이치는 눈보라 속에서, 바람에 요동치는 나무들의 가지 속에서 무엇인가가 불쑥 튀어나올지도 모른다는 두려움이 피어오른다. 대관령의 신들이 모여 사는 숲으로 들어왔기 때문이다.

대관령 국사성황사 신화

옛날 한 처녀가 강릉 굴산사(掘山寺) 앞에 있는 석천(石泉)에서 물을 긷는데 물 긷던 바가지에 물과 함께 해가 들어 있었다. 이에 놀란 처녀는 그 물을 버리고 다시 물을 떴는데 여전히 바가지에 해가 들어 있었다. 세 번째로 물을 떴을 때도 마찬가지였다. 마침 목이 마른 터라 처녀는 할 수 없이 그 물을 마셨다. 그 일이 있고 난 뒤 처녀의 배는 점점 불러오기 시작했고 달이 차서 아기를 낳고 보니 아들이었다. 아비 없는 자식을 낳아 주변의 핀잔은 물론 가족들까지 외면하자 처녀는 아기를 뒷산 학바위 밑에 버렸다.

　아기를 버리고 밤새 잠을 이루지 못한 아침 일찍 울면서 학바위를 찾아갔다. 밤새 얼어 죽지는 않았을까, 산짐승들이 물어가지는 않았을까, 이런저런 걱정을 하며 도착해 보니 날짐승과 들짐승들이 아이를 보호해 주고 있었으며 아기는 편안하게 잠들어 있었다. 이 광경을 본 산모는 필경 하늘의 뜻대로 아기가 태어났음을 직감하고 다시 집으로 데려왔다.

아기는 자라면서 말하지 못하다가 일곱 살이 되어 비로소 말하는데 첫 말이 "내 아버지가 누구냐?"고 묻는 것이었다. 외할아버지는 아이에게 사실대로 이야기를 해주었다. 또 아이가 범상치 않음을 직감하고 수도인 경주로 보내 공부시켰다. 그곳에서 아이는 열심히 공부하여 국사(國師)가 되었고 그 지혜와 총명함이 중국에까지 이름을 떨치게 되었다.

훗날 국사는 굴산사에서 지팡이를 던져 꽂힌 자리에 절을 지었으며 이름을 심복사(尋福寺)라 하였다. 또 국사의 탄생은 바가지에 해가 담긴 물을 마셔 태어났다고 하여 범일(梵日)이라 부르게 되었다.

세월이 흘러 범일국사는 강릉에서 살게 되었는데 마침 난리가 났다. 범일은 대관령에 올라가 도술로 산천초목을 모두 군사로 변하게 하여 적군이 감히 근접하지 못하게 하였으며 급기야 적군은 많은 군사를 보고 도망을 갔다. 이렇듯 강릉을 지켜온 범일국사는 죽어서 대관령의 서낭신이 되었다.[7]

---

7 신화의 시대는 일견 흥미진진하지만, 요즘의 눈으로 볼 때 쉽게 납득하기 어려운 부분도 많다. 여기에서는 아비 없이 잉태한 아기 신화가 나온다. 바가지에 담긴 해를 물과 함께 마시고 아기를 잉태한 내용에 대해 우리는 어떻게 이해해야 할까? 대관령 국사성황사 나무 그늘 아래 앉아 함께 이야기해 본다면 재미있을 것이다. 또 하나는 부처님을 섬기던 스님이 사후에 성황신이 되었다는 점이다. 그런 경우

대관령 산신당

국사성황사 오른편에는 조금 규모가 작은 산신각이 고목들 사이에 자리하고 있다. 이곳에는 고려 초기의 장군 왕순식을 도와주었다고 하는 두 산신(山神)을 모시고 있다고 한다. 이에 대한 강릉의 『임영지』 기록은 이렇다. 왕순식이 고려 태조를 도와서 신검의 군사들과 대치하고 있을 때 그의 꿈에 두 신선이 나타나 조언을 해줌으로서 승리를 거둘 수 있었다고 한다. 그리하여 고려를 건국한 후 그 두 신선을 받들어 산신각을 세우고 제사를 올리고 있다. 그런데 산신각 앞에 세워놓은 안내판엔 구체적으로 신라 장군 김유신을 산신으로 모셨다고 적혀 있다. 신들의 세계에서 대체 무슨 일이 벌어졌던 것일까? 대관령 산신 자리를 놓고 신들 간에 어떤 다툼이 있었던 것일까? 궁금하기 이를 데 없다.

봄날 강릉 나들이를 가는 신

어찌 되었든 대관령 성황사와 산신각은 강릉단오제와 밀접한 관계가 있다. 옛날부터 강릉 사람들은 대관령을 신령스러운 산으로 섬기고 살았다. 그래서 이런 신화가 탄생하였을 것이

는 거의 없다고 봐도 무방한데 이 점에 대해서 즐겁게 얘기해볼 필요가 있다.

다. 대관령 성황사와 산신각은 국가무형문화재 13호인 강릉 단오제가 시작되고 끝나는 곳이다. 매년 음력 4월 15일 산신각에서 먼저 산신제를 올린 다음 성황사에서 국사성황제를 지낸다. 신맞이 굿을 한 다음 뒷산에서 신목인 단풍나무를 베어 들고 대관령을 넘어 강릉으로 행차한다. 이를 '대관령 국사성황신 행차'라고 하며 신목은 강릉 시내 홍제동에 있는 '대관령

성황사에서 굿을 하는 무녀 음력 4월 15일, 굿을 마치면 성황신은 신목을 타고 강릉으로 나들이를 떠난다.

국사여성황사'에 봉안하였다가 음력 5월 3일 영신제를 지내고 시내를 도는 영신 행차를 한 후 남대천 단오장 제단에 성황부부를 모셔놓고 단오제를 치른다. 지금 국사성황사, 또는 국사당으로 부르는 곳에는 중앙에 전립을 쓰고 백마를 탄 범일국사 화상을 모셨고 산신각 안엔 호랑이를 타고 있는 산신 모습을 그린 화상을 모셨다.

지금까지 나는 가끔 시간이 날 때면 국사성황사를 찾아가곤 했는데 단오제를 위한 산신제, 성황제, 신목 행차를 본 적이 한 번도 없다. 가야지, 올해 봄엔 꼭 가야지, 마음먹었다가도 당일이 되면 까맣게 잊어버렸다. 단오제가 시작되어서야 강릉 남대천 변 단오장에 내려가 제단에 세워져 있는, 대관령에서 나들이를 온 신목을 바라보았을 뿐이었다. 성황신이 타고 내려온 신목은 울긋불긋한 천으로 한껏 치장하고 있었다. 그 모습을 보며 나는 생각했다. 아, 지금 대관령 국사성황당에는 산신 혼자서 산을 지키고 있겠구나……. 대관령을 내려와 온갖 좋은 대접을 다 받는 성황신을 생각하며 산신은 질투하고 있을지도 모르겠구나……. 기왕 모셔 오는 거 두 분 모두 모셔 왔으면 좋을 텐데……. 이런 잡념 속에서 헤매고 있다가 이내 제단을 떠나 야바위꾼들과 술집들이 모여 있는 곳으로 발걸음을 돌리곤 했다. 물론 집으로 돌아갈 때는 호주머니의 돈을 모두 털린 뒤였다.

성황사와 산신당에선 계절을 가리지 않고 거의 매일 전국에서 무속인(巫俗人)들이 찾아와 기도를 드리는 장면을 볼 수가 있다. 그들의 표정은 하나같이 예사롭지 않다. 특히 눈이 그렇다. 우리가 사는 세계의 저 너머를 바라보고 있는 듯하다. 그들에게 대관령 국사성황사는 중요한 기도처의 하나인 듯하다. 그들은 대관령의 신들에게 바칠 제물을 바리바리 준비해서 찾아온다. 돼지머리와 떡, 술, 과자를 제단에 올려놓고 절을 하고 비손하고 징을 울리고 북을 친다. 언젠가 긴 삼베를 칼로 가르고 그 칼을 마당으로 던져 길흉화복을 점치는 할머니를 본 적도 있다. 최근엔 젊은 무속인들도 많이 찾아오고 있다. 그들의 간절한 기도에 산신각 뒤편 용왕당(龍王堂)의 촛불들과 안개 숲의 나뭇가지들이 파르르 몸을 떤다.

내가 국사성황사를 찾아가는 이유도 무속인들과 그리 다르지 않다. 살아가다 보면 가슴이 답답하고, 무엇인가가 마음을 꽉 틀어막고 있다는 느낌이 들 때가 있다. 그럴 때면 나는 자연스럽게 국사성황사를 찾아간다. 국사성황사 가는 숲길, 그리고 국사성황사 일대는 습한 기운이 가득 차 있는 것 같지만 한 바퀴 돌고 나면 의외로 마음이 차분해진다. 먹을 것을 찾아 나무들 사이를 날아다니는 까마귀들마저 귀엽게 보인다. 눈매가 무서운 무속인들이 사진을 찍지 말라고 소리쳐도 선선히 수긍하게 된다. 모르는 누가 내 모습을 몰래 촬영한다면 나 역시 그렇게 소리쳤을 것이기에. 어쩌면 국사성황사는 우리 가난한 마음과 마음들이 길을 잃고 헤매다가 찾아와 잠시 쉬었다 가는 휴게실인지도 모른다. 국사성황사와 산신각은 허름하기 짝이 없다. 그 안에 모신 국사성황과 산신의 화상도 조잡하기 이를 데 없다. 그렇다면 우리라고 다르겠는가. 우리도 마찬가지다. 하나 다를 바 없는 우리들이 모여 언제 바람에 꺼질지 모를 촛불 하나를 피우고 돌아가는 것일 거다.

신목을 찾아서

강릉단오제에 대관령 성황님을 모셔가기 위한 제의의 절정은 신목을 찾는 일이다. 국사성황님이 대관령을 떠나 강릉으로 타고 내려갈 자가용이 바로 신목이다. 제의를 진행하는 제관인 신목잡이는 국사성황당 뒷산 단풍나무숲으로 가서 신목을 고르게 되는데 그 과정이 자못 흥미롭다. 숲으로 들어간 제관은 단풍나무들을 하나하나 세심하게 살피는데 신목으로 선택된 나무는 가까이 가면 바람이 없는데도 나뭇가지가 흔들린다고 한다. 국사성황님이 그 나무에 올라탄 것이다. 그러면 제관들은 그 나무를 베어 신목으로 삼고 염원을 적은 오색 예단

신목이 된 단풍나무 평생을 한 자리에서 살던 단풍나무는 신목이 되어 단오구경을 떠났다.

을 가지에 매달아 신목임을 알린다. 신목의 굵기는 보통 어른 팔뚝만 하다. 이날이 바로 음력 4월 15일이다. 제관과 무녀들은 이 신목을 앞세운 채 대관령을 넘는다. 국사성황신이 단오를 즐기기 위해 강릉으로 긴 봄나들이를 떠나는 것이다.

언젠가 국사성황신이 단오 구경을 떠나 아직 돌아오지 않고 있는 국사성황사를 찾아간 적이 있다. 왠지 쓸쓸한 성황사와 산신각을 대충 둘러본 나는 녹음이 촘촘하게 들어차 있는 성황림 속으로 걸음을 옮겼다. 초록의 숲은 신비로웠다. 나뭇잎 사이를 비집고 들어오는 햇살은 잘 닦은 바늘들처럼 반짝거렸다. 그 숲에서 신목이 되어 떠나간 단풍나무 밑둥치를 발견했다. 나는 그 옆에 드러누운 채 눈을 감았다. 단풍나무들이 두런거리는 이야기를 엿들으며.

아주 근사했던 오후였다.

16

발왕산엔 무엇이 있을까

굳고 정한 갈매나무가 지키는 산

누리대, 누루대, 누룩치를 아시나요?

해발 1,458m의 발왕산(發王山)은 평창군 진부면과 대관령면의 경계에 있는 산이다. 태백산맥의 줄기인 중앙산맥에 딸린 산으로, 주위에 고루포기산(1,238m) 옥녀봉(1,146m) 두루봉(1,226m) 등이 솟아 있다. 동쪽 계곡에는 송천(松川)이 심하게 곡류하며 남쪽으로 흐르고 남서쪽 비탈면에서는 봉산천(鳳山川)이 발원한다. 정상 일대에는 주목과 산철쭉이 자라고 북동쪽 횡계리의 고위 평탄면에서는 고랭지채소 재배 및 목축이 이루어진다. 북쪽의 경사가 완만한 용산리 일대에는 용평스키장이 조성되어 있고 동서 방향으로 지나는 영동고속도로와

연결된다.[8]

백과사전의 설명으로는 뭔가 부족하다. 왜냐하면 발왕산은 내 어린 시절의 기억과 연결된 산이기 때문이다. 지금은 다들 그곳을 떠났지만, 어머니의 친척들 대부분이 발왕산 아래 이 골짜기 저 골짜기에서 살았다. 그러했기에 어린 시절 나는 어머니가 하는 말들 속에서 가끔 튀어나오는 발왕산 이야기를 들었다. 그중 가장 기억에 남는 게 바로 누리대 이야기다. 봄날 발왕산 깊은 골짜기에 들어가야 누리대라는 귀한 나물을 뜯을 수 있다고. 누리대, 누루대는 누룩치의 강원도 방언이다. 노린내가 꽤 많이 나는 나물이어서 처음 먹을 땐 얼굴을 찡그리게 되지만 먹을수록 묘한 맛이 우러나는 나물이었다. 식욕이 없을 땐 고추장에 무쳐 먹으면 다른 반찬은 없어도 될 정도였다. 한 번도 가보지 않은 산이었지만 누리대라는 나물 하나로 성큼 다가왔던 산이었다.

그 발왕산 자락에 스키장이 생긴 것은 1975년이었다. 영동고속도로의 개통과 함께 현대식 용평스키장이 들어선 것이었다. 그 여파로 외가 쪽의 친척들은 하나둘 발왕산 일대를 떠났다. 우리나라에서 처음으로 생긴 현대식 스키장은 겨울이

8 두산백과사전.

되면 당연히 세간의 이목을 집중시켰다. 새로 생긴 고속도로 덕분에 스키어들은 쉽게 용평스키장으로 찾아올 수 있었고 국도와 고속도로변에 사는 어린 우리들은 그 모습을 구경하느라 신이 나 있었다. 자그마한 산골 마을이었던 횡계는 하루가 다르게 변해가기 시작했다. 내가 살던 마을에 있던 면사무소도 결국 횡계로 이사를 하였을 정도니 그 변화의 폭을 짐작할 수 있을 것이다.

누리대가 자라는 산으로 각인되었던 발왕산은 한순간에 스키장이 있는 산으로 모습을 바꿨다. 이후에도 발왕산의 화려한 변신은 멈추지 않았다. 정상까지 하얗게 눈 덮인 스키 슬로프가 연결된 터라 멀리서 봐도 바로 저기가 발왕산이라는 걸 알아챌 수 있었다. 겨울이 되면 단연 눈에 띄는 산이 된 것이다. 슬로프의 눈이 녹을 때까지. 2018년 평창동계올림픽이 개최될 수 있었던 것도 가장 밑바탕에 바로 발왕산이 든든하게 버티고 있었기 때문이었다. 발왕산의 용평스키장은 우리나라 동계스포츠의 산실로 국내 최대 규모의 스키시설을 갖추고 있다. 평창동계올림픽 당시 이곳에서는 알파인스키 대회전과 회전 종목이 열렸다. 하지만 이게 전부가 아니다. 발왕산은 올림픽 이후 다시 변화를 시도하고 있었다.

우리가 오를 봉우리는

발왕산 정상으로 가는 방법은 여러 가지인데 나는 그 중 용평 리조트에서 관광케이블카를 타고 가는 걸 선택했다. 발왕산 케이블카의 왕복 거리는 7.4km다. 1,458m 높이의 산을 케이블카에 앉아 올라간다는 것은 대단히 매력적인 일이다. 앉아서 발아래 나무들의 우듬지를 관람하며 올라간다는 것은 더더욱 매력적인 경험이다. 더군다나 계절에 따라 풍경이 달라진다. 봄날의 연두, 여름의 초록, 가을의 단풍, 겨울의 설경. 이 모든 풍경을 저공비행 하는 케이블카에 앉아 바라볼 수 있다는 것은 대단한 경험임이 분명하다.

내가 발왕산 케이블카를 타는 요령 중 하나는 혼자이거나 다른 일행과 섞이지 않고 타는 것이다. 그 까닭은 아주 가까운 곳에 있다. 케이블카에 블루투스스피커가 설치돼 있기 때문이다. 편도 3.7km의 거리의 발왕산을 올라가는 케이블카에 타면 나는 바로 휴대폰을 꺼내 블루투스를 연결해 노래를 튼다. 나의 신청곡은 바로 '봉우리'다. 김민기가 부르면 아주 좋고 양희은이 부르면 색다르고 전인권이 부르면 우람한 고목이 떠오른다. 그때그때의 발왕산 풍경에 맞춰 가수를 선택하면 된다. 볼륨은 최대로 올리라고 권하고 싶다. 그리고 노래를 들으며 아래의 풍경들을 내려다보라. 계절을 통합해 그 풍

발왕산으로 올라가는 곤돌라
산봉우리를 넘고 또 넘어야 정상에 오를 수가 있다.

경들을 묘사하면 이렇다.

슬로프를 지그재그로 유연하게 미끄러져 내려오는 스키어들. 내려오다가 욕심 때문의 균형을 잃고 넘어지는 스키어들. 그 모습을 그물망 너머에서 훔쳐보고 파안대소하는 흰 자작나무들. 얼굴을 붉히는 단풍나무들. 작은 봉우리를 넘으면 한데 모여 자라는 참나무들, 다시 한 봉우리를 넘으면 등이 푸른 전나무들의 마을. 저 멀리 모습을 드러내는 횡계의 풍경. 그 앞의 알펜시아 스키점프대. 봉우리, 봉우리, 그리고 산 능선…… 저 멀리 오대산의 봉우리들. 황병산의 공군기지. 더 멀리 정선의 가리왕산. 지쳐 시선을 거둬들이면 발아래의 나무들, 나무들……. 나는 다시 '봉우리'를 리플레이 한다.

사람들은 손을 들어 가리키지 / 높고 뾰족한 봉우리만을 골라서 / 내가 전에 올라가 보았던 / 작은 봉우리 얘기해 줄까? / 봉우리 지금은 그냥 아주 작은 / 동산일 뿐이지만 그래도 그때 난 / 그보다 더 큰 다른 산이 있다고는 / 생각지를 않았어 / 나한테는 그게 전부였거든 / 혼자였지 / 난 내가 아는 제일 높은 봉우리를 향해 / 오르고 있었던 거야 / 너무 높이 올라온 것일까 / 너무 멀리 떠나온 것일까 / 얼마 남지는 않았는데 / 잊어버려 일단 무조건 올라보는 거야 / 봉우리에 올라서서 손을 흔드는 거야 / 고함도 치면서 / 지금 힘든 것은 아무 것도 아냐 / 저 위 제일 높은 봉우리에서 / 늘어지게 한숨 잘 텐데 뭐 // 허나 내가 오른 곳은 / 그저 고갯마루였을 뿐 / 길은 다시 다른 봉우리로 / 저기 부러진 나무 등걸에 / 걸터앉아서 나는 봤지 / 낮은 데로만 흘러 고인 바다 / 작은 배들이 연기 뿜으며 가고 // 이봐 고갯마루에 먼저 오르더라도 / 뒤돌아서서 고함치거나 / 손을 흔들어 댈 필요는 없어 / 난 바람에 나부끼는 자네 옷자락을

/ 이 아래에서도 똑똑히 / 알아볼 수 있을 테니까 말야 / 또 그렇다고 괜히 허전해 하면서 / 주저앉아 땀이나 닦고 그러지는 마 / 땀이야 지나가는 바람이 식혀주겠지 뭐 / 혹시라도 어쩌다가 / 아픔 같은 것이 저며 올 때는 / 그럴 땐 바다를 생각해 바다 / 봉우리란 그저 / 넘어가는 고갯마루일 뿐이라구 // 하여 친구여 우리가 오를 봉우리는 바로 지금 여긴지도 몰라 / 우리 땀 흘리며 가는 / 여기 숲속의 좁게 난 길 / 높은 곳엔 봉우리는 없는지도 몰라 / 그래 친구여 바로 여긴지도 몰라 / 우리가 오를 봉우리는

발왕산 케이블카는 온갖 나무들을 감상할 수 있는 시네마 천국이다. 그뿐만이 아니다 운이 좋으면 먹을 것을 찾아 눈밭을 걸어가는 멧돼지 가족을 내려다볼 수도 있다. 두 귀를 쫑긋 세운 채 풀을 뜯어 먹는 산토끼, 그리고 겅중겅중 뛰어가는 고라니를 엿볼 수도 있다. 노래를 들으며, 나무들을 보며, 산짐승들을 살피다가, 문득 우리네 인생까지 더듬다 보면 어느새 살아 천 년 죽어 천 년을 산다는 주목이 나타나는데 그곳이 바로 정상 근처다. 나무들이 서서히 사라지고 하늘 마당이 드넓게 펼쳐지는 곳, 바로 발왕산이다.

계절과 상관없이 발왕산 스카이워크에 도착하는 사람들을 가장 먼저 반겨주는 것은 바람이다. 모자를 쓰고 있지 않다면 순식간에 사극에 등장하는 망나니의 머리카락으로 만들어 버린다. 손으로 머리를 다듬어도 소용이 없으니 그대로 내버려 두는 게 낫다. 모자를 준비하지 않은 사람들은 다들 같은 모습이니까. 아니, 산꼭대기에 올라온 이상 그런 사소한 일에 신경 쓸 필요가 없다. 주위를 둘러보면 이내 흐트러지는 머리카락쯤은 아무것도 아니라는 걸 금방 깨닫게 되니까 말이다.

'발왕산의 옛 이름은 팔왕산이다. 팔왕(八王)의 기운이 서려 있는 산이다. 그리고 발왕산과 숫자 8은 묘한 연결고리를 가지고 있다. 숫자 8은 여러 문명에서도 높은 가치의 숫자로 알려져 있다. 완성된 상태를 뜻하는 8궤, 새로운 출발, 동서남북을 우주로 연결한 8개의 꼭짓점, 영원함과 무한함을 뜻하는 뫼비우스의 띠는 숫자 8을 옆으로 누인 모양을 하고 있다. 이렇듯 8은 그 자체로 완전하면서 새로운 출발과 무한함을 의미한다. 한 마디로 발왕산은 큰 기운을 지닌 산이다. 용평에서는 발왕산의 사주에 맞는 8월 18일을 기념해서 매년 8월 한 달 동안 성대하게 축제를 열고 있다. 발왕산은 탄생의 기운을 가지고 있는 산인데 많은 분이 이곳에 오면 어머니의 품에서 자는 것처럼 잠을 푹 잘 수 있다고 이야기한다. 산 모양을 보면 뾰족한 곳이 없이 어머니의 치마폭 같아 보인다. 발왕산은 곧 왕을 탄생시키는 어머니의 산이다. 여기서 왕은 군주를 뜻하기도 하지만 그 시대, 그 분야에서 으뜸과 챔피언을 의미하기도 한다. 이렇게 각자의 자리에서 모두를 왕으로 만들어주는 발왕산은 전 세계의 평화를 이루는 소명을 가지고 태어났다. 평화는 인간의 보편적 가치 중 가장 상위개념이다. 발왕산은 평화의 씨앗을 품고 키우다 그 싹을 틔워나가기 시작했는데 그 시작점이 바로 1,458m의 발왕산에서 치러진 2018 평창동계올림픽이다. 올림픽 유치 역시 쉽지 않았다. 하지만 북한과 미국이 극적으로 화해하고 분단 최초로 판문점에서 남북회담이 열리는 기이한 일들이 벌어지면서 전 세계에 평화 메시지를 띄울 수 있었다. 게다가 올림픽 사상 처음으로 남북 단일팀이 출전했고……"[9]

스토리텔링이 다소 진하게 들어간 발왕산 안내문인데 그런대로 수긍하게 된다. 몇 년 전 나 역시 발왕산의 기운이 예사롭지 않다는 소문에 홀려 원고 뭉치를 들고 찾아와 며칠 머무르며 원고를 손본 적이 있다. 또 오래전 어느 소설가는 이곳

---

9 용평리조트 발왕산 안내문에서 편집.

에 와서 찾아낸 소재로 소설을 썼는데 그 작품으로 '이상문학상'을 수상했다.[10] 음…… 그런데 내 소설은 왜 잊히어졌을까. 다시 노트북을 들고 들어와 한 보름 정도 머물러 볼까. 그리하려면 숙박비가 만만찮을 텐데. 용평 모나파크의 직원으로 근무하는 친구를 협박해 가난한 소설가가 이곳을 배경으로 소설을 쓸 테니 방을 공짜로 달라고 협박을 해볼까. 젠장! 맘이야 굴뚝같지만 막상 친구 녀석 앞에선 그 말이 튀어나오지 않을 것 같다.

눈 덮인 겨울의 발왕산은 스키를 타려고 올라오는 스키어들이 주류를 차지한다. 스키어들은 발왕산 능선의 설경과 눈보라를 둘러본 뒤 이내 스키를 타고 산에서 내려간다. 하지만 발왕산의 무수한 나무들을 제대로 보려면 다른 계절에 올라가야 한다.

'발왕산 정상 부근에는 수백 그루의 주목이 군락을 이루며 자란다. 대한민국에서 가장 건강한 주목군락으로 천연 유전자원 보호림으로 지정돼 있다. 평균 수령 1,500년 이상의 주목이 260여 그루가 등록돼 있으며 1,800년 수령의 아버지왕주목, 어머니왕주목이 자란다. 주목의 껍질과 열매의 추출물

---

10 그 작품의 제목은 「얼음의 도가니」다.

은 여성 암 치료제로 사용된다고 한다. 발왕산에는 주목치유 숲길이 있다. 또 대한민국 최대 군락(1,800여 그루)의 독일가문비나무숲도 있다. 독일가문비나무는 피톤치드의 최대 생산지다.

그리고 겨울의 반대편에서 피어나는 꽃들(100여 종)의 이름은 대략 이렇다. 봄의 시작을 알리는 연보라색 얼레지, 봉숭아처럼 손톱에 물을 들였다는 노란색 피나물꽃, 숙면에 도움을 주는 약초로도 이용하는 쥐오줌풀, 소박한 산목련, 액막이 장신구 괴불을 닮은 산괴불주머니 등등이 여름까지 피어난다."[11]

자, 설명은 충분히 들었다. 이제 직접 슬렁슬렁 걸어가 보기로 하자. 스카이워크와 드래곤캐슬의 마당에서 북쪽을 바라보았다. 바로 앞의 주목과 녹색케이블카 너머로 횡계 시가지와 알펜시아, 선자령의 풍력발전기들이 한눈에 들어왔다. 그 너머는 동해였다. 황병산, 소황병산도 보였다. 나는 북쪽 풍경을 등지고 발왕산 정상인 평창평화봉이 있는 '바램길'을 먼저 선택했다. 능선을 따라가는, 이정표 상 멀지 않은 거리였다(700여 미터).

이미 단풍잎이 모두 떨어진 뒤라 아쉬웠지만 대신 멀리 있

---

11 용평리조트 발왕산 안내문에서 편집.

는 것들이 선명하게 보이는 계절이었다. 바람도 적절한 속도로 불어 망나니 머리가 될 위험도 없었다. 길도 험하지 않았다. 정상에는 세운 지 얼마 안 된 화강석 비석이 세워져 있고 한쪽에는 발왕산, 반대편에는 평창평화봉이라 씌어 있었다. 비석을 세우기 전까지 발왕산 정상의 이름은 따로 없었던 것 같다. 그래서 동계올림픽을 계기로 평창평화봉이라 명명한 듯한데 봉우리 이름이 마음에 착 달라붙지는 않았다. 명명된 지 얼마 안 돼서 그런 건지 아니면 너무 정치적인 이름이어서 그런지는 잘 모르겠다. 어쩌면 다시 세월이 흘러야만 알 수 있을 것 같다. 봉우리의 이름이 어떤 길을 걷게 될지는.

발왕산 평창평화봉에서 갈 수 있는 길은 두 곳이었다. 용산리로 내려가는 등산로(2.9km)와 스카이워크로 되돌아가는 길. 정상 부근의 고사목들, 푸른 잎을 자랑하는 전나무들, 가깝고 먼 산들이 연출한 능선들의 제각기 다른 주름살들, 동서남북의 지평선을 장식하는 노추산, 가리왕산, 계방산, 오대산, 황병산, 그리고 그 위의 푸른 하늘 그 모든 것이 장엄했고 평화로웠다. 돌아가는 길 저편엔 스카이워크와 함께 드래곤캐슬이 유럽의 어떤 성처럼 우뚝 자리 잡고 있었다. 나는 길어진 내 그림자를 앞에 놓고 사진을 찍었다.

'바램길'에서 '발왕수가든 덱길(총연장 300m)'로 방향을 바

꾸고 처음 만난 나무는 마유목(媽唯木)이었다. 하나의 몸통에서 두 종류의 나무가 함께 사는 나무라고 한다. 안내판의 설명은 이렇다. '세상에서 유일한 어머니 나무라는 뜻의 마유목은 야광나무의 품속에 마가목 씨앗이 뿌리를 내리라고, 두 종류의 나무가 마치 한 나무처럼 살아가는 나무입니다. 속이 비어가던 야광나무 품속에서 싹을 틔운 지 50여 년이 된 마가목은 희생으로 키워준 야광나무에 보답이라도 하듯 땅속 깊이 뿌리를 내려 야광나무가 쓰러지지 않도록 버팀목이 되어주고 있습니다. 이에 마유목은 효정나무이자 사랑나무라 불리고 있습니다.' 안내판 하단에는 마유목의 사계를 담는 사진이 붙어 있는데 모든 계절의 사진이 다 인상적이었다. 가을과 겨울 사이에 도착한 내가 본 나무의 몸통은 두 마리 구렁이가 서로를 친친 감은 채였고 그 위에서 서로의 가지는 하늘을 향해 뻗고 있었다. 그런데 어느 것이 야광나무이고 마가목인지 구별하기 힘들었다. 사랑이 깊으면 서로 닮아가는 연인처럼. 그러하니 그 나무 주변을 한참 서성거리다가 떠날 수밖에 없었다.

덱길을 따라 나무들의 행진은 계속되었다. 어린 시절 우리가 짜장나무라 불렀던 사스레나무, 애강나무, 전나무 고사목, 서울대 나무(나무의 형상이 서울대 교문을 닮았다 해서 붙인 이름), 줄기의 한쪽은 갈라 터졌지만, 나머지는 건재한 주목, 그리고

갈매나무 발왕산 정상 부근에서 자라는 갈매나무. 백석의 시에 등장하는 나무다.

이름조차 알 수 없는 나무들, 나무들…… 그 나무들 사이에 샘이 하나 있다. '발왕수'라는 샘이었다. 산 정상 부근인데, 꽤 많은 물이 나오는 샘이 있다니. 지하수를 끌어올려 일부러 샘을 만들었나? 안내판의 설명을 읽지 않을 수가 없었다.

> 발왕산 지역은 과거 5억여 전 고생대 초기에는 적도 부근의 얕은 바다였으나 오랜 퇴적작용과 지각변동으로 지금의 높은 산을 이루게 되었다. 발왕수는 발왕산 정상부의 눈이 녹아 단단한 퇴적암 속으로 스며들어 만들어진 물로 깨끗하고 개운한 맛을 특징으로 한다. 발왕산을 이루는 암석은 빗물의 풍화 침식에 상대적으로 강하기 때문에 지금 높은 산을 이룬다. 발왕산을 이루는 암석은 물에 쉽게 그 구성성분이 녹아나지 않기 때문에 발왕수는 아주 맑은 물이 된다. 스스로의 맛을 강하게 풍기는 물이 아니라 광물 성분을 은근하게 포함하고 있어서 물로 어떤 맛을 내려고 할 때 자신의 맛이 아니라 누군가 의도하고자 하는 맛에 잘 맞추어 주는 물이다. 즉, 발왕수는 순백의 도화지 같은 물이다. 발왕산 정상부에 있는 눈은 겨우내 발왕산을 덮고 있으면서 온갖 생물들을 혹한으로부터 보호하다가 따뜻해지면 추위에 움츠렸던 생

명들이 햇빛을 보고 싹을 틔울 수 있도록 자리를 비켜주고 땅속으로 스며들어 발왕수가 된다. 발왕산과 발왕수에는 장구한 지질학적 역사 속에서 자연이 빚어낸 어머니의 품성이 배어 있다.

— 서울대 지구환경학부 교수 이강근

과학적으로 설명하니 무슨 얘기인지는 알겠는데 그렇다고 쉽게 납득이 가지는 않았다. 발왕산의 9부 능선에 있는 샘에서 나오는 물의 양이 만만치 않았기 때문이었다. 산꼭대기 땅속에 커다란 물 저장고가 있단 말인가. 나는 의심 가득한 눈으로 발왕수를 살피다가 바가지로 물을 떠서 마셨다. 오, 물맛이 괜찮았다! 순백의 도화지 같은 물이라…… 부디 물이 마르지 않기를 바라며 샘을 떠났다. 용평에서는 이 물로 '발왕산 막걸리'를 만들었다. 꼭 한번 마셔보고 싶었다.[12]

발왕산 스카이워크 주변에는 또 하나의 길이 있는데 바로 '주목치유숲길'이다. 시간이 애매했다. 그 길에는 이름이 말해주듯이 멋진 주목들이 즐비하다고 한다. 왕발주목, 어머니왕

12 의문은 금세 풀렸다. 용평에서 아주 오래 근무하고 있는 고향 친구에게 문자로 물어보니 지하수 관정을 뚫었다는 답변이 도착했다. 그러니까 발왕산 전체가 품고 있었던 물을 끌어 올렸다는 얘기다.

주목, 발왕수 이끼가든, 왕수리부엉이가든, 아버지왕주목 등이 그것이다. 고민을 거듭하다가 나는 주목치유숲길 방문은 다음으로 미루고 다른 나무 한 그루를 찾아 다시 '바램길'로 들어섰다.

발왕산 정상 부근에 갈매나무가 자라고 있다는 말은 용평에 근무하는 친구에게서 우연히 들었다. 갈매나무라니! 그 나무는 백석(白石)의 유명한 시 「남신의주 유동 박시봉방」의 마지막 행에 등장하는 나무다. 백석은 한국의 시인들이 가장 좋아하는 시인 중 한 명이다. 북한에서 생을 마감한 시인의 일생 또한 드라마틱한 일생이었다. 그동안, 이 땅의 시인들은 백석의 시를 즐겨 읽으며 그의 시에 등장하는 '굳고 정한 갈매나무'가 도대체 어떤 나무인지 궁금했기 때문이다.

어느 사이에 나는 아내도 없고, 또,
아내와 같이 살던 집도 없어지고,
그리고 살뜰한 부모며 동생들과도 멀리 떨어져서,
그 어느 바람 세인 쓸쓸한 거리 끝에 헤메이었다.
바로 날도 저물어서,
바람은 더욱 세게 불고, 추위는 점점 더해오는데,
나는 어느 목수네 집 헌 샷을 깐,

한 방에 들어서 쥔을 붙이었다.
이리하여 나는 이 습내 나는 춥고, 누긋한 방에서,
낮이나 밤이나 나는 나 혼자도 너무 많은 것 같이 생각하며,
딜옹배기에 북덕불이라도 담겨 오면
이것을 안고 손을 쬐며 재 우에 뜻없이 글자를 쓰기도 하며,
또 문밖에 나가지도 않고 자리에 누어서,
머리에 손깍지벼개를 하고 굴기도 하면서,
나는 내 슬픔이며 어리석음이며를 소처럼 연하여 쌔김질하는 것이었다.
(중략)
더러 나줏손에 쌀랑쌀랑 싸락눈이 와서 문창을 치기도 하는 때도 있는데,
나는 이런 저녁에는 화로를 더욱 다가 끼며, 무릎을 꿇어 보며,
아니 먼 산 뒷옆에 바우섶에 따로 외로이 서서,
어두어 오는데 하이야니 눈을 맞을, 그 마른 잎새에는,
쌀랑쌀랑 소리도 나며 눈을 맞을,
그 드물다는 굳고 정한 갈매나무라는 나무를 생각하는

것이었다.[13]

발왕산 갈매나무는 고목이었다. 한 그루는 줄기가 갈라진 채였지만 노익장을 과시하듯 아직 굳건하게 살아 있었고 바로 옆의 또 한 그루는 꿈틀거리는 줄기와 가지가 발왕산의 하늘을 떠받치고 있었다. 다만 잎이 모두 떨어진 계절에 도착했던 터라 아쉬움이 컸다. 하지만 감동은 달아나지 않았다. 바로 백석의 시 덕분이었다. 오래전 한 시인이 불러온 나무를 만난다는 것은 행운이었다. 쌀랑쌀랑 눈발이 날리는 날 발왕산 갈매나무에 기대앉아 그의 시를 천천히 다시 읽고 싶었다.

봉우리에서 내려오는 법

걸어서 발왕산을 내려가고 싶었지만, 너무 먼 길이었다. 스카이워크에 올라가 대관령 일대를 한번 훑어본 뒤 케이블카를 탔다. 블루투스로 다시 '봉우리'를 틀었다. 급경사를 내려온 케이블카는 자그마한 봉우리를 올랐다가 다시 내려갔다. 케이블카에서 보는 풍경은 매번 달라진다. 언젠가 나는 발왕산 건너편 안반데기라는 곳에서 노을이 지는 발왕산을 바라본 적

---

13 백석 「남신의주 유동 박시봉방(南新義州 柳洞 朴時逢方)」에서.

이 있는데 한마디로 장관이었다. 케이블카에 실린 나는 그 풍경 속을 구름 위를 산책하듯 천천히 내려가고 있었다.

'우리가 오를 봉우리는 바로 여긴지도 몰라'라는 가사를 조용히 반복하며 봉우리를 내려갔다. 그리고 굳고 정한 어머니 같은 갈매나무를 떠올렸다.

17

대관령 삼양목장

OK 목장의 결투

내 마음속의 OK 목장

어린 시절 대관령 소황병산(1,430m) 자락에 있는 삼양목장(그때는 보통 삼양축산이라 불렀다)에 대한 소문은 늘 우리들의 관심사 중 하나였다. 어마어마하게 많은 젖소(우리들은 아직 얼룩덜룩한 젖소를 본 적이 없었다)가 초원에서 풀을 뜯어 먹으며 살고 있다는 것 자체가 신기했다. 왜냐하면 우리들의 집 외양간에는 누렇게 생긴 일소들밖에 없었기에. 더군다나 젖소들은 말 그대로 젖(우유)만 생산하는 소들이었다. 한달음에 삼십 리 길을 달려가 그 생김새마저 독특한, 검고 흰 얼룩을 지닌 젖소들을 구경하고 싶었지만 불가능한 일이었다. 그곳은 아무나 들어갈 수 있는 곳이 아니었다. 입구에서 드나드는 사람들을 엄격하게 통제한다는 얘기만 들려왔다. 우리들은 교과서에 실린 사진을 보면서 동양 최대의 목장이라는 그곳을 상상만 할 수 있을 뿐이었다.

젖소와 우유뿐만 아니라 목장이라는 말 역시 생경했지만, 우리에겐 강한 자장을 불러일으키는 말이었다. 그것은 바로 당시 인기리에 방영되던 주말의 명화 중 서부극의 영향 때문이었다. 말을 타고 달리며 총을 쏘는 카우보이들이 등장하는 서부극의 인기는 대단했다. 특히 사내아이들에게 있어. 그 목장이 가까이에 있는데 가볼 수 없으니, 우리들의 안타까움은 이루 말할 수 없이 컸지만, 그저 가끔 목장에서 흘러나오는 얘기만 가지고 상상의 나래를 펼 수밖에 없었다. 〈OK 목장의 결투〉를 흉내 내서 나무로 만든 권총으로 결투를 벌이곤 했지만 정작 중요한, 초원을 달릴 수 있는 말이 우리에겐 없었기에 목장 놀이의 인기는 점점 시들해졌다. 물론 삼양목장에 가본 친구들도 없었다.

하지만 고향이 대관령인지라 나는 고향을 떠나 살면서도 대관령의 목장들과 스키장에 대해 떠들어야만 했다. 한 번도 가보지 않은 목장과 제대로 탈 줄도 모르는 스키에 대해. 그나마 스키에 대해선 주워듣거나 직접 보았던 것들을 토대로 그

럭저럭 이야기를 꾸려나갈 수 있었지만, 목장에 대해선 정말 제대로 아는 게 없었다. 그러니 줄곧 농담을 섞어 OK 목장 타령만 할 뿐이었다.

그러던 중 마침내 내게도 삼양목장을 직접 경험할 기회가 생기는 듯싶었다. 휴전선에서 군 복무를 하던 시기였다. 철책에서 근무하던 장병들에겐 간식으로 컵라면이 나왔는데 어느 날 라면이 익기를 기다리다가 우연히 컵라면 덮개에 적혀 있는 한 줄의 글이 내 눈에 들어왔다. 컵라면의 스티커를 모아 일정량이 되면 삼양목장을 견학시켜 준다는 내용의 글이었으니 내 눈과 마음이 번쩍 떠지지 않을 까닭이 없었다. 나는 그 즉시 컵라면의 스티커를 수집하기 시작했다. 우리 소초는 물론 이웃 소초들에까지 연락을 취해 모으기 시작한 터라 두어 달만 수고하면 문제없을 것 같았다. 그렇게 스티커들이 종이 상자 속에 차곡차곡 쌓이기 시작했고 나는 꿈을 꿀 때마다 말을 타고 목장을 달렸다.

그러나 스티커들이 거의 목표량에 도달할 즈음 뜻하지 않은 사태가 벌어졌으니 바로 '우지 파동'이었다. 이 사건으로 군부대에 간식으로 보급되던 컵라면이 사라졌고 당연히 나의 목장 견학의 꿈도 하루아침에 무산되고 말았다. 멀고 먼 OK 목장에 대한 울분을 삼키며 그동안 모았던 스티커들을 모두 쓰레기장에 버리고 불을 붙였다. 그날 155마일 휴전선 산자락에 눈이 내렸던가, 내리지 않았던가. 아니, 분명 시린 눈발이 흩날렸을 것이다.

목장 길의 멧돼지

삼양목장은 1970년대 초반에 조성된 이후 많은 변화를 거쳤다.

> 삼양목장은 소황병산 정상에서 대관령 쪽으로 이어진 고산 유휴지를 개척하여 초지로 개발하였다. 목초지 면적은 동양 최대인 2,000만m²로 길이가 8km, 너비가 3km다. 여의도 면적의 7.5배, 남한 넓이의 1/5,000에 이르는 드넓은 초원과 목가적인 분위기를 갖추고 있다. 빼어난 경관을 배경으로 여러 영화와 드라마를 촬영하기도 했다. 1970년대 조성된 삼양목장은 2007년 관광사업을 시작하면서 대중들에게 개방되었다. 관광코스는 목장 광장부터 동해전망대까지 4.5km 구간으로, 방문자들은 봄 여름 가을에는 셔틀버스로 이동하고 겨울철에는 자동차로 달리며 드라이브를 즐길 수 있다. 남한에서 승용차로 오를 수 있는 최고 지점인 동해전망대 정상에서

는 주변 경관이 한눈에 내려다보이며 동해안 풍경을 볼 수 있다.

그러니까 2007년까지는 개방이 되지 않았다는 사실을 알 수 있다. 1989년 우지 파동만 없었다면 나는 그 누구보다도 먼저 나의 OK 목장을 관람할 수 있었다는 것이다. 어쩌랴. 그게 세상사인 모양이다. 물론 우지 파동이 아니더라도 그동안 목축업의 변화 역시 많았으리라. 30여 년 동안 여러 이유로 외지인들에게 문을 닫았던 목장이 문을 개방한 것만 봐도 그렇다. 하여튼 그 덕분에 우리들은 사진으로만 보던 목장 길을 걷게 된 것이다.

언젠가 자가용 출입이 가능했던 시절 나는 비로소 친구의 차를 얻어 타고 삼양목장 곳곳을 구경할 수 있었다. 첫인상은 목장임에도 불구하고 소들이 보이지 않아서 이상했다. 내 상상으론 초지에서 젖소들이 한가롭게 풀을 뜯고 있는 장면이었다. 그런데 그렇지 않았다. 소들은 축사에 있었고 목초지만 드넓게 펼쳐져 있을 뿐이었다. 대신 소황병산으로 가는 길에서 멧돼지 한 마리와 마주쳤다. 그 멧돼지는 마치 초원의 고독한 하이에나처럼 보였다. 두 번째 방문은 먼 데서 대관령을 방문한 후배들과 함께였는데 이번에도 비포장의 목장 길을 덜컹

거리며 오르내리는 재미가 쏠쏠했다. 전망대에서 바라다보는 동해의 아득함과 그 아득한 곳으로 몰려가는 바람이 인상적이었다. 세 번째는 오대산 월정사에서 대절한 버스를 타고 새해 일출을 보러 갔을 때다. 새벽에 버스를 타고 올라가 추위를 견디며 일출을 기다리고 있는데 아무리 기다려도 해가 뜨지 않았다. 그러던 중 누군가가 여기가 아니라고 소리치며 다른 봉우리를 향해 달려갔고 우리도 엉겁결에 따라서 뛰었다. 추운 겨울 새벽, 삼양목장의 이 봉우리에서 저 봉우리를 향해. 옷을 두껍게 입어, 마치 갓 태어난 송아지들처럼 뒤뚱거리며. 그날 동해에서 떠오르던 해는 그런 우리들을 보며 어떤 생각을 했을지……. 하여튼 이 세 번이 그동안 나의 가깝고도 먼 OK 목장 방문기였다.

뭉게구름과 동해전망대

이번엔 어떤 방법으로 삼양목장을 여행할까. 현재 삼양목장은 겨울철엔 셔틀버스 대신 자가용을 이용해 동해전망대에 갈 수 있고 나머지 계절은 셔틀버스를 이용해야 한다. 물론 걸어서 동해전망대까지 올라갈 수도 있지만 거리로 볼 때 쉽지는 않다. 또 예전엔 자가용을 타고 목장 길을 오르고 돌고 내려오며 목장을 둘러보는 게 묘미였다면 지금은 각종 체험시설과 볼거리까지 준비한 터라 팸플릿을 참고해 미리 여행코스를 짠 뒤 둘러보는 게 더 효율적이다. 어느 코스를 택하든 한나절 느긋하게 목장을 즐긴다고 여기는 게 좋다. 참고로 대관령 삼양목장의 겨울(화이트) 시즌은 11월부터 4월까지고 여름(그린) 시즌은 4월 말부터 11월이다. 남한 땅에서 겨울이 가장 긴 곳이 바로 대관령이기에 그렇다.

목장에서 권장하는 코스는 모두 세 가지다.

목책로(목장 길) 정복 코스는 걷는 일에 자신이 있는 방문객들을 위한 코스다. 버스로 동해전망대까지 이동한 뒤 그곳에서 목장 광장까지 슬렁슬렁 걸어서 내려오는 방법이다. 중요 경유지는 바람의 언덕(길이 550m), 숲속의 여유(길이 930m), 사랑의 기억(길이 650m), 초원의 산책(길이 1,470m), 동물 체험장, 온실 순설, 마음의 휴식(길이 900m), 청연원, 그리고 광장에 도착한다. 소요 시간은 2시간 30분이다. 두 번째는 #인생샷 #포토존 코스로 2시간이 소요된다. 청연원, 동해전망대에서 포토타임, 사랑의 기억 정류장에서 하차, 연애소설나무, 오색빛깔 무지개 꽃밭에서 포토타임, 소 방목지, 온실 순설, 마지막은 광장이다. 2시간이 걸리는 세 번째는 동물과의 교감 코스이다. 출발지는 동해전망대다. 사랑의 기억 정류장에서 하차하여 걷다 보면 소 방목지에서 희고 검은 얼룩무늬 젖소들을 볼 수 있다. 이어 양 방목지가 나타난다. 이어 양몰이 공연장(공연 시간이 정해져 있다), 소 방목지, 동물 체험장을 차례로 통과하면 광장이다. 세 코스의 공통점은 일단 셔틀버스를 타고 동해전망대까지 올라가는 것이다. 걸어서 전망대까지 올라가는 것은 목장의 특성상 등산에 가깝고 힘과 시간까지 소요되니 권하지 않는 듯하다.

양들을 모는 양몰이개 관람객들을 위해 양과 개도 쇼를 해야 되는 세상이 되었다. (사진 목장 제공)

삼양목장 동해전망대(1,410m)로 가는 셔틀버스의 옆면엔 양 한 마리가 그려져 있고 옆엔 이런 글이 적혀 있었다. '양 세다가 잠들기엔 아까운 풍경, 삼양목장' 그 버스를 타고 목초지와 목초지 사이로 뚫린 길을 올라갔다. 스피커에서 흘러나오는 안내방송을 들으며. 한 시절 우리들은 목장에서 가축을 키우며 목가적인 삶을 살아가는 꿈을 꾼 적이 있다. 왜 그런 꿈을 꾸게 되었을까. 책이나 영화의 영향일까. 아니면 가수 남진이 불러 히트했던 〈님과 함께〉의 '저 푸른 초원 위에 그림 같은 집을 짓고 사랑하는 우리 님과 한 백 년 살고 싶어'란 가사 때문이었을까. 잘 모르겠다. 아마 농사를 짓는 시골에서 살다 보니 책이나 영화에서 본 목장 풍경이 농사일보다 덜 힘들고 낭만적으로 보여서 그런 꿈을 꾸었을 수도 있을 것이다. 어쨌든 어린 시절 대관령에 처음 들어온 목장들은 말만 들어도 신기한 공간이었으니까. 하지만 세월이 흐르면서 알게 된 목장, 목장 운영은 생각했던 것만큼 낭만적인 공간은 아니었다. 힘들기는 매한가지였다. 단지 풍광만 아름답게 보일 뿐이었다. 일터로서의 목장은 세상 어느 일터와 똑같이 힘든 공간일 게 틀림없었다. 하지만 그럼에도 목장은 아름답고 매력적인 공간임은 부정할 수 없는 사실이다. 가끔 가축들의 분뇨 냄새가 바람을 타고 날아오더라도. 초록의 여름 목장 풍경을 구경하다 보니 어느새 동해전망대에 도착한다는 안내방송이 흘러나왔다. 차창 밖 초지 위로 거대한 뭉게구름이 무럭무럭 피어나고 있었다.

대관령은 동쪽의 공기와 서쪽의 공기가 힘을 겨루는 곳이기도 하다. 뭉게구름은 서로 다른 두 공기가 힘을 겨루며 허공에 피워내는 꽃이다. 급경사의 산자락인 대관령 동쪽은 운해로 가득한데 서쪽은 구름 한 점 없는 쨍쨍한 여름 하늘이었다. 운해는 대관령을 넘어 서쪽으로 가려 하고 여름 하늘은 바다 너머로 구름을 몰아내고 폭염을 퍼트리겠다는 심사였다. 바람 부는 삼양목장 대관령 전망대에 서서 엎치락뒤치락 펼쳐지는 장관을 한동안 바라보았다. 목화 같은 뭉게구름은 그 등살에 더 이상 못 참겠다는 듯 무럭무럭 피어나고.

동해전망대의 서쪽으로 황병산 보였다. 황병산 아래에는 소황병산이 자리 잡고 있다. 운해 때문에 동해가 보이지 않아 서운했지만, 대신 구름바다가 하얗게 펼쳐져 북쪽과 동쪽의 안부를 전해주었다. 그리고 저 멀리 남쪽의 발왕산과 오른편 가리왕산도 희미하게 모습을 드러냈다. 목장은 이 모든 것 안에 아늑하게 자리하고 있었다. 초록의 언덕들과 산맥의 가로등처럼 서 있는 풍력발전기, 완만하게 휘어진 목책을 따라 이어진 길, 초지와 초지 사이에 자리 잡은 자그마한 산들, 과연 동양 최대의 목장이었다. 옛날 대피소로 사용했던 공간의 외벽에는 동해전망대를 이렇게 알려주고 있다.

> 삼양목장의 동해전망대는 해발 1,140미터에 위치하여 맑은 날이면 동해안 강릉과 주문진 멀리는 설악산 대청봉을 볼 수 있고, 목장 전경과 함께 원시림에 둘러싸인 오대산 국립공원을 한눈에 볼 수 있는 곳입니다. 이곳은 2, 3미터 앞을 분간하기 어려울 정도의 짙은 안개가 동해로부터 몰려와 흩어지고 넘나들면서 목장 초지와 동해 전경을 갑자기 감추기도 하고 드러내기도 하는 보기 어려운 경관이 자주 연출되기도 하는 곳이며 바람이 아주 강하게 불 때면 서 있기조차 어려운 곳입니다. 또한 동해전망대는 동해의 일출 장면이 장관인 곳으로 해마다 1월 1일이 되면 새해의 희망찬 일출을 보실 수 있도록 특별히 새벽 5시부터 입장을 시작하여 해돋이 행사를 진행합니다.

서로 명암을 달리하는 초록의 목초지 바다를 감상한 뒤 나는 동해전망대를 떠나 첫 목책로 구간인 바람의 언덕 입구(1,150m)에 도착했다. 동해전망대에서 양몰이 공연장까지 걸어서 내려갈 예정이었다. 바람의 언덕 구간 거리는 총 550m고 10분이 소요된다.

드문드문 자리하고 있는 하얀 풍력발전기와 해일처럼 피어나는 뭉게구름, 그리고 초록의 풀들을 쓸고 지나가는 바람이 시원하게 펼쳐진 언덕이었다. 초지 가운데로 곧고 길게 이어진 언덕길은 그야말로 발왕산 꼭대기, 바람의 지붕, 뭉게구름의 테라스까지 이어질 것만 같았다.

바람의 언덕을 넘으면 다음 코스는 숲속의 여유다. 목장의 초지와 붙은 숲속 길로 총길이는 930m다. 여름의 땡볕을 피할 수 있는 그늘이 있고 각종 꽃이 수줍은 듯 얼굴을 드러내는 곳이다. 그 꽃들 주에서 내 시선을 잡아당기는 것은 단연 물봉선화다. 화려하지 않은 색, 살짝 고개를 숙인 듯한 자세도 인상적이다. 물봉선화는 군락을 이룬 채만치 숲속의 별처럼 반짝거린다. 여섯 개의 꽃잎을 펼치고 있는 산나리도 어여쁘다. 그리고 벌개미취의 단아함. 산당귀가 피워 올린 꽃. 이름을 알았는데 잊어버린 옯은 보라색 꽃. 여름날 삼양목장 숲속의 여유를 찾으면 온갖 꽃들의 속삭임에 자주 걸음을 멈출 수밖에 없다. 걸음을 멈추고 그 꽃들을 가만히 들여다봐야 한다. 물어도 대답하지 않겠지만 작은 목소리로 이름을 물어보지 않을 수 없다. 그러면 꽃들은 바람에 살짝 흔들리다가 꽃잎 하나

방목 중인 소들 평화로워 보이지만 소들은 풀을 뜯으랴, 파리와 등에를 쫓으랴 바쁘다. (사진 목장 제공)

를 떨어트리며 얼굴을 붉힐 것이다. 봄, 여름, 가을에 숲속의 여유에서 차례로 피어나는 꽃들의 이름을 알려주는 무엇이 있다면 좋겠다고 생각하며 숲을 빠져나왔다.

다음 구간은 사랑의 기억(총 650m)이다. 언덕 위 벽이 없는 간이 축사의 그늘에 있는 얼룩소들이 먼저 시야에 들어왔다.

목장에 들어와 처음 만나는 소여서 반가운 마음에 언덕을 올라갔다. 음…… 가까이 다가가자, 소똥 냄새와 쇠지랑물 냄새가 진동했다. 더군다나 쇠파리와 등에가 떼를 지어 소에게 달려들고 있었다. 무더위를 피하는 것도 고역일 텐데 피를 빨아먹으려는 곤충들까지 달려드니 소들의 고충이 이만저만이 아닌 듯했다. 기껏해야 꼬리를 휘둘러 벌레들을 쫓아 보내려 하지만 그마저 쉽지 않은 듯했다. 소들의 여름나기도 쉽지 않음이 분명했다. 파리를 잡는 약이 있다면 뿌려주고 싶은 마음이 간절했지만 내겐 그마저도 없었다. 집에서 일소를 기르던 시절 여름이 되면 어린 나는 파리채를 들고 소 마장에 나가 소의 등에 붙은 파리나 등에를 잡느라 바빴다. 파리들은 소의 피를 얼마나 많이 빨아먹었는지 파리채가 시뻘겋게 변할 정도였다. 또 파리나 등에가 너무 많으면 파리약을 가져와 소의 등에 뿌려주었다. 덩치 큰 소가 자그마한 파리들에게 거의 속수무책으로 당하는 게 어린 시절에는 이해할 수 없었다. 얼룩소들도 꼬리를 휘두르고 몸을 부르르 떨고 나무 기둥에 등을 비비기도 했지만 집요한 파리 떼들은 떠나지 않았다. 가까이 다가가지 않으면 볼 수 없는 목장의 숨겨진 풍경이었다.

다시 초지 옆 목책로를 걸었다. 초지의 풀들은 마치 얼마 전에 이발한 듯 단정했다. 초지의 지평선엔 자리한 목책들은 철로처럼 하늘과 땅 사이를 가로질러 누워 있었다. Y자처럼 서 있는 풍력발전기와 어느새 고개를 넘어와 하늘을 가득 메우고 있는 구름. 구름의 아래는 금방이라도 비를 뿌릴 듯 어두침침했다. 문득 우산을 가져오지 않았다는 사실을 깨닫고 나는 발걸음을 빨리했다.

초지가 끝나고 다시 나타난 숲의 전망대에 올라서니 저 아래 〈연애소설〉[14] 나무가 서 있는 게 보였다. 이 나무를 배경으로 〈베토벤 바이러스〉도 찍었다고 한다. 작은 봉우리 위에 서 있는 나무는 마치 두 사람이 서로 포옹하고 있는 것처럼 보였다. 나는 천천히 언덕길을 내려갔다. 오래된 애인에게 다가가듯. 아니, 이제 막 가슴이 뛰기 시작한 애인에게 다가가듯.

나무도 영화 속의 주인공들처럼 초록이었다. 잎 없는 가지의 시절, 눈 덮인 시절, 연두의 시절의 지나 푸르른 초록의 시절을 건너고 있는 나무 아래에 앉아 나도 나의 사랑 기억을 더듬었다. 나무 주변의 목책 넘어 초지에선 양들이 풀을 뜯고 있었다. 그 중 따로 떨어져 있는 양 한 마리가 나를 향해 고개를 돌렸다. 그곳에서 어떤 바람이 불어왔다. 그 바람에 사랑의

14 2002년 개봉한 이한 감독의 영화. 차태현, 이은주, 손예진 출연. 손예진 대사가 인기를 끌었다. '어떡하죠? 사랑에 빠졌어요. 너무 아파요. 근데…… 계속 아프고 싶어요.' 세 주인공의 스무 살 나이보다 풋풋하고 아름다운 이야기.

기억들이 마른 풀처럼 훌훌 날아갔다.

나무를 떠나 언덕을 내려가며 몇 번 뒤돌아보았지만 걸음을 멈추지는 않았다. 다음 구간은 양몰이 공연장이 있는 초원의 산책(총길이 1,470m)이었다. 훈련받은 개가 초지에서 양을 모는 공연은 이미 시간이 지난 터라 관람석도 텅 비어 있었고 양들은 음악을 들으며 한가하게 풀을 뜯고 있었다. 그리고 빗방울이 하나둘 떨어졌다. 우산을 준비하지 않은 터라 걷는 일정을 포기하고 마침 목장길을 내려오는 셔틀버스에 몸을 실었다. 소 방목지와 양 방목지를 볼 기회가 날아간 것이다. 아쉽지는 않았다. 대관령엔 가야 할 목장이 아직 많기 때문이었다.

타조는 목이 길고 양은 꼬리가 짧다. 그럼 소는?

동물체험장에서 처음 만난 새끼 염소 세 마리의 이름은 아양이, 떠양이, 마양이었다. 아기 양들은 관람객들이 주는 건초를 오물오물 씹어 먹고 있었다. 엄마 양은 우리 안에 없었다. 엄마 없이도 잘 먹고 잘 노는 아기 양들은 아기들에게 가장 인기가 있었다. 아직 방목장에 나가지 않아서 그런지 털도 깨끗했다. 대부분이 가축들이 다 그렇다. 새끼였을 때가 가장 예쁘다. 크면서 조금씩 미워진다. 사람도 그런가?

송아지 우리에서 놀고 있는, 태어난 지 얼마 되지 않은 얼룩송아지들을 둘러보는데 귀에 달아놓은 인식표에 모두 사람 이름이 적혀 있었다. 대부분 연예인의 이름이었는데 그중 한 이름이 내 눈길을 사로잡았다. 그 송아지의 이름은 내 이름과 같았다. 이마는 하얗고 귀와 목은 까만색 털이었다. 종아리는 하얗고 등의 가운데만 다시 까만색이었다. 꼬리의 끝은 하얀데 엉덩이는 까맣게 물들어 있었다. 나는 까만 털 속에 박혀 있는 두 눈을 바라보며 입을 열었다.

"네 이름은 무엇이니?"

바닥에 앉아 있는 얼룩송아지는 나를 바라보곤 있었지만 입을 열지는 않았다. 입을 열어 사람의 말로 이름을 알려주었더라면 아마 그 송아지를 떠나지 못했을 것이다. 혹시나 얼룩송아지가 우리를 벗어나 나를 따라오지 않을까? 신경이 쓰였다. 그때 어떤 여자아이의 목소리가 뒤편에서 들렸다.

"도연아?"

타조 우리를 향해 걷던 나는 결국 뒤돌아보고 말았다. 여자아이는 손에 든 건초를 도연이에게 내밀고 있었다. 도연이는 자리에서 일어났고 나는 침을 삼켰다.

타조의 생김새는 가축 중에서 꽤 특이한 편에 속한다. 우선 긴 목이 가장 눈에 띈다. 뭔가 익살스러운 듯한 얼굴 생김새. 덩치에 비해 얼굴은 아주 작다. 머리의 털도 그다지 많지 않고 길이도 짧다. 부리와 코, 그리고 눈이 얼굴의 거의 전부다. 뒤뚱뒤뚱 걷는 모습도 익살스럽다. 머리와 목에 비해 몸은 덩치가 크다. 날개를 펼치면 위압적이기도 하다. 목이 워낙 길어서 우리 가까이 접근하기가 망설여진다. 긴 목이 우리를 넘어와 단단한 부리로 쫄 것만 같기 때문이다. 목을 치켜든 채 바닥에 앉아 있는 자태도 인상적이다. 저렇게 긴 목을 세우고 있으면 힘들지 않을까. 그러거나 말거나 타조는 마치 수면 밖으로 나온 잠수함의 잠망경처럼 목을 치켜든 채 어디인가를 바라보고 있다. 돈키호테 같기도 하고 괴팍한 시인 같기도 하다. 타조를 길들여 산책할 때마다 같이 다니면 근사할 것 같다고 생각하며 동물체험장을 나왔다.

사람들은 왜 동물을 보고 싶어 하는 것일까. 동물들에게서 어떤 위안을 얻는 것일까. 동물들은 진정으로 가축이 되고 싶었을까. 동물원에 온 것은 아니지만 왠지 또 다른 동물원 같기도 한 목장을 나와 꽃밭을 거닐면서 그동안 보았던 동물들을 떠올렸다. 허기가 몰려왔다. 누가 내게 먹을 것을 가져다주면 참 좋겠다는 생각이 들었다. 그러면 그 답례로 무엇을 줘야 할까. 내가 쓴 소설을 읽어줄까. 재미없다고 하면 어쩌지. 머리가 점점 복잡해졌다.

중학생 시절 우리들이 들었던 삼양목장의 이야기 중 하나는 주목 얘기다. 대관령에 삼양목장을 개발하다 보니 많은 나무가 베어졌는데 그 중 대표적인 나무가 주목이다. 주목은 살아 천 년 죽어 천 년을 간다는 나무여서 다른 나무들과는 격이 한참 높았다. 그렇다 보니 목장 개발 과정에서 나온, 오래된 주목이 고가로 팔려 갔다는 얘기였다. 단단한 줄기는 바둑판으로 변신했고 뿌리는 돈 좀 있다는 집의 거실 탁자로 모습을 바꿨다는 것이다. 어린 우리에게 이런 얘기가 들려올 정도니, 당시 상당한 양의 오래된 주목들이 목장 개발의 열풍을 타고 높은 가격의 옷으로 갈아입은 채 밖으로 반출되었다는 것이다. 물론 어린 우리들의 교실에서 회자하는 얘기이니만큼 어디까지가 진실인지는 알 수 없다. 하지만 우리들은 대관령 횡계에서 이사 온 친구가 들려주는 그 이야기에 늘 귀를 기울였다. 그곳이 다름아닌 가까이 있지만 한 번도 가본 적이 없는, 교과서에도 나오는 삼양목장(당시에는 삼양축산)이었기 때문이다.

동물체험장에서 걸어서 내려와 계곡을 가로지르는 나무다리를 건너니 바로 청연주목원이었다. 정원 가득 잘 다듬은 거대한 주목들이 질서정연하게 자리 잡고 있었다. 한눈에 봐도 수령이 몇백 년은 된 주목들이었다. 그 가운데 고사한 주목의 껍질이 눈길을 끌었고 나는 안내판으로 다가갔다. '대관령 삼양목장의 이 주목은 직경이 2m 이상 되는 것으로 볼 때 수령이 2000년 이상으로 추정되며, 아시아 최대의 주목이라고 할 수 있다. 살아서 천 년, 죽어서 천 년이라는 이 희귀한 주목은 삼양목장 개발 당시 발견되어, 그 고귀한 가치를 한층 더해주고 있으며 현재까지 잘 보존되어 있다.' 줄기 일부만 남았는데도 썩지 않은 주목의 위용은 대단했다. 그러니까 청연주목원의 수령 250여 년의 많은 주목은 목장을 개발할 때 캐어 이곳으로 옮겨 심었다는 얘기다. 주목은 우리나라에서만 자생하는 한국 특산 식물이다. 고산지대에서 자라고 암수가 다른 그루다. 가지가 옆으로 퍼져 원추형의 수형을 이룬다. 나는 초록의 가지 아래로 허리를 굽혀 들어가 보았다. 오! 그 안엔 무수히 많은 붉은 가지들이 줄기에서 뻗어 나와 꿈틀거리고 있었다. 초록의 잎을 피워내는 바깥의 단아함과는 전혀 다른 모습이었다. 강인함 그 자체였다. 나무가 아니라 단단한 강철 뱀을 연상시켰다면 하면 지나친 표현일까.

1982년 8월 청연원(靑淵園) 한가운데에다 세운 비석의 내용을 요약하면 이렇다. 대관령목장은 미래의 식량자원 개발을 위해 원시 넝쿨뿐이던 험준한 고산지대에 6백만 평의 초지를 조성하였다. 이후 3천 두의 젖소와 10만 마리의 닭 사육이 시작되었다. 투입된 자금은 50억 원이고 그동안 동원된 인력은 55만 명인 동양 유일의 목장이다.

버스를 탔던 광장으로 돌아왔다. 더위가 한풀 꺾인 듯했다. 아니, 밖으로 나가면 아직 여름인지도 모르겠다. 내 마음 속 OK 목장의 여름은 그렇게 지나가고 있었다.

18

대관령 양떼목장

양들은 어떤 꿈을 꾸며 잠들까

겨울 목장

폭설이 그친 다음 날 대관령양떼목장에 가면 눈 속에 반쯤 파묻힌 거대한 탁구공을 볼 수 있다. 둥근 언덕의 초지가 폭설에 덮여 마치 탁구공처럼 보이기 때문이다. 그런 날이면 사진작가들은 말할 것도 없고 곳곳에서 사진기를 들고 양떼목장으로 찾아온다. 흰 눈이 쌓인 양떼목장의 초지는 드넓은 대관령 목장들의 축소판처럼 아름답다. 봄, 여름, 가을에는 절대 볼 수 없는 새로운 풍경이 연출되는 곳이 바로 겨울 대관령의 목장들이고 그중에서도 양떼목장이 한가운데에 자리하고 있다. 허리까지 쌓인 목장의 눈길에 몰두해 걷다 보면 어느 순간 문

양떼목장의 겨울 풍경 폭설이 내리면 사진기를 든 사람들이 장화를 신고 전국에서 몰려든다.

득 세상의 모든 경계가 지워지고 오직 순백의 벌판 위에 서 있다는 느낌을 받게 된다. 잠시지만 눈 속에서 길을 잃었을지도 모른다는 불안도 피어오르지만, 고개를 들면 금세 사라져 버린다. 저 멀리 능경봉, 고루포기산, 발왕산이 겨울날의 신호등처럼 우뚝 솟아 있으니까. 나는 그저 저 커다란 탁구공을 어떻게 하면 네트에 걸리지 않고 상대편에게 넘길 수 있을까 고민만 하면 되는 것이다. 겨울 눈 덮인 양떼목장은 이런 공상을 아무렇지 않게 하며 눈길을 걷기에 딱 맞는 곳이다. 가끔 이렇게 눈이 많이 내렸는데 양떼목장의 양들은 어디서 무얼 하고 있을까 생각하며.

봄, 여름, 가을의 목장

대관령 양떼목장은 구 영동고속도로 대관령 상행선 휴게소 뒤편에 자리하고 있다. 휴게소 뒤편 오른쪽은 선자령과 국사성황사로 가는 길이고 왼편 전나무숲길을 통과하면 양떼목장으로 가는 자그마한 골짜기가 나타난다. 작은 도랑과 나무가 우거진 좁은 골짜기 입구만 봤을 때는 목장의 풍광을 상상하기가 쉽지 않다. 당연히 처음 방문했을 때 그랬다. 그냥 자그마한 목장에 양 몇 마리 키우고 있겠지 생각하며 입장권을 끊고 들어섰는데 어라, 그게 아니었다.

골짜기 입구는 좁았지만, 그 안쪽은 완전히 딴 세상이었다. 1988년에 설립된 대관령 양떼목장은 20만 제곱미터, 약 6만 평의 초지가 산자락에 둘러싸인 채 펼쳐져 있다. 첫인상은 아담하다였다. 마치 어머니의 품처럼 아늑하다. 한눈에 들어오는 목장은 아기자기하다. 먹이 주기 체험장을 가운데에 놓고 야생 습지 식물 군락지들과 올챙이 연못이 자리한다. 그 주변으로 비탈진 초지가 펼쳐져 있고 양들은 그곳에서 풀을 뜯어 먹으며 방목되고 있다. 초지를 한 바퀴 도는 산책로의 길이는 1.2km다. 쉬엄쉬엄 걸으면 40분 정도 소요되는데 소나무 몇 그루가 무게를 잡은 정상(920m) 부근과 양떼목장의 명물인 나무 움막이 내려다보이는 자리가 단연 사진작가들의 인기를 독차지하는 곳이다. 초지와 산책로의 목책, 그리고 움막을 배경으로 풀을 뜯는 양들을 카메라에 담으면 일반인들도 예술사진 몇 장은 거뜬히 남길 수 있는 곳이 바로 대관령 양떼목장이다. 폭설이 그친 겨울날이면 거대한 탁구공처럼 보이는 초지는 움막 바로 옆인데 먹이 주기 체험장 옆에서 찍어야만 제대로 그림이 나온다.

면양의 원산지는 소아시아 및 이란 동부에 야생하는 적양을 개량한 것으로 우리나라 면양의 역사는 조선말인

1909년 일본으로부터 도입된 메리노종과 스롭셔종 및 1912년 도입된 몽골 양이며 1934년에는 코리데일종이 도입되었다. 잘 알려진 양은 메리노종인데 우리나라 사육 지역은 산지 이용이 가능한 산간 지역에 주로 분포돼 있다. 초기에는 육종용으로 도입되었으나 이후 육용으로 대부분 이용되었으며 양모 산업의 퇴보로 사육 규모는 약간씩 감소하고 있다. 털색은 은회색이며 체구가 비교적 작아 번식력이 낮으며 암컷은 뿔이 없다. 성질이 온순하고 겁이 많아 한데 모여 살며 건조한 곳을 좋아하고 초식성으로 소화력이 좋다. 일반적인 방목 조건에서 새끼 양은 3.1kg, 암양은 3.6kg, 거세숫양은 4.5kg의 털을 생산한다.[15]

지금 대관령의 목장들에서 사육되는 양들은 양모 생산이나 육용보다는 관광용에 중점을 두고 있는 것 같다. 그 열풍의 선두에 자리하고 있는 곳이 바로 대관령양떼목장이다. 2019년 한 해 동안 547,524명이 방문했는데 전국의 체험 목장 중 가장 방문객이 많았다. 가장 많은 방문객 수를 자랑하

---

15 강원도 농업기술원.

다 보니 그동안 양들에 관한 질문들도 많았나 보다. 목장에서는 그 질문들을 모아 아예 따로 팸플릿을 만들었다. 아이들과 어른들 모두 궁금해하는 것들이다. 질문 몇 가지를 간추려 보았다.

아기 양은 언제 볼 수 있나요?

양은 계절번식을 하는 동물이어서 늦가을에서 이른 봄(10월~3월) 사이에 보통 출산한다. 목장에서는 매서운 겨울을 피해 10월에서 11월경에 출산을 할 수 있도록 운영하고 있으므로 12월 이후 목장을 방문하면 아기 양을 볼 수 있다. (바람이 있다면 아기 양처럼 어른 양들도 좀 깨끗했으면 좋겠다. 불가능한 일일까.)

건초는 목장에서 만들었나요?

대관령양떼목장에서 생산하는 목초는 방목된 양이 모두 먹어서 건초를 만들 수 없다. 또한 이슬이 많은 지형적 특성으로 영양가 높은 건초를 생산할 수도 없다. 목장에서 사용하는 건초는 전량 수입하고 있으며 양들의 건강을 위해 최상급의 건초를 수입하고 있다.

초지에 들어가서 양들을 몰아보고 싶어요.

초식동물인 양은 겁이 많은 동물이다. 사람이 들어가 양을 몰면 양들에게는 큰 스트레스가 될 수 있다. 또 양들의 귀중한 식량인 목초가 사람들이 지속해서 밟으면 생육에 지장을 받는다. (『피리 부는 소년』이란 소설 속의 목동처럼 사실 나도 양치기가 되어 양들을 몰아보고 싶었다.)

먹이 주기 체험을 위해 양들을 굶기나요?

먹여주기 체험을 위해 절대로 양을 굶기지 않는다. 지난 2003년부터 먹이 주기 체험을 진행하고 있는데 양을 굶기지 않고서도 효율적인 체험을 진행할 수 있는 노하우를 가지고 있다. 양은 민감한 동물이다. 단기간의 영양 불균형으로도 털이 빠지고 체중이 줄어드는 등 부작용들이 쉽게 나타난다. 먹이 주기 체험을 위해 양에게 적정량의 건초를 지급하지 않았다면 건강하지 못한 양들의 모습 때문에 체험객들이 쉽게 알아차릴 수 있을 것이다. (이 질문은 나도 주위에서 여러 번 들은 적이 있다. 설마 그러는 게 아닐까, 솔직히 의심한 적도 있다. 건초를 주면 너무 적극적으로 양들이 달려와 먹어서 비롯된 오해일 것이다.)

방목 위치가 바뀌었네요?

양 방목지는 매일 변경되는데 '윤환방목'이라고 한다. 이를 통해 매일 신선한 목초를 공급해 주고 목초가 새로 자랄 수 있는 충분한 시간을 확보한다. 초지는 전체 30여 개의 구역으로 구분돼 있고 매일 방목지를 바꿔가며 이동하다 보면 20~25일 후에는 목초가 새로 자라 있는 1번 방목지로 돌아오게 된다.

방목된 양의 숫자가 너무 적어요.

방목지 크기와 목초 성장 상태에 따라 조금씩 다르지만 보통 170~200여 마리를 방목하고 있다. 목초가 왕성하게 성장하는 여름을 기준으로 6만 평 초지에 방목할 수 있는 적절한 양의 수는 200여 마리다. 그렇기에 풀 성장이 느린 봄과 가을에는 170~180여 마리를 방목하고 여름에는 190~200여 마리를 방목하고 있다.

지금까지 지켜본 바로는 양들은 아이들에게 특히 인기가 많다. 무엇 때문일까. 귀여운 생김새 때문일까. 아기 양들은 그렇다 치더라도 사실 대관령양떼목장에서 처음 양을 봤을 때는 좀 충격적이었다. 내가 상상했던 양의 모습이 아니었다.

그동안 나는 사실 하얀 뭉게구름이나 사진에서 양을 떠올린 게 전부였는데 직접 본 양들은 너무 더러웠다. 특히 어른 양들의 털은 마치 몇 달을 빨지 않은 마대 걸레를 보는 것만 같았다. 지저분한 털을 뒤집어쓴 양들을 보면서 먹구름처럼 흘러오고 흘러가는 많은 생각들의 갈피를 잡기 힘들었다. 양들을 목욕시킬 방법은 없을까. 가늘고 긴 털이 엉켜 있어 목욕시키는 게 쉬워 보이진 않았다. 그렇다고 스스로 목욕하지는 않을 테고. 하기야 목욕을 시킨다 한들 애완동물처럼 집안에서 기르지 않는 한 털이 다시 더러워지는 건 시간문제일 것이다. 그렇다면…… 뭉게구름 같은 양들을 본다는 건 밤하늘의 별을 따는 일이라는 얘기였다. 다시 그렇다면 도대체 누가 우리에게 현실과는 한참 동떨어진 양떼구름을 일러줬단 말인가.

양 한 마리, 양 두 마리

하여튼 대관령양떼목장은 아름답다. 완만한 경사의 초지 이곳저곳에 드문드문 서 있는 나무들과 그 아래의 시원한 그늘 속으로 한달음에 달려가고 싶다. 초지와 그 위 하늘에 떠 있는 뭉게구름의 대비는 선명하다 못해 눈이 시리다. 나무들이 우거진 숲 옆의 초지에는 생김새가 저마다 다른 바위들이 작은 섬처럼 자태를 뽐내고 관람객들은 산책로를 따라 천천히 걷고 있다.

먹이 주기 체험장의 양들을 먼저 둘러보았다. 그나마 체험장의 양들은 털을 깎았는지 상태가 양호했다. 몸과 달리 얼굴은 흰 구름을 연상시킬 정도로 말끔했다. 커다란 고환이 없는 걸 보니 다들 암컷이었고. 흰 얼굴에 까만 눈, 그리고 오물오물 맛있게 풀을 씹는 양들을 싫어할 사람은 없을 것 같았다. 표정 역시 선한 데다가 왠지 익살스러워서 친근감을 더했다. 아이들과 동반한 부모들은 작은 바구니에 담긴 건초를 나눠주는 재미에 빠졌고 양들도 기꺼이 다가와 입을 내밀었다. 그 양 중에서도 가장 귀여운 것은 역시 어린 양들이었다. 어미 양들은 뒤편에 모여 무슨 진지한 얘기를 나누는지 엄숙한 표정을 짓고 있었다.

관람객들이 많은 산책로1 대신 나는 오른편 산책로2를 먼저 택해 걸음을 옮겼다. 초지 사이의 산책로를 따라 정상으로 향하는 코스였다. 대관령양떼목장은 가운데에 숲이 있고 초지가 둘러싸고 있는 구조였다. 북동쪽이 가장 높은 곳이고 남쪽으로 트인 지형에 자리 잡은 터라 정상 부근의 능선에 올라서면 저 건너 횡계 시내가 한눈에 보였다. 그 너머 알펜시아의 스키점프대는 마치 긴 두 팔을 내민 피노키오처럼 보였다. 정상에서 바라보는 풍경은 온통 초록의 물결이었다. 멀고 가까움에 따라 초록의 명암이 달라지는 풍경을 앞에 놓고 나는 땀을 닦고 시원한 물을 마셨다. 소나무가 만들어 준 그늘에 앉아서. 정상에는 두어 명의 사진작가가 망원렌즈를 장착한 카메라를 설치해 놓고 말없이 목장 풍경을 주시하고 있었다. 어떤 풍경이 펼쳐지길 기다리는지 궁금했지만, 마스크를 쓴 나는 물어보지 않았다. 대신 휴대폰을 꺼내 카메라를 작동시킨 뒤 목장의 이곳저곳을 화면에 담았다. 정상에서 내려다본 목장 오른편 능선의 산책로는 마치 초창기의 기찻길처럼 보였고 그 옆 초지에서는 양들이 그야말로 평화롭게(!) 풀을 뜯고 있었다.

나의 안목으로 볼 때 대관령양떼목장에서 두 번째로 아름다운 풍경은 정상에서 움막이 있는 산책로를 따라 내려갈 때 보이는 풍경들이다. 비탈의 초지에서 풀을 뜯는 양들. 능선을 따라 올라가고 내려오는 산책로와 목책이 연출하는 풍경. 무슨 일인지는 모르겠으나 외딴 초지에 모여 있는, 털의 빛깔만 보더라도 험상궂은 숫양들이 눈에 들어왔다. 우두머리 경쟁에서 밀려난 숫양들일까. 산책로 옆에 지어놓은, 허름해 보이지만 묘한 울림을 주는 움막. 다른 양들과는 다소 떨어진 숲 옆 한적한 곳에서 암양에게 사랑을 고백하는 숫양. 암양은 부끄러운 듯 풀 가까이 고개를 숙였고 귀를 세우고 눈을 반쯤 감은 숫양은 사랑의 말을 건네고 있었다. 관람객들이 보든 말든 상관하지 않고. 다른 양들과 멀리 떨어진 물푸레나무 숲에서 풀을 뜯고 있는, 엄마와 딸처럼 보이는 두 마리 양도 인상적이었다.

양들은 보면 볼수록 묘한 느낌을 불러일으키는 동물이란 생각이 들었다. 뭐라 설명하기 힘든 매력을 품고 있었다. 목책에 기대 초지의 양들을 한 마리 두 마리 헤아리다가 포기하자 문득 이런 생각이 들었다. 어쩌면 양들은 일부러 털을 더럽히는지도 모르겠다는 것. 구름처럼 새하얀 털을 유지하고 있으면 너무 쉽게 눈에 띄어서 천적인 늑대들에게 바로 잡아먹힐지도 몰랐다. 그래서 오랜 세월을 건너오며 터득한 생존법 중의 하나가 털을 더럽혀 주변의 색과 동화가 되는 방법을 택한 것일지도 모르겠다. 사실이 그렇다면 순백의 털을 가진 양들의 슬픔이었다.

양 꿈을 해몽해 보니

양과 늑대. 양의 탈을 쓴 늑대. 양은 동양에서 희생의 상징으로 알려져 있다. 속죄양. 옛날 서양에서는 사람 대신 양을 희생물로 신에게 바쳤다. 양은 늙은 아비 양에게 딸 양이 젖을 먹여 봉양하기도 한단다. 또 양은 갔던 길로 되돌아온다고 한다. 성격이 순박해 평화의 상징으로도 알려져 있다. 순한 눈망울도 인상적이다. 무리 생활을 하면서도 무리끼리 다툼을 하지 않는다. 우리 조상들도 양이 착하고 의로우며 아름다움을 상징한다고 여겼다. 양을 치고 기르는 사람을 선한 목자라고 불렀다. 성서에는 아흔아홉 마리의 양들 두고 잃어버린 한 마리 양을 찾아 헤맨다는 구절도 있다. 예수 자신이 양을 치는 목자였다. 십이지신도의 양은 불교를 수호하는 신장이다. 조선의 태조 이성계는 양 꿈을 꾸고 임금이 되었다고 한다. 꿈의 내용은 이렇다. 양을 잡으려고 하는데 뿔과 꼬리가 몽땅 떨어져 놀라 꿈에서 깨어났다. 무학대사는 한자 양(羊)에서 뿔과 꼬리에 해당하는 획을 떼어내면 왕(王)자만 남게 되니 곧 왕이 될 꿈이라고 해몽했다.

아, 그러니까 잠이 안 오는 밤이면 꼭 양을 세다가 잠들어야겠다. 한 백 마리쯤 양을 세다가 잠들면 양 꿈을 꿀 확률이 높을 것이다. 꿈속에서 양을 만나면 두 뿔을 잡고 놓지 말아야겠다. 뿔이 떨어져 나갈 때까지. 물론 이성계처럼 왕이 되는 것은 바라지도 않는다. 내 꿈은 그렇게 거창하지 않다. 나는 그저 어린 양 한 마리를 집으로 데려오고 싶을 뿐이다.

목장 입구에 서서 아담한(다른 목장들의 규모와 비교했을 때) 양떼목장을 다시 올려다보았다. 양들은 눈부신 초록에 묻혀 모습을 찾을 수가 없었다. 알 수 없는 섭섭함에 고개를 들어 하늘을 보니 어느새 뭉게구름 속에서 한 마리 두 마리 세 마리 빠져나와 푸른 하늘 속에서 유유히 노닐고 있었다. 나는 하늘을 향해 두 손을 뻗었다. 지상의 양들과 달리 하늘의 양들은 때 한 점 없이 순백의 털을 반짝거리고 있었다. 후 불면 흔적도 없이 사라질 것 같은 양들이었다. 꿈처럼.

대관령양떼목장을 나오면서 든 생각 하나.

하늘의 양은 아름다우나 멀리 있고 지상의 양들은 누추하나 가까이 있다. 나는 어디에 있는 양을 찾아 나선 목동일까?

양떼목장을 들러보고 나오니 거의 철학자가 된 기분이었다.

19

순수양떼목장

스키를 타는 대관령의 양들

지르메마을

바야흐로 지금 대관령은 양들의 전성시대다.

대관령 순수양떼목장은 횡계 시내에서 아주 가까운 곳이다. 시내에서 알펜시아와 용평스키장 방향으로 가다 보면 오른편에 동계올림픽 스타디움이 있던 자리에 외로이 남아 있는 하얀 성화대가 보인다. 물론 성화대에서는 더 이상 불꽃이 피어오르지 않는다. 스타디움도 사라진 넓은 운동장 저편에 불꺼진 성화대만 불이 담겼던 항아리를 받들고 있다. 동계올림픽의 명암을 단적으로 보여주는 장면이다. 옛날(그러나 의외로 옛날이 아닌) 동계올림픽스타디움 자리에서 동쪽으로 보면 고

전망대 그네를 타다 줄을 놓으면 저 아래 횡계 시내까지 날아갈 것 같다. 스키점프를 하는 선수처럼.

루포기산의 줄기들이 횡계 시내를 향해 뻗어 있는데 사실 그 산줄기들은 예사롭지 않은 사연을 지니고 있다. 옛날 횡계 사람들은 그 급경사의 산자락들이 달음박질을 멈추고 숨을 돌리는 곳을 지르메마을이라고 불렀다. 지르메는 소의 등에 짐을 실을 수 있게 나무로 만든 운반수단이라고 하는데 산줄기의 형세가 그것을 닮은 모양이었다. 그런데 이 지르메마을이 다르면 아닌 우리나라 스키의 발상지이다. 용평에 현대식 스키장이 생기기 전까지 우리나라의 스키대회는 대부분 이곳 지르메 산록에서 열렸다. 그러니까 대한민국 스키의 성지 중 하나가 지르메마을이다. 그리고 세월이 흘러 횡계 시가지가 한 눈에 내려다보이는 이 산비탈은 새롭게 탈바꿈을 시도했다. 바로 양과 토끼, 알파카가 슬로프의 새 주인이 된 것이다. 그렇다고 이 동물들이 지르메 산비탈에서 스키를 탄다는 얘기는 아니다. 물론 스키를 탄다면 볼 만하겠지만.

안내판에 그려져 있는 순수양떼목장을 살펴보면 이렇다. 아기동물원, 알파카 공원, 양과 알파카 축사, 아기 양 축사, 사계절 방목장, 각각 다른 위치에 있는 방목장들, 하늘 전망대, 말풍선 전망대, 토끼 동산, 피톤치드 숲길, 소원 비는 나무…… 경사도는 세지만 곳곳에 숲이 우거져 있고 코스도 길지 않아 산책로를 따라 천천히 걸으면 별 무리 없이 한 바퀴 돌 수가 있다. 10여 년 전 와보고 다시 방문한 터라 그동안 어떻게 변했는지 궁금함을 간직한 채 아이스커피가 든 텀블러를 들고 주변을 둘러보았다. 이상한 나라의 앨리스처럼 말하는 토끼가 나타나면 어떻게 할까 고민도 하며.

말 하진 않았지만, 굴에서 빠져나오고 다시 굴로 들어가는 토끼들을 지나치니

아주 귀엽게 생긴 동물 한 마리가 나를 바라보고 있었다. 머리는 양처럼 생겼는데 목과 다리가 길어 몸체는 꼭 송아지 같은 동물이었다. 안내판을 보니 알파카라고 적혀 있었지만, 나는 연갈색 털을 지닌 알파카에 대해 아는 게 아무것도 없었다. 힐 수 없이 인터넷을 뒤적거렸다. 안내판에는 녀석이 침을 뱉을지도 모르니 가까이 가지 말라는 당부도 적혀 있었다.

> 몸길이 1.2~2.3m, 어깨높이 94~104cm, 몸무게 55~65kg이다. 등이 약간 둥글고 꼬리가 늘어져 있다. 털 길이 40cm로 땅 가까이 늘어지는 것과 그리 길지 않은 품종이 있다. 털 빛깔은 검은색, 갈색, 흰색 등이며 무늬가 있는 것도 있다. 해발고도 4,200~4,800m의 산악지대에서 서식한다. 보통 연중 방목을 하는데 털을 깎을 때는 주택 근처로 옮긴다. 임신기간은 11개월이고 한배에 1마리를 낳는다. 면양보다 털의 양이 적으나 공기가 희박한 곳에 적응되어 있고 식용 및 모용(毛用)으로 사육된다. 털은 융단이나 의류에 이용된다. 칠레, 페루, 볼리비아의 안데스산맥에서 사육된다.[16]

다시 봐도 귀엽기 이를 데 없이 귀여운 녀석이었다. 낯선

16 두산백과사전.

사람을 가리지 않는 듯 알파카[17]는 순진한 표정으로 내게 다가왔다. 하지만 나는 목책보다 높이 솟아오른 알파카가 어떤 행동을 할지 알 수 없어 뒤로 물러났다. 침을 뱉는다는 안내 문구도 읽었기에. 그러고 보니 목과 머리는 낙타를 닮은 듯도 했다. 낙타보다 한참 작지만. 귀엽기는 하지만 알파카가 뱉은 침을 얼굴에 맞는다면 어떤 기분일지 생각하며 우산을 펼치고 걸음을 돌렸다. 폭염의 오후에 하늘 전망대, 말풍선 전망대까지 올라가려면 서둘러야 했다. 알파카는 내려와서 다시 만나면 되니까.

양과 염소

우아하게 휘어진 뿔을 지닌 하얀 양들은 나무로 만든 테라스 옆 아름드리 소나무가 펼쳐놓은 그늘 속에 모여 휴식을 취하거나 풀을 뜯어 먹고 있었다. 까만 털의 양 두 마리도 정이 도타운 형제처럼 한데 붙어 초록의 풀들을 씹어 먹었다. 문득 양

---

17 알파카의 털은 부드럽고 따뜻하여 고가에 거래된다. 털의 색깔도 다양해 8가지 정도의 색상을 화학적 염색 없이 생산할 수 있다. 본래 집단생활을 하는 동물이라 반드시 두 마리 이상 짝을 만들어 키워야 한다. 한 마리만 키우면 고독사한다고. 우리나라에는 2016년 서울 어린이대공원에 처음 들여왔다. 이후 목장에서도 사육. 알파카는 양보다 적게 먹고 손이 덜 가고 털은 양모보다 비싸 목장에서 점점 많이 기르는 추세다. 고기에 대한 선호도는 나라마다 매우 다르다고 한다.

들이 봄여름 초록 풀을 먹으면 초록색 털이 돋아나고 가을과 겨울 갈색 풀을 먹으면 갈색 털이 나오면 어떨까, 하는 생각을 하며 산책로를 따라 걸었다. 그럼 까만 털은? 가만…… 까만 털을 지닌 양도 있나? 어쩌면 방금 내가 본 동물은 양이 아니라 염소일지도 모른다는 생각이 들었다.

나는 산책을 중단하고 황급히 휴대폰을 뒤적거려 양과 염소의 차이점을 찾아보았다. 털이 빳빳하면 염소고, 부드러우면 양이다. 염소 수컷은 턱수염이 있다. 꼬리를 들고 다니면 염소고, 늘어뜨려져 있으면 양이다. 염소는 목이 길고 양은 대단히 짧다. 양은 수동적이고 염소는 능동적이다. 몸집이 통통하면 양 날씬하면 염소다. 염소는 호기심이 많고 혼자서도 잘 지낸다. 가축화가 되면서 대부분의 양은 뿔이 없는 반면 염소는 거의 뿔이 난다. 양은 풀을 좋아하고 염소는 나뭇잎을 좋아한다. 나는 방금 지나쳐 온 방목장으로 되돌아갔다. 다른 점들은 잘 분간이 가지 않았으나 목이 길고 뿔이 있으며 꼬리가 들려 있다. 그렇다면 양이 아니라 염소일 수도 있을 거라는 얘기다. 관리자에게 물어보고 싶었지만, 뙤약볕 아래 어디에도 사람의 모습을 찾을 수가 없었다. 누가 봐도 틀림없는 양이 있고 염소가 있는데 그 중간쯤에 있는 것들이 문제였다. 양들을 키우는 목장에서 갑자기 벌어진 이 사태를 어떻게 수습할

목장길 하늘의 양들과 지상의 양들.

것인가를 고민하다가 다시 휴대폰을 뒤적거려 이런 글을 발견했다. 제목은 목회자가 바라본 양과 염소의 차이다.

주님은 양과 염소를 비유로 들어 말씀하셨다. 양과 염소는 외형상으로는 잘 구분이 되지 않는다. 그러나 그것들의 속성은 각각 다르다. 식성이 특히 그렇다. 양은 오직 풀과 물만 먹지만 염소는 잡식성이라 아무것이나 먹는다. 양과 염소를 한데 기르는 이유가 있다. 양은 옹기종기 모여드는 성질이 있는데 염소는 각각 흩어지는 성질이 있다. 만약 들판에서 불이 난다면 양들은 뭉쳐 있어서 다 죽을 수 있으나 그들 가운데 염소가 끼어 있으면 그로 인해 양들이 흩어짐으로써 화를 면한다고 한다. 그래서 양과 염소는 항상 함께 기른다. 이러한 두 짐승을 비유로 하여 양은 오른편에 염소는 왼편에 두어 구별한다.[18]

그러니까 양과 염소를 구별하기 힘들다는 게 오래전부터의 일인 것이다. 나는 양과 염소 사이에서의 방황을 일단 멈추

---

18 김기동, 『예수 그리스도의 비유』.

고 다시 산책로를 걸었다. 산책로 양편에 방목장이 있는데 과연 누가 봐도 분명한 양들은 한데 모여 있었다. 누가 봐도 분명한 양 두 마리는 다른 양들과 외따로 떨어져 가래나무 그늘 속에서 다소곳이 고개를 숙인 채 풀을 뜯기도 했다. 나는 양의 습성을 지녔을까, 아니면 염소의 습성을 닮았을까가 갑자기 궁금해졌다. 성경에서는 염소보다 어린 양들을 더 우위에 놓는 것처럼 보였다. 유순해서 부리기 쉬워서일까. 순수양떼목장의 그늘 깊은 산책로를 걸으며 내린 결론은 아무래도 염소 쪽이었다. 아니 양의 탈을 쓴 늑대였던 것처럼 느껴졌다. 그렇게 결론을 내리니 왠지 목장의 양들이 조금은 다르게 보이기 시작했다. 양들의 털이 지저분하다고 떠들었던 지난날들이 부끄러워져서 서둘러 짙은 그늘 속으로 몸을 숨겨야만 했다. 염소나 늑대처럼.

다른 목장과 달리 순수양떼목장의 특징은 비탈진 초지에서 자라는 우람한 소나무들이다. 보기에도 시원할뿐더러 양들이 더위를 피할 수 있는 그늘이 충분하다는 얘기다. 물론 풀들이 잘 자라는 데에는 어려움이 있겠지만. 그 소나무 숲이 흘려보내는 향을 맡다 보면 해발 920m에 있는 작은 쉼터를 만나게 된다. 파라솔 아래 의자와 탁자가 있어 잠시 쉬었다 갈 수도 있다. 이곳에서 길은 오른편으로 꺾어지고 아름드리 소나무들은 한층 더 그 위용을 자랑한다. 그리고 소나무들 사이로 저 아래 횡계 시내의 모습이 조금씩 모습을 드러낸다. 꽤 높이 올라왔음을 문득 깨닫게 되는 것이다. 아래편에서 본 양 두 마리는 여전히 같은 자리에서 풀을 뜯고 있고.

양치는 목동과 개

산책로에서 토끼동산으로 가기 전 해발 950m를 알리는 표지판 옆으로 갈림길이 나온다. 위로 올라가면 하늘 전망대와 말 풍선 전망대가 있고 앞으로 계속 가면 피톤치드 숲길이다. 이곳에는 눈에 쏙 들어오는 조형물이 설치돼 있다. 나무 지팡이를 짚은 채 파란 조끼와 반바지를 입고 모자를 쓰고 있는 볼이 통통한 귀여운 인상의 소년. 바로 양치기 소년이다. 소년의 앞에는 털이 복슬복슬한 아기 양 한 마리가 어딘가를 바라보고 있다. 그 옆에는 충직한 표정의 개 한 마리가 앉아 있는데 등은 검은색이고 코와 입 주변, 배와 다리는 흰색 털을 지닌 개다. 어린 시절에 읽었던 동화의 한 장면이 바로 떠오른다. 양들을 지키다가 너무 심심해 늑대가 나타났다고 거짓으로 외쳤던 바로 그 소년이. 소년은 거짓말에 재미가 붙어 연이어 늑대가 나타났다고 소리쳤고 결국 진짜 늑대가 나타났을 때는 마을 사람은 아무도 달려오지 않았다. 결국 양들은 늑대들에게 잡아먹혔고. 하지만 이곳의 저 소년은 그런 거짓말을 할 것처럼 보이지 않았다. 소년의 표정은 척 봐도 늠름한 양치기 소년이었다. 옆에서 소년을 도와주는 게 역시 늑대 따윈 문제 될 게 없다는 듯 눈을 부릅뜨고 있었다.

하늘 전망대로 올라가는 길은 구불구불하고 가팔랐다. 바로 옆 초지도 급경사였는데 양들은 그 산비탈에서 전혀 불편하지 않은 듯 편안한 자세로 풀을 뜯었다. 심지어 비탈진 나무그늘이 안방인 것처럼 엎드려 앉아 휴식을 취하고 있는 두 마리 양도 보였다. 그 양들의 둥그렇게 휘어진 등 너머 횡계의 고랭지 채소밭들이 푸르게 펼쳐져 있었다.

해발 975m에 자리 잡은 순수양떼목장의 하늘전망대는 거대한 문처럼 만들어진 조형물이 인상적이다. 아래에서 보면 붉은색 문인데 위에서 보면 주황색이다. 문 위엔 양이 한 마리 올라가 있고 그 아래에는 그네가 매달려 있다. 그네를 타고 싶다는 생각이 불쑥 들었다. 그네에 올라앉아 한 번, 두 번, 세 번…… 엉덩이나 두 발에 힘을 주다 보면 어느새 그네는 목장을 벗어나 뭉게구름이 더 있는 하늘까지 다다를 것만 같았다. 하늘 전망대에 서면 시야를 가리는 것이 하나도 없다. 횡계가 모두 보인다. 동계올림픽 성화대도 보이고 올림픽 메달플라자의 국기들이 펄럭이는 것도 찾아낼 수 있다. 그것뿐인가.

양치기 소년과 개 몰려오는 먹구름이 마치 양을 노리는 늑대의 마음 같다. 자, 늑대가 오고 있다고 거짓 고함을 쳐볼까.

어린 시절 완행버스를 타고 횡계를 지나 대관령을 넘어 강릉으로 가던 내 모습도 어렵지 않게 발견할 수 있었다. 그때 나는 횡계 차부에서 정차 중인 버스에서 잠시 내려 화장실을 찾아 달려갔던가. 아니면 구멍가게를 찾아가 과자를 골랐던가.

목장을 벗어나 이번에는 숲길을 걸어서 산에 올라간다. 목장의 제일 꼭대기 말풍선(말風船) 전망대로 가는 길이다. 커다란 굴참나무 옆에 긴 나무 의자가 놓여 있고 그 위에 네모난 말풍선이 구름과 나뭇잎을 담은 채 무엇인가를 기다리고 있다. 사람들은 저 의자에 앉아 누군가에게 들려주고 싶은 말을 말풍선 속에 담아 어딘가로 날려 보내는 모양이다. 그동안 저 말풍선 속에는 어떤 말들이 들어가고 나왔을까. 그 말들은 소기의 목적을 이루었을까. 산을 넘고 구름을 넘고 들판을 가로질러가 몸과 마음이 아픈 누군가를 따스하게 다독여 주는 장면이 떠올랐다. 한 사람을 지극히 생각해서 떨리는 손으로 삐뚤빼뚤 쓴 짧은 사랑의 말도 떠올랐다. 그래서 나도 나무 의자에 앉아보았다. 머리 위 말풍선 속에 어떤 말을 담을까 고민을 거듭했지만, 막상 떠오르는 말이 없었다. 그냥 여백으로 남겨둘까. 고민하다가 머리를 치켜들고 말풍선을 바라보았지만, 초록의 굴참나무 잎들만 가득할 뿐이었다. 명색이 소설가인데…… 결국 아무 말도 넣지 못하고 자리에서 일어났다. 산 위에서 내려온 시원한 바람만 설렁설렁 말풍선을 통과해 산에서 내려가고 있었다.

나도 산에서 내려가야 했다. 저 옛날 스키를 타고 이곳 눈 덮인 지르메 산자락을 달리던 스키 선수들이 떠올랐다. 이제 그 비탈의 새 주인은 양들이었다. 양들은 당연히 스키를 타지 않았다. 밀레의 그림 〈만종〉에 나오는 농부들처럼 기도하듯 산비탈에서 풀을 뜯고 있을 뿐이었다. 그런데도 양들에게 스노보드를 신겨주면 스키 선수보다 더 근사하게 초원을 미끄러져 내려갈 거란 생각이 들었다. 회전과 활강, 점프의 기술까지 구사하며.

양치기 소년이 개와 함께 서 있는 곳에서 피톤치드 숲길로 방향을 잡았다. 폭염이 기승을 부리는 날이었지만 숲이 만들어 준 그늘과 바람 덕분에 더운 줄 몰랐다. 사랑하는 사람처럼 한데 붙어 있는 소나무(소원 비는 나무)를 지나니 다시 넓은 방목장이 펼쳐졌다. 팸플릿에는 애견 놀이터로 표시돼 있는데 익히 보아왔던 양들이 차지하고 있었다. 풀밭에 엎드려 낮잠을 자거나 휴식을 취하는 양들이 많았다. 근데 이상하게도 양들은 보고 또 봐도 질리지 않는 듯했다. 무슨 까닭인지 알 수 없지만. 나는 양들을 보고 양들도 나를 보는 여름 오후였는데 기분이 근사했다.

목장 트레킹을 마치려고 하는데 등을 향해 휘어진 멋진 뿔을 지닌 검은 염소 한 마리를 만났다. 큰 소나무 줄기에 묶여 있었는데 그 위용이 만만찮았다. 뿔도 그렇지만 긴 수염 또한 예사롭지 않았다. 대장 염소임이 분명했다. 아름드리 소나무 줄기가 만들어놓은 그늘에 엎드린 채 휴식을 취하는 모습에선 위엄과 고독이 함께 느껴졌다. 그런데 왜 묶어놓았을까. 대장이라면 당연히 암컷들과 함께 있어야 하는데 다른 염소들은 보이지 않았다. 혹시 대장의 자리를 놓고 다른 수컷과 힘을 겨루다가 패한 것은 아닐까. 그래서 아무도 없는 초지로 홀로 유배와 묶인 채로 살아가는 것은 아닌지……. 그 까닭을 직접 물어보고 싶었지만, 염소의 표정으로 볼 때 대답을 기대하기란 어려울 것 같아 자리를 떠났다. 만약 그게 사실이라면 나도 저 염소의 고독을 이해할 수 있다고 고개를 끄덕거렸다.

순수양떼목장을 한 바퀴 돌고 나니 다시 나를 반겨준 동물은 알파카들이었다. 머리는 양을 닮았고 목은 낙타처럼 길었다. 어떤 녀석은 목의 털만 깎지 않았고 또 어떤 녀석은 머리에만 털을 남겨놓았다. 또 어떤 녀석은 꼬리만 풍성했다. 다른 곳은 말끔하게 털을 깎았는데 머리와 꼬리만 남겨 멋을 부린 녀석도 있고. 이 목장의 동물 이발사는 누굴까. 알파카들은 이발사가 만들어 준 스타일이 맘에 드는지 궁금했다. 맘에 들지 않는다면 또 어떻게 할까. 목장에 와서 동물들을 볼 때마다 질문들이 샘솟지만, 막상 의문을 해소할 곳은 그리 많지 않았다. 나를 빤히 바라보는 흰색 털을 가진 알파카에게 카메라를 들이대자, 녀석은 제법 근사한 자세를 취해주었다. 꼬리와 머리 스타일이 모던한 녀석이었다. 다행히 녀석은 내게 침을 뱉지 않았다.

멀리서 보면 목장의 초지는 푸르다.

푸르기만 할 뿐 양들은 보이지 않는다.

가까이 다가가야 비로소 양들이 보인다.

양을 닮은 염소, 굴을 드나드는 토끼, 침을 뱉는다는 알파카.

눈 덮인 겨울 비탈진 초지에서 스노보드를 타는 양까지 찾아낸다면 당신은 순수한 마음을 지닌 사람임이 분명하다.

20

대관령 하늘목장

은하철도 999를 닮은 역마차

역마차는 달려간다

하늘목장의 원래 이름은 한일목장이다. 1974년부터 삼양목장과 함께 대관령에서 '오케이 목장' 시대를 열었던 쌍두마차이다. 그동안 목장 본연의 일에만 전념하다가 2014년부터 일반인에게도 문을 열었다. 한일목장에서 하늘목장으로 이름을 바꾸며. 하늘목장의 위치는 삼양목장으로 가는 길목에 자리하고 있고 면적은 여의도의 4배다.

사실 어린 시절 우리들은 두 목장의 소식을 은근히 기다렸던 적이 많았다. 물론 그 까닭은 텔레비전에서 본 주말의 명화 서부극 시리즈 때문이었다. 우리들은 은근히, 어떤 형식이

하늘목장의 마차들 목장 전망대역에 도착하면 높은 나무의자가 있다. 사람들은 마차에서 내려 말, 염소, 소처럼 바라 부는 초지를 산책한다.

든 대관령 양대 목장의 결투 소식을 기대했었다. 들리는 소문이 흥미로웠다. 목장에 일하러 들어가면 거의 갇혀 살아야 한다. 외부인 출입이 엄격하여, 무슨 일이 일어나도 자체적으로 해결해야 한다. 그렇다 보니 자체 규율이 엄청나게 세다. 목장에서 한 몇 년 착실하게 일하면 목돈을 손에 쥘 수 있다. 폐쇄된 공간이다 보니 죄를 짓고 숨어든 사람들도 있다. 이 모든 이야기가 어린 우리들의 귀에 흘러들어왔고 동시에 우리들의 눈은 주말마다 텔레비전 화면 속의 총잡이들에게서 떨어지지 않았다. 대관령 깊은 골짜기에 자리 잡은 두 목장에서도 똑같은 일들이 벌어지고 있을 거라 상상하며.

개방하기 오래전, 방송국 촬영 때문에 방문했던 하늘목장도 그동안 몰라보게 달라져 있었다. 송천(松川) 건너편 동북쪽의 산자락에 있는 목장의 초지는 마치 스키장의 슬로프처럼 펼쳐져 있었다. 매표소 부근에 있는 안내판을 보니 가장 아래는 송천 옆의 메인 존(Main Zone)이었고 꼭대기 전망대는 선자령 정상까지 연결돼 있었다. 물론 나는 목장의 곳곳을 거쳐 전망대까지 갈 수 있는 역마차에 몸을 실었다. 사실 평창에 있는 대부분의 목장은 거의 비슷비슷한 경치를 가지고 있다. 하늘목장만의 특징이 있다면 당연히 역마차다. 마치 신세계를 찾아 역마차에 짐을 싣고 떠나는 기분을 만끽할 수 있다. 그렇게 전망대까지 올라가 이번엔 선자령 정상까지 스적스적 걸어간다면 세상의 그 어떤 목장의 풍경도 부럽지 않다.

당신은 평창의 마지막 목장에 도착해 있는 것이다.

역마차는 구름 아래 전망대역에 승객들을 내려놓고 다음 승객들을 기다린다.

마치 은하철도 999를 보는 듯하다.

다음 도착지는 분명 구름 위 어느 역일 게 틀림없다.

21

봉평 달빛극장

이효석 소설의 무대를 찾아서

양구두미재에 부는 바람

태기산(해발 1,258m) 양구두미재(해발 980m)는 평창군 봉평면과 횡성군 둔내면을 가르는 경계선에 자리하고 있다. 바람이 거센 곳이라 산 능선을 따라 풍력발전기들이 늘 거친 숨을 내뱉으며 돌아가는 곳이기도 하다. 고갯마루 위쪽으론 국가생태탐방로, 아래쪽은 경찰전적비 그리고 고원힐링탐방로가 연결돼 있다.

덕고산(德高山)이라 부르기도 하는 태기산(泰岐山)에는 먼 옛날 삼한시대 진한의 마지막 왕인 태기왕이 신라에 저항하기 위한 축성했던 태기산성이 있어 태기산으로 이름이 바뀌었다고 한다. 다시 세월이 흐르고 흘러, 수많은 화전민이 모여 살던 대표적인 곳 중 하나가 되었다. 산 중턱에 불을 놓아 화전이 일구어지고 집이 들어서고 심지어는 초등학교까지 세워졌다. 태기산은 가난한 농부들의 꿈이 피어나던 산이었다. 우리들의 할아버지 할머니, 아버지 어머니, 삼촌과 고모들, 그리고 형, 누나들이 살다가 나라의 정책이 바뀌자 다시 지게에 솥을 얹고 머리엔 보따리를 인 채 산 아래로 내려와야 했다. 화전엔 낙엽송과 잣나무, 그리고 아카시아가 대량으로 식재되었다.

지금은 아니지만 예전의 양구두미재는 봉평 사람들이 원주나 서울로 가는 중요한 길이었다. 이효석의 소설 영서 삼부작 중 하나인 『산협』에도 등장인물이 소에 콩 가마니를 싣고 양구두미재를 넘어 원주로 가서 소금과 물물교환을 해서 돌아오는 장면이 있다. 물론 소금만 바꿔온 게 아니라 새색시도 소에 태우고 돌아와 말썽이 일어나고 말았지만.

양구두미재 정상에서 보면 봉평 시내가 다 내려다보일 것이란 생각은 착각이었다. 산과 산들이 가로막고 있어서 구불구불한 고갯길을 내려오다 보니 오른편에 휘닉스 파크가 모습을 드러냈다. 눈이 모두 녹은 오월의 스키장은 나무마다 연둣빛 잎들이 줄줄이 매달려 있어도 왠지 쓸쓸했다. 사계절이 골고루 있는 나라의 스키장이 매년 당면하는 현실이지만 거리도, 상가들도, 콘도나 호텔도, 눈 대신 풀이 돋아나는 슬로프도 왠지 낯설기만 했다. 그러고 보니 겨울 외엔 스키장을 거의 방문하지 않았던 것 같다. 스키장에서 일하는 사람들은 시즌이 끝나면 모두 어디로 갈까. 이런 생각을 하며 스키장을 빠져나왔다. 스키장엔 일 년 열두 달 눈이 내렸으면 좋겠다는 생각까지 보태며.

봉평은 왠지 아늑한 마을이다

평창군의 여러 마을 중 가장 아늑한 느낌을 주는 마을을 꼽으라면 나는 당연히 봉평을 지목한다. 멀리서 마을을 에워싸고 있는 산들의 형세가 둥그렇고 부드럽다. 봉평의 집들은 마치 그 둥그런 원, 아니 알둥지 안에 모여 옹기종기 모여 있는 알들 같다. 폐교된 초등학교를 이용해서 운영하는 무이예술관, 흥정계곡의 허브나라, 야트막한 동산 위와 아래에 자리한 이효석문학관과 물레방앗간, 그 옆의 효석달빛언덕, 조금 더 들어가면 산자락에 자리한 이효석 문학의 숲, 그리고 곳곳에 자리 잡은 채 국수틀로 메밀국수를 뽑아내는 막국수 가게들, 오밀조밀 모여 어깨를 맞대고 있는 장거리의 상점들과 면사무소 바로 옆의 봉평도서관, 그 옆 골짜기로 옮겨간 봉평 중고등학교…… 이 모든 일의 사이사이에서 흥정천 물소리를 들으며 피어나는 늦여름의 메밀꽃들. 봉평은 그런 곳이다.

『메밀꽃 필 무렵』과 『산협』의 무대인 봉평

봉평 장거리에서 가산공원을 지나 흥정천을 가로지르는 남안교를 건너면 야트막한 언덕 위에 2002년 개관한 이효석문학관이 자리하고 있다. 문학관을 둘러보며 새삼 소설가 이효석이 쓴 『메밀꽃 필 무렵』의 운명에 대해 생각하게 되었다. 일제강점기인 1936년에 발표된 이 단편소설로 인해 이효석은 당대에 어떤 영예를 얻었는지 나는 알지 못한다. 요즘처럼 무슨 문학상을 받은 것 같지도 않다. 연보를 보면 이 소설이 발표되고 5년 뒤인 1942년에 그는 평양에서 별세했다. 죽어서야 그는 어린 시절에 떠났던 고향 평창으로 돌아와 진부면 논골에 안장되었다. 그러니까 이 소설이 그에게 어떤 커다란 영예를 살아 있을 적엔 가져다주진 않은 듯하다.

그런데…… 그가 별세한 지 60년이 지난 2002년 고향 사람들에 의해 이효석문학관이 지어졌다. 봉평의 중학교에선 이미 그 이전에 효석백일장이 매년 열리고 있었는데 거기에서 문학관 건립이 탄력을 받았을 것이다. 효석문화제가 초가을이면 열리고 이효석문학상도 제정되었다. 그뿐만이 아니다. 여름이면 채소 농사가 끝난 봉평의 밭들에 메밀이 심어졌고

'소금을 흩뿌린 듯한' 메밀꽃들이 피어나기 시작했다. 시장에선 메밀전과 전병, 메밀국수를 팔았다. 그러자 외지의 사람들이 소문을 듣고 봉평으로 찾아오기 시작한 것이다.

주민들의 오랜 열정으로 인해 지금 봉평은 예전과는 전혀 다른 모습으로 탈바꿈했다. 이효석문학관을 중심으로 효석문화마을이 조성돼 산책하듯 일대를 걸으며 한 사람의 소설가가 꿈꾸었던 세계를 둘러볼 수가 있다. 기왕이면 봉평 장날에 맞춰 찾아오는 게 딱 좋다. 장거리에서 메밀 관련 음식과 막걸리 몇 잔으로 배를 채운 뒤 장 보러 나온 것처럼 어슬렁어슬렁 걸으면 된다. 『메밀꽃 필 무렵』에 등장하는 충주집, 1993년에 조성한 가산공원(가산은 이효석의 호다)의 돌배나무들과 이효석

가산공원 여름이면 주변의 돌배나무에서 돌배가 툭툭 떨어진다.

흥상을 둘러보고, 다리를 건너면 본격적으로 효석문화마을이다.

이효석문학관 마당에서 내려다보는 봉평 시내는 아름답다. 흥정천이 흐르고 가을이면 메밀꽃이 비단을 널어놓은 듯 물결친다. 이효석문학관의 현판은 『만다라』를 쓴 소설가 김성동의 글씨다. 김성동 선생님은 2000년 초반 평창군 진부의 어느 골짜기 토굴에서 지내신 적이 있는데 그 인연으로 현판을 쓰게 되었다. 글씨를 자세히 들여다보면 왠지 모르게 이효석의 얼굴과 소설이 떠오르는 묘한 힘을 지녔다.

사실 문학관에는 이효석 관련 유품은 거의 없다. 평양 시절에 찍은 사진을 토대로 집필실을 재현해 놓은 정도다. 대신 이효석의 생애와 그가 활동했던 일제강점기의 문학 흐름에 대해 체계적으로 알 수 있을 정도다. 그리고 전시관 한가운데를 차지하고 있는, 소설 속 무대인 봉평 장거리를 재현해 놓은 조형물을 만날 수 있다. 『메밀꽃 필 무렵』을 떠올리며 장거리의 사람들을 한 명 한 명 들여다보는 재미가 쏠쏠하다. 이효석은 봉평의 장거리와 장돌뱅이들의 삶을 단편소설 한편으로 옮겨놓은 것만 가지고도 충분하다고 본다. 당시의 가난한 국민의 삶을 일제강점기의 암흑과 연결하지 않은 점은 다소 아쉽지만…….

효석달빛언덕에 올라

이효석의 부부유택(묘)은 우여곡절을 겪은 뒤에 지난 2021년 파주에서 지금의 효석달빛언덕으로 이장되었다. 잘된 일이라고 본다. 언덕에 올라서니 여러 생각이 들었다. 살아서도 이사를 여러 번 하는 사람이 있는데 저세상으로 가서도 여러 번 할 수 있다는 것. 짐을 꾸려 장터를 떠도는 소설 속 장꾼들의 삶이 생각나 한참을 서 있었다. 부부의 유택은 따스해 보였다.

2018년에 문을 연 효석달빛언덕에는 이효석 생가, 근대문학체험관, 이효석의 평양 시절 거주했던 집을 재현한 푸른집, 꿈꾸는 정원, 연인의 달, 달빛나귀 전망대, 나귀광장, 하늘다리, 꿈꾸는 달 카페, 달빛광장 등등이 조성돼 있다. 마치 걸으면서 감상하는 한 편의 영화 같다. 아니 영화속으로 들어가 등장인물이 되어 걷는 듯한 기분이 든다. 메밀꽃이 흔들린다. 유성기에서 오래된 음악이 흘러나온다. 걸음을 옮기면 발밑에서 몽돌이 중얼거린다. 달은 낮달처럼 산 아래에 떠있다. 그뿐인가. 거대한 나귀의 뱃속에 들어간 소설 속의 동이나, 허생원, 조 선달이 되어 봉평에서 대화까지의 달빛 흐뭇한 길을 나귀의 방울 소리를 들으며 걸어가는 것만 같다. 그러니까 한 바퀴 모두 돌고 나면 당신은 당신도 모르는 사이에 신작 소설 한 편을 썼다는 것을 눈치챌 수 있을 것이다.

효석달빛언덕 보름달이 뜨면 성서방네 처녀가 물레방앗간으로 나오려나.

반딧불 보호구역

여름날 봉평에 도착해 하룻밤 묵어가게 된다면 깊은 밤 인근에 자리한 문학의 숲을 찾아가야 한다. 반딧불이들이 밝히는 반딧불을 만날 수 있기 때문이다. 우리가 평소 반딧불이들의 은밀한 연애 장면을 관람하는 일은 쉽지 않기 때문이다. 어쩌면 반딧불이들이 밤을 새워 써 내려가는 연애소설인지도 모른다. 당신은 그 소설의 초고를 읽는 행운을 누리는 것일 수도 있다.

봉평에서 머무를 수 있는 시간이 조금 더 여유가 있다면 무이예술관의 미술 작품들과 흥정계곡 허브나라의 여러 꽃을 만나라고 권하고 싶다. 그리고 봉평 달빛극장의 마지막 장면은 팔석정(八石亭)에서 마무리하시길. 여덟 개의 바위와 소나무, 그 사이를 흘러가는 물. 팔석정은 조선 전기의 문인 양사언(楊士彦)과 인연이 깊은 장소다. 각각의 바위들에는 이런 글씨도 새겨져 있다. 낚시하기 좋은 바위, 푸른 연꽃이 피어 있는 듯한 바위, 낮잠 즐기기 좋은 바위, 뛰어오르기 좋은 바위, 장기 두기 좋은 바위 등등이 그것이다. 마음에 드는 바위에 올라가 달빛극장을 마무리한다면 당신의 봉평 여행은 역사성까지 확보했다고 볼 수 있다.

22

무위산방에서 88체육사까지

스님과 소설가

백옥포를 휘돌아 가는 흥정천

영동고속도로 평창IC를 나와 봉평 방면으로 접어들면 이름도 아름다운 백옥포리(白玉浦里)다. 이 마을을 연결하는 다리를 건너고 마을 길을 몇 번 돌면 마치 옛날 우리네 이웃집같이 평범한 집이 한 채 나오는데 그곳이 무위산방(無爲山房)이다. 마당 초입에는 지붕보다 높은 은행나무 한 그루가 서 있는데 이정표로 삼을 만하다. 나무 아래에는 두 사람이 앉을 수 있는 하얀 의자가 놓여 있다. 이 산방에 거주하는 이가 바로 법혜(法慧)스님이다. 현관 처마에는 현판과 함께 초인종 역할을 하는 종이 매달려 있다. 산방이라 명명하였기에 엄밀히 말해 절이라고 부르기가 좀 어색한데 종을 울려 스님을 부르고 안으로 들어가 보면 그 까닭을 알게 될 것이다.

탐진치를 멸하라!

탐진치(貪瞋痴)는 한마디로 말해 번뇌다. 욕심과 노여움, 어리석음이라는 번뇌에 우리 중생들은 평생 헤어나기 어렵다. 헤어나기 어려우니 깨달음에 도달하기란 더더욱 요원하다. 그것에 시달리다가 가는 게 인생일 수도 있을 것이다. 법혜스님은 자신이 쓴 책에서도 줄곧 탐진치에서 벗어나게 해달라고 부처님께 울부짖으며 기도했다고 여러 번 반복한다. 출가한 스님도 이러한데 우리네 중생들이야 오죽하겠는가.

법혜스님의 무위산방엔 우리가 흔히 절간의 법당에서 만나게 되는 그런 부처님을 찾을 수 없다. 거실과 서가, 공부방과 침실, 주방 공간이 전부다. 민가였던 집의 구조를 산방의 물건으로 대체했기에 처음엔 자그마한 불교문화원이 연상돼 다소 어색할 수도 있지만 조금 더 들여다보면 묘한 향기를 풍기고 있다는 걸 곧 눈치채게 된다. 도대체 무슨 생각을 하는 스님인지 점점 궁금해질 수밖에 없는데 그렇다고 성급하게 물으면 없어 보일 것 같아 나는 커피만 홀짝거리며 마셨다. 스님이 직접 내려준 예가체프 커피는 조금 시고 꽃 향이 희미하게 피어났다. 안쪽 벽을 등지고 앉은 내겐 창문 저편으로 영동 고속도로를 달려가는 차들이 보였다. 그래서 물었다. 이 자리에 앉아 저 풍경을 보면 어디론가 떠나고 싶은 생각이 들어 수행에 방해가 될 것 같은데 어떠하냐고. 스님 왈, 그런 사람은 창을 등지고 앉게 하고 그래 보이지 않는 사람을 안쪽에 앉힌다고. 음…… 나의 공력은 아직 바닥을 치고 있구나. 고속도로에서 시선을 거둬들이니 비로소 스님의 다탁 앞에 놓인 물건들이 보였는데 그 중 인상적인 것은 명상에 쓰이는 싱잉볼(singing bowl)이었다. 문득 네팔 포카라의 사랑코트 전망대에서 떠오르는 해를 보며 싱잉볼을 연주하던 이국의 여자가 떠올랐다. 어둠 속을 어슬렁거리던 검은 개 한 마리도.

사람으로 왔는데 중생으로 갈 수는 없잖아[19]

산방에서의 짧은 오후를 보내고 돌아와 법혜스님이 쓰고 그린, 지극히 평범하고 게으른 산골중의 성장기란 부제가 붙은 책을 펼쳐 약력을 들여다보았다.

오염되지 않은 산과 들, 자연이 유년 시절의 아름다움으

---

19 법혜, 『사람으로 왔는데 중생으로 갈 수는 없잖아』, 빈빈책방, 2021.

로 남아 있는 평창 산골에서 태어나 초등학교 졸업 때까지 살았다. 산골을 떠나 공단 지역에 살면서 세상 돌아가는 걸 배웠고, 우연히 중이 되었다. 머리카락을 밀어낼 때 '어중이떠중이는 되지 말자' 다짐하였고, 풀리지 않는 의심을 풀고 싶고 괴롭지 않을 법을 얻고 싶어 헤매다가 미얀마까지 갔다. 붓다의 가르침은 사람 세상에서 행복하게 사는 법을 일러준 것이라 알았고, 단 한 사람이라도 붓다의 가르침에 귀 기울여 듣고 배우고 따르려는 이들을 길벗 삼아 살고자 산골로 돌아와 살고 있다.

우연히 중이 되었다는 진술에 미소를 지으며 책을 펼쳤다. 스님은 자신을 휴중(休衆)이라고 부른다. 쉬고 있는 중? 아무래도 좋다. 나는 휴중의 좌충우돌 성장기를 따라 여행을 시작했다. 이 책에는 여러 중이 등장한다. 모르는 중, 답답한 중이 첫 번째고 헤매는 중이 뒤따라온다. 그다음에는 어리석은 중과 찾아가는 중, 그리고 실망하는 중이 모습을 드러낸다. 마지막엔 만나러 가는 중과 떠나는 중, 가는 중이 대미를 장식한다. 세상을 떠돌다 봉평의 어느 산골짜기로 들어간 휴중은 처음엔 산골짜기에서 움막을 짓고 살아간다. 길이 험해 차도 들어오지 않고 밤이면 촛불로 어둠을 밝혀야 한다. 온갖 동물

붓다 법혜스님의 법당 아닌 법당의 책꽂이 위에 모셔놓은 불상들.

들과 함께 살아가야 하고 짐을 나르려면 지게질해야 한다. 구들장이 시원치 않아 아궁이에 불을 때면 움막은 오소리를 잡으려는 듯 연기가 자욱하다. 그러나 산속의 삶이 주는 고즈넉함, 절대고독과 마주하여 자신을 끝없이 들여다보는 행복도 오래가지 못한다.

참회와 기도를 거듭했지만, 휴중은 어떤 벽 앞에서 꼼짝달싹하지 못하는 자기 모습을 보게 된다. '들어간 숨이 나오질 않고 나간 숨이 들어올 생각하지 않는 순간도 생겼다. 목탁 치면서 염불하는데 숨이 안 쉬어져 뱉지도 들이쉬지도 못하겠고 가슴은 금방이라도 터질 듯 힘들다. 그런 날은 어김없이 새벽까지 잠을 못 자고 머리를 짓찧으며 악을 쓰고 울면서 발버둥을 쳤다. 딱 죽고만 싶은데 미안해서 못 죽겠다는 마음이 밀려왔다. 정확히 말하면 그동안 (신도들로부터) 받은 양초 값, 기도 값이 두려움으로 밀려와 무서워졌다. (중략) 양심이 밤마다 채근하는 통에 머리가 깨질 것만 같다. 한밤중에 벌떡 일어나 아무리 악을 쓰고 울어도 탐·진·치로부터 자유로워지는 법을 모르겠다. 아무리 부처님, 관세음보살, 지장보살님을 찾아도 일러주지 않는다.' 이 무서운 번뇌에 시달리던 휴중은 초기 불교를 알게 되고 모든 걸 버린 채 미얀마로 떠날 결심을 하게 된다. 휴중은 미얀마행을 반대하는 어머니를 이렇게 설득한다. '그래서요. 그래서 가야겠습니다. 제 집착이 얼마나 무섭게 깔려 있는지 이번에 여실히 보았습니다. 집착이 얼마나 무서운지 아시잖아요. 이 집착을 없앨 법을 얻으러 미얀마로 가려는 겁니다. 그러니 속상해하지 마셔요. 중이 됐으면 집착은 여의어야 하잖아요. 중이 세상 사람들과 똑같이 욕심부리고 성내고 집착하면 안 되는 거잖아요.'

어머니는 결심을 굳힌 딸에게, 아니 스님에게 봉투를 건네며 이렇게 청한다. '이건 비행기 요금에 보태세요. 얼른 공부하고 오세요. 싸릿대 꺾어놓고 기다릴 테니. 공부하고 와서 가르쳐줘요. 종아리 맞아가면서 배울게요.'

부처님의 가르침을 찾아가는 휴중의 미얀마살이 역시 만만찮다. 그 먼 길을 돌아 다시 평창으로 돌아온 법혜스님을 처음 본 것은 2023년이었다. 도서관에 앉아 있는 그녀의 표정은 맑았다. 조만간 지인들과 함께 인도와 네팔로 성지순례를 떠날 예정이라고 했다. 따라가고픈 마음이 굴뚝같았으나 나는 한 해 전에 네팔을 방문했던 터라 마음을 접어야만 했다. 그렇게 겨울이 가고 봄이 다 지나갈 무렵 봉평을 떠돌다 우연히 새로 마련한 스님의 산방을 방문하게 된 거였다.

미얀마의 어느 절에서 수행하던 휴중은 어느 날 그 절에서 8년째 수행 중인 스님과 인터뷰(일종의 수행 공부 점검인 듯하다)하는 날 이렇게 말한다. 통역 스님을 대동한 채.

"떠났으되 떠나지 않았고, 고로 윤회한다."

"스님의 오도송(悟道頌)인가?"

"그렇다."

"그렇게 생각하는 까닭이 무엇이냐?"

휴중은 새벽의 일을 이야기했다.

"백일도 안 된 때의 일을 기억하고 있다는 게 놀라웠다."

"잘 봤다. 그리고 백일은 물론이고 엄마 뱃속의 일도 기억하는 게 마음이다."

법혜스님의 어떤 깨달음에 관한 글인데 궁금하면 이 책을 읽어야만 한다. 요약해서 전해줄 수 있는 내용이 아니라고 본다. 휴중은 다시 이렇게 썼다. '여행, (특히나) 모든 게 낯선 곳은 공부하기에 가장 좋은 도량이다. 다름을 보고 다름을 만나는 것도 좋으나 더 좋은 것은 '모르던 나' '나라고 알던 나' '안 보이던 나' '알지 못했던 나'를 볼 기회'라고 낮지만 단단한 목소리로 우리에게 손을 내민다.

요즘 법혜스님은 가끔 도반들과 함께 인근의 팔석정을 찾아가 쓰레기들을 수거하며 '할 뿐인 행'의 삶을 살아가고 있다.

금당계곡 70여 리

평창의 금당계곡 역시 다른 계곡들과 마찬가지로 도로가 물과 붙어 있어 드라이브하기에 적당한 곳이다. 흥정산과 태기산에서 시작한 금당계곡은 평창군의 열두 마을을 돌아 흐르기에 십이개수라 부르기도 한단다. 백옥포리, 재산리, 유포리, 개수리, 안미 등의 마을을 어루만지며 흘러가는 물은 또 다른 물을 만나 평창읍으로 방향을 잡는다. 물이 오른쪽으로 방향을 틀면 길도 그쪽으로 방향을 틀고 그 반대쪽도 마찬가지다. 물속에는 버들치, 미유기, 돌고기, 쉬리, 퉁가리, 꺽지 등등의 물고기들이 돌을 집으로 삼아 살고 있다. 봉평에서 대화나 평창읍으로 갈 때 큰길로 운전해 가는 게 지루하다면 조금 더디지만, 이 계곡을 이용하면 색다른 맛을 느낄 수가 있다. 물 옆 바위틈의 꽃들과 산자락의 녹음과 단풍, 그리고 하늘을 찌를 듯이 솟아 있는 산봉우리의 장쾌함을 감상할 수 있는 계곡이다. 깊은 계곡을 빠져나와 만나게 되는 사람들의 마을이 평소와는 다른 모습으로 비칠 것이다.

금당계곡 물고기들의 놀이터.

대화장은 조선시대에도 알아주던 장이었다

금당계곡이 끝나는 대화면 안마에서 좌회전하면 대화 시가지로 갈 수 있다. 지금은 규모가 작아졌지만, 예전에 대화장은 평창군에서 가장 큰 장이었다. 대화 시내의 중심도로를 천천히 달리다가 '88체육사'란 간판이 걸려 있는 가게를 만난다면 즉시 주차하고 들어가 보라고 권하고 싶다. 이 체육사를 지키고 있는 이가 바로 소설가 심봉순 씨다. 그녀는 남편과 함께 이 체육사를 운영하고 있는데 상호에서도 눈치챌 수 있듯이 나름 연륜이 깊은 점포다. 온갖 체육용품부터 시작해 심지어는 살아 있는 미꾸라지까지 고무구박에 담아 팔고 있다. 더 흥미로운 것은 거의 늘 이 가게를 지키고 있는 이가 바로 소설가라는 점이다. 이 지점에서부터 재미있기에 쉽게 발길을 돌리지 못하게 된다.

미꾸라지를 파는 소설가

소설가 심봉순 씨는 원래 태백 사람이다. 풀어쓴 약력을 보면 이렇다.

초등학교 5학년 때 원고지 70매 분량의 단편소설을 써서 친구에게 읽어주었다. 그 친구가 재미있다고 하지 않았다면 아마 소설을 쓰지 않았을 거라고 말한다. 대학에서 만난 남자와의 결혼식 전날에 평창에 가서 뭐 하고 살지, 라는 의문이 들었다. '그래 글이나 쓰고 살자'고 했지만 그게 쉽지 않았다. 아이들 숙제 봐주며 늘 말하긴 했다. '마흔 살이 되기 전에 소설가로 등단할 거야.' 말이 씨가 되길 바랐다. 이효석문학축제에 아이의 사생대회를 핑계로 따라갔다가 대충 쓴 산문이 입선에 들자, 목구멍이 간질거렸다. 김유정 전국 문예 공모(2002)에서 대상을 받자, 단편소설을 써서 신춘문예에 응모했다. 그게 최종심에 들어가 얼떨떨하면서 자신감이 생겼다. 2006년『문학시대』에 단편소설「피타고라스 삼각형」이 당선되었고, 그 문예지에 2년 반 동안 연재 후 나온 소설이 첫 장편소설인「방터골 아라레이」다.

이후 소설가 심봉순은 낮에는 체육사에서 손님들을 상대하고 자투리 시간을 이용해 소설을 썼다. 그 결과물이 소설집『소매각시』『라스베가스로 간다』, 장편소설『탄(炭)』『화전』이다.

몇 년 전 나는 심 소설가를 이렇게 소개하는 글을 썼다.

장거리에서 아는 사람을 만나는 반가움을 아시는가? 약속도 없이 우연히 만나면 더 반갑지만, 장거리에 터를 잡고 사는 사람을 오랜만에 방문하는 즐거움도 그것 못지않게 즐겁다. 대화초의 고향 대화 장거리에는 그런 사람이 살고 있다. 이름

대화 88체육사 저 가게에 들어가면 살아 있는 미꾸라지를 팔고 있는 심봉순 소설가를 만날 수 있다.

도 의미심장한 '88체육사'. 89년에 개업한 체육사를 30여 년 동안 지키고 있는 이는 소설가 심봉순 씨다. 남편은 바깥을 돌며 영업(?)일, 농사를 짓고 아내는 가게를 지킨다. 없는 게 없다. 살아 있는 미꾸라지도 팔고, 낚싯대며 테니스 라켓, 축구공도 당연히 취급한다. 한때 호황의 시절도 맛보았고 IMF도 겪었다고 했다. 당연히 부부싸움도 하는데 누가 더 오래 가게를 지켰는가가 단골 주제란다. 마침 부부가 함께 있었는데 남편은 성장한 딸의 사진을 보여주며 자랑했다. 심봉순 씨는 지렁이를 잡아 와 팔던 코흘리개 아이들이 어느덧 나이가 들어 자신을 부르는 호칭이 달라진 것을 보고 장거리에서의 세월이 흘렀다는 것을 절감했다며 입을 열었다. 재미있는 에피소드 하나. 등단하고 플랜카드가 시내에 걸리자, 장거리 사람들은 이구동성으로 이런 말을 했다. "새댁이 착하게 살더니 소설가가 되었네!" 그동안 쭉 지켜보고 있었다. 시골장 거리란 데가 그런 곳이란다. 누가 무엇을 하는지 보려 하지 않아도 다 볼 수 있는 곳. 장거리에서 살려면 그 불편함을 견뎌야만 한다고. 아, 그렇구나! 부부싸움도 아무 때나 못하겠구나. 장날 장 구경만 해본 나로서는 겪어보지 못한 일이었다.

나는 그녀가 여름날 낚시 미끼로 쓰이는 미꾸라지를 파는 소설가여서 좋다. 또 나는 그녀가 대화 장거리 옆 체육사에서 만나는 사람들의 이야기를 언어의 그물로 채집하는 소설가여서 좋다. 나는 그녀가 '88체육사'란 제목으로 언젠가 장편소설을 쓰면 좋겠다는 희망 또한 가지고 있다.

23

계방산과 이승복

울진삼척지구 무장공비침투사건을 아시나요

구름도 망설이는 운두령

계방산(桂芳山)은 평창군의 북쪽 선상에 있는 산(해발 1,579m)이다. 동쪽엔 오대산이 서쪽엔 태기산이 형제처럼 팔짱을 낀 채 자리하고 있다. 높은 산이라면 당연히 고갯길을 끼고 있는데 바로 운두령(雲頭嶺, 1,089m)이다. 고갯마루에서 홍천과 내면과 행정구역이 갈라진다. 오지 중의 오지인 내면 사람들은 옛날엔 운두령을 넘어, 진부장을 보러 다녔는데 대표적인 교통수단이 오토바이였다. 하루에 고갯길을 넘는 완행버스가 몇 대 없었던 시절이었다. 보통 남편이 아내를 오토바이 뒤에 태우고 운두령을 넘어와 장을 보고 돌아가는 형식이었는데 시절이 시절이다 보니 사내들은 술을 마시고 어둑해서 돌아갔다고 한다. 그런데 고갯길이 비포장인 데다 너무 험해서 운전이 쉽지 않았다. 게다가 음주운전 아닌가. 흙먼지 일렁이는 산굽이를 돌고 돌아 운두령에 올라서니 뒷자리의 아내가 보이지 않는 게 아닌가. 남편은 아내가 오토바이에서 떨어진 줄도 모르고 고갯길을 올라갔던 것이다. 진부중학교 교실에 둘러앉은 우리들은 고갯길 아래에 사는 친구가 꺼내놓은 그 얘기에 책상을 두드리며 박장대소를 했었다. 그랬던 운두령도 이젠 말끔하게 포장이 되고 넓어져 주말이면 계방산을 오르려는

운두령 정상 옛날 고개 너머 홍천 내면 사람들은 오토바이를 타고 고갯길을 넘어 진부장을 보러 왔다.

등산객들이 북적거리는 곳으로 변모했다. 단풍철이나 폭설이 내린 겨울이면 아예 고갯길이 주차장으로 변해버리니 그 옛날의 전설 같은 오토바이 무용담은 찾아볼 수가 없다. 성능이 월등히 좋아진 외국산 오토바이들이 쿵쿵거리며 고갯길을 넘을 뿐이다.

이승복을 아시는지

1968년 초겨울은 울진·삼척지구 무장공비 침투사건으로 온 나라가 혼란스러웠다. 68년 1월 21일에는 김신조를 비롯한 북한 124부대 무장공비들이 청와대를 기습하려는 시도가 이미 벌어진 터여서 긴장은 극에 달해 있었다. 울진·삼척지구로 침투한 무장공비 120명의 잔당 다섯 명은 그해 12월 9일 밤 11시 평창군 진부면(현재는 용평면) 노동리 계방산 중턱 이효석(당시 계방분교 2학년)의 집에 들이닥쳐 가족들을 참담하게 살해했다. 어머니, 이승복, 동생 둘은 그렇게 저세상으로 떠나가고 말았다.

그 사건 이후 평창의 모든 초등학교엔 이승복 동상이 세워졌다. 반공 웅변대회, 글짓기, 포스터 그리기 등등의 행사가 매년 이어졌다. 영동고속도로가 개통되던 해에는 대관령휴게소 건너편에 이승복기념관도 지어져 그곳으로 소풍을 갔던 아이들이 사건 현장을 재현해 놓은 방을 둘러보다가 그 끔찍한 장면에 놀라 울면서 뛰쳐나오기도 했다.

그리고 세월이 흘렀다. 이승복 기념관은 이승복이 다니면 속사초등학교 계방분교 앞으로 자리를 옮겼다. 전국의 초등학교에 세워졌던 이승복 동상도 하나둘 철거되고 있다는 소식도 들려왔다. 내가 다녔던 모교도 어느 날 방문하니 마찬가지였다. 어느 날은 길을 가다 폐교에 들어갔는데 잡초가 무성한 화단에 서 있는, 금이 가고 색이 바랜 이승복 동상이 우울한 표정으로 먼 하늘을 바라보고 있었다. 기분이 묘해지지 않을 수 없었다. 나도 한때는 땡볕이 쏟아지는 운동장의 단상에 올라가 목소리를 높였던, 이승복 추모 웅변대회의 연사였다. 그 웅변대회에서 받은 상장과 상품을 들고 자랑스럽게 집으로 돌아갔던 적이 있었다. 이승복은 그렇게 우리들의 기억에서 사라지는 중이었다.

이승복을 둘러싼 여러 논란 중의 핵심은 초등학교 2학년인 어린 소년이 과연 무장공비 앞에서 '나는 공산당이 싫어요!'를 외쳤는가 하는 것이다. 심지어 공산당이 아니라 콩사탕이라고 외쳤다거나 강원도 사투리 버전까지 우스갯소리가 되어 저잣거리를 돌아다닐 땐 착잡하기까지 했다. 물론 아무리 평창 사람이라 해도 그 현장에 없었던 내가 고집할 수 있는 부분

이승복 생가 저 집을 찾을 때마다 마음은 착잡해진다.

은 없을 것이다. 또 당시 나는 옆 마을에 살던 겨우 세 살배기 아기였다. 부모님들의 얘기에 의하면 학교 운동장엔 군인들이 모여 있었고 천변엔 거적으로 덮어놓은 무장공비들의 시신들이 널려 있었다고 한다. 또 산골 사람들이 진부장에서 장을 보고 돌아갈 땐 한데 모여 남포등을 밝힌 채 산을 넘어 자기네 마을로 돌아가곤 했는데 어두워지면 능선에서 그 불빛들이 반짝거렸던 게 기억난다고 했다. 그러니까 어른들도 이승복이 무어라 외쳤는지 알 수 없는 상황이었다. 그날 밤 살아남은 사람은 이승복의 형뿐이었고 그의 말을 한 신문기자가 신문에 실었다는 것만 우리는 기록으로 알고 있다.

그런데…… 무엇이 문제인가. 어린 소년이 뭐라고 외쳤는가가 무장공비들에게 한 가족이 잔인하게 살해당했는가보다 중요한가. 이 땅의 쉽게 아물지 않는 아픈 상처가 계방산 아래에서 아직도 치유되지 않고 있다. 그렇기에 이웃 마을에서 태어난 사람으로서 조심스럽게 의견을 보태고 싶다. 수업 시간이면 학교에서 반공교육을 받고 자라난 이승복은 당시 무장간첩의 어떤 말들과 요구, 주장에 분명 싫다고 대답했을 것이다.

"싫어요."

이 대답의 앞뒤에 여러 의미와 말들이 숨어 있다고 본다.

우리는 그 겨울 계방산 아래 노동리 골짜기의 한 가족을 더 아프게 해서는 안 된다고 본다.

24

평창의 오일장

장 보러 왔다가 장 보고 가는 인생

회충약장수와 소녀

장날을 손꼽아 기다리던 시절이 있었다.

나만 기다린 게 아니었다. 우리 집 삽사리도 장날을 기다렸다. 집에서 이십 리 밖에 있는 진부장이 바로 그곳이었다. 하지만 엄마나 아버지를 따라 장에 가는 건 쉬운 일이 아니었다. 걸어서 가는 게 아니라 강릉에서 대관령을 넘어온 완행버스를 타야 했기에 가난한 산골 마을의 부모들은 차비가 아깝고 또 데려가면 이것저것 사달라고 조르는 자식들의 성화가 귀찮았기에 웬만해선 잘 데려가지 않았다. 방안에서, 마당에서, 울타리 밖에서, 길 위에서, 버스정류장에서 울고불고 전

난리를 쳐도 소용이 없었다. 회초리로 얻어맞지나 않으면 다행이었다. 그렇게 나는 눈물 콧물을 흘리며 마을의 버스정류장에 주저앉아 엄마를 태운 채 흙먼지를 일으키며 떠나가는 버스를 바라보곤 했다. 긴 혀로 내 콧물을 핥아주는 삽사리와 함께. 꽃이 피어나는 봄날이었고, 땡볕이 내리쬐는 여름이었고, 먼지를 뒤집어쓴 코스모스가 흔들리는 가을이었고, 눈보라가 몰아치는 겨울이었다. 그리고 오후 내내 장에서 돌아올 엄마를 기다렸다. 아니, 엄마가 머리에 이거나 손에 들고 올 장바구니를.

어린 시절의 장거리는 그야말로 별천지였다. 정말이지 없는 게 없었다. 눈이 휘둥그레지고, 코가 벌름거리고, 벌어진 입을 다물 수가 없었다. 옷장수, 신발장수, 생선장수, 곡물장수, 장난감장수, 엿장수, 방물장수, 고무줄장수, 약장수, 허리띠장수, 소금장수, 체장수, 함지장수, 그릇장수, 옹기장수, 책장수…… 등을 떠밀고 등이 떠밀려서야 겨우 발길을 옮길 수 있었으니. 그 모든 것에 홀려 함께 간 엄마를 잠시나마 잃어버린 적도 많았으니 산골 촌놈 중의 촌놈 행세를 하느라 바빴다. 주머니에 있는 동전을 잃어버릴까. 땀에 젖은 손으로 꼭 움켜쥔 채.

어느 해 가을이었던가. 아마 추석을 앞둔 대목장이었을 것이다. 장거리 한쪽에서 입담 좋은 약장수가 목소리를 키우며 사람들을 불러 모으고 있었다. 회충약을 파는 장돌뱅이였다. 회충약을 왜 먹어야 하는지를 한참 설명하더니 그때까지 얌전하게 옆에 서 있던 내 또래의 예쁘장한 여자아이를 앞으로 불러냈다. 아마 딸인 듯했다. 회충약장수는 얼굴이 노란 여자아이에게 엉덩이를 까고 변소에서 볼일을 보는 자세를 취하라고 요구했다. 잠시 뜸을 들이던 여자아이는 이윽고 사람들 앞에서 바지를 내리고 허리를 구부린 채 엉덩이를 드러냈다. 회충약장수는 아이에게 힘을 주라고 소리쳤다. 장거리에 긴장이 감돌기 시작했다. 나도 넋이 나간 얼굴로 바라보고 있었는데 회충약장수는 이윽고 여자아이의 하얀 엉덩이 사이의 항문에서 손가락으로 기다란 회충을 끌어내기 시작했다. 한 마리, 두 마리, 세 마리…… 장거리에 둘러선 사람들 입에서 일시에 탄성이 새어 나왔다. 나는 엄마의 손을 잡고 놓지 않았다. 하늘이 노래지고 있었다. 어지러워서 쓰러질 것만 같았다. 그러거나 말거나 엄마도 다른 사람들과 마찬가지로 지갑을 열어 회충약을 샀다. 나는 오랫동안 장거리의 그 여자아이를 잊을 수 없었다. 지금 그 아이는 무엇을 하며 살고 있을까. 어린 시절의 그 장거리를 어떻게 기억하고 있을까.

평창의 오일장은 어떤 기억을 품고 있을까. 조선의 개국공신 정도전은 평창은 수레 두 대가 다닐 정도로 길이 좁고 지대가 높아 하늘이 낮다고 평했다. 한 마디로 첩첩 산골 중의 산골이란 얘기다. 이후 평창의 행정구역은 변화를 겪었다. 원래 평창은 현 평창읍과 미탄면, 정선 신동읍(과거엔 평창 동면)이 전부였다. 그래서 평창읍장은 5, 10일, 미탄장은 3, 8일, 동면은 4, 9일이었는데 1906년 강릉에 속해 있던 진부(3, 8), 대화(4, 9), 봉평(2, 7)이 평창군으로 편입되었다. 동시에 평창군 동면은 정선 신동면으로, 도암면(지금의 대관령면)은 정선군에서 평창군으로 편입되는 변화가 있었다. 평창의 남북이 행정구역 개편으로 심한 몸살을 앓았던 것인데 그 여파는 이후로도 만만치 않았다.

행정구역 개편이 이루어진 뒤 1930년대 말 평창군의 오일장 현황을 파악한 보고서를 보면 흥미로운 점을 발견할 수 있다. 평창읍장(5, 10)의 거래액 46,102원, 미탄장(1, 6)은 44,860원, 방림장(3, 8)은 24,190원, 대화장(4, 9)은 270,800원, 봉평장(2, 7)은 47,330원, 마지막으로 진부장의 거래액은 194,400으로 확인되었다. 군청 소재지인 평창읍이 뒤로 밀리고 대화장과 진부장이 가장 활발한데 아마도 대화의

평창올림픽시장 장날이 되어야 한산했던 시장이 북적거린다.

지리적인 장점과 진부 오대산의 임업 자원을 생각하면 그 까닭을 얼추 짐작할 수가 있다. 장거리의 흥행 여부는 으레 그런 법이니까. 조선시대부터 대화장은 전국 15대 시장 중 하나였는데 '서울 동대문 밖에서는 대화장을 보라'는 말이 있을 정도였다. 더불어 진부는 오대산의 아름드리나무들이 남한강 물길을 따라 서울로 가는 출발점이었다.

닷새마다 돌아오는 장날

그렇게 닷새마다 돌아오는 오일장의 세월이 흘러 여기까지 왔다. 그 세월의 격랑 속에서도 평창의 오일장은 비록 예전만큼 호황을 누리지는 못하고 있지만 사라지지 않고 자리를 지키고 있다. 변해가는 세월의 옷을 아주 느리게 갈아입으며. 지난 세월 가난을 이겨보겠다는 일념 하나로 이삿짐을 꾸려 도시를 향해 떠나가는 사람들을 배웅하던 장거리를 찾아가는 길은 그래서 애틋할 수밖에 없었다. 나 역시 그럴듯한 핑계를 대고 그들처럼 고향의 장거리를 떠나 도시의 반짝거리는 네온사인을 찾아갔으니까. 오래전 장거리의 회충약 소녀는 까맣게 잊어버린 채.

강원도를 가로지르는 영동고속도로가 개통되기 전 서울과 강릉을 연결하는 도로는 열악하기 그지없었다. 서울에서 횡성까지는 그나마 양호했다. 횡성을 출발해 새말에서 전재를 넘으면 안흥, 안흥에서 문재를 넘으면 계촌, 계촌에서 여우재를 넘으면 방림이었다. 방림삼거리에서 오른쪽으로 가면 평창 읍내, 왼쪽으로 가면 대화, 대화에서 모릿재를 넘으면 진부, 진부에서 진고개와 대관령을 넘어야 비로소 주문진과 강릉이었다. 그게 조선시대부터 유지되던 가장 빠른 길이었고 이후에 일제가 자원을 수탈하기 쉽게 신작로를 만들었다. 내가 중학생이었을 때도 문재는 앞에서 큰 차가 오면 마주 오던 차는 아슬아슬한 산비탈에서 한참을 후진해야만 다시 앞으로 갈 수 있었다. 어쩌다 그 고갯길들을 버스를 타고 넘게 되었을 땐 멀미를 달고 살았고 차창 너머로 까마득한 산비탈을 내려다보면 너무 겁이 나 오줌을 찔끔거릴 정도였다. 그 고갯길로 버스와 트럭이 사람과 짐을 가득 실은 채 흙먼지를 일으키며 사고 없이 용케 달렸으니, 운전기사도 손님들도 참 조마조마한 날들이었을 것이다. 그랬던 길이었는데 2019년 초가을의 나는 자가용을 끌고서 아주 편안하게 전재, 문재, 여우재를 넘어 평창읍내장에 도착했으니, 세상이 좋아졌다고 말해야 하는 것일까.

평창읍내장(평창올림픽시장)의 장거리는 바닥 공사가 한창이었다. 그 여파로 가게 대부분이 문을 닫고 있었다. 장날도 아니었다. 강원도에서 가장 먼저 메밀부치기(부침개)를 만든 곳인데 아쉽게도 고소한 기름 냄새를 맡을 수가 없었다. 무쇠솥뚜껑을 뒤집어 놓은 모양의 번철에다 지지는 메밀부치기를 요리하는 방법은 동네마다 조금씩 달랐다. 얇게 부칠 것인가, 두껍게 부칠 것인가. 양념한 김치를 넣을 것인가, 소금에 절이기만 한 김치를 넣을 것인가. 요즘은 쪽파나 깻잎 등등의 다양한 채소를 넣기도 한다. 사람마다 식성이 다르겠지만 내 입맛은 양념한 김치를 넣고 두껍게 부친 것을 선호한다. 갓 부친 것도 좋아하지만 하루쯤 묵혔다가 다시 데워서 술안주로 먹을 수 있는 메밀부치기가 딱이다. 하여튼 40년 전통을 자랑하는 평창장의 메밀부치기를 먹을 수 없다는 아쉬움을 뒤로하고 인적이 드문 장거리를 기웃거렸다. 감자옹심이 가게, 벼락 맞고

장거리 시골에선 장날 장거리에 나가야 아는 사람을 만난다.

살아난 사나이가 차린 기적의 슈퍼마켓, 흑룡강 식당, 대장철물점의 다양한 물건들, 뻥튀기 가게…….

장 보러 왔다가 장 보고 가는 인생

시장의 붙박이 상점들은 그렇게 장거리를 지키다가 장날이 돌아오면 어김없이 찾아오는 장돌뱅이들과 만나 신명 나는 난장을 펼친다. 닷새마다 돌아오는 장꾼들의 축제이다. 오일장은 그런 게 아닐까. 나흘 동안 쓸쓸하게 비었다가 장날 하루 막걸릿잔처럼 가득 차서 넘실거리는 장거리. 물려주고 물려받는 삶의 그 오랜 반복. 나는 고개를 끄떡이며 시장 귀퉁이 젊은 오누이가 근래에 새로 문을 연 가게를 찾았다. 가는 날이 장날이라고 메밀 빵을 굽는 누나는 일 때문에 가게 문을 하루 닫았다. 할 수 없이 남동생이 운영하는 건너편의 커피가게에 들러 멀고 먼 에티오피아에서 건너온 원두를 사서 대화장(4, 9)을 향해 길을 떠났다.

오일장뿐만 아니라 다른 모든 면에서 평창의 지형도를 바꾼 사건 중에서 대표적인 것은 영동고속도로의 개통이다. 불행하게도 고속도로는 평창의 북쪽인 봉평, 장평, 진부, 횡계를 관통한 반면 남쪽에 자리한 평창읍, 미탄, 대화는 거기에 포함되지 않았다. 산업화에 따른 이농현상과 석탄합리화법으로 탄광도 사양길에 들어서자, 평창의 남부지역은 급속한 소외의 길을 걸어야만 했다. 새로 뚫린 길이 세상을 바꿀 수 있다는 걸 당시에는 알지 못했을뿐더러 알았다 하더라도 지금처럼 머리에 띠를 두르거나 삭발을 하며 항의할 수도 없는 시절이었다. 평창은 저 옛날의 행정구역 개편 때처럼 다시 알게 모르게 남쪽과 북쪽이 갈라지는 상황에 처하고 말았다. 오일장도 그 운명에서 벗어날 수 없었다. 1976년 방림장이 폐쇄되었고 도암장[20]도 교통상황이 점점 좋아져 진부장과 강릉과의 거리가 가까워지자 같은 운명에 처했다.

대화를 떠나 북쪽으로 올라가다가 장평에서 왼쪽으로 방향을 틀어 봉평장(2, 7)으로 길을 잡았다. 흥정천 주변의 메밀꽃들은 시들고 있었다. 아무래도 봉평장은 소설가 이효석과 떼려야 뗄 수가 없는 곳이다. 단편소설 「메밀꽃 필 무렵」의 무대이기 때문이다. 한 소설가의 소설 한 편이 마을을 바꾼 대표적인 사례가 바로 봉평이다. 봉평장은 규모가 작지만 깨끗하게 재정비돼 관광객들을 맞고 있었다. 어느 국밥집에 들어가 앉아 있으면 바로 옆방에서 허 생원과 동이, 조 선달이 주모가

---

20 도암장은 관에서 계획적으로 상가를 짓고 장거리까지 새로 만들었지만 한 번도 장이 서지 못한 채 무산되고 말았다. 그래도 어린 시절 우리들은 학교 옆 그곳을 어른들을 따라 장거리라 불렀다.

따라주는 막걸리를 마시며 노래를 부르고 장거리에선 나귀가 힝힝거리며 주인을 찾고 있을 것만 같았다. 성 서방네 처녀는 시린 달빛이 지붕에 올라앉은 개울 옆 물레방앗간에서 여전히 울고 있고…….

그리고 마침내 오후 세 시가 되어서 나는 진부장(3, 8)에 도착했다. 추석이 지난 지 얼마 되지 않아 장날이었지만 장꾼들은 많지 않았다. 천천히 장거리를 걷기 시작했다. 그물망에 담겨 있는 찰옥수수, 방앗간에서 새어 나오는 매운 고추 냄새, 종자용 토종마늘, 천막 아래 걸려 있는 옷들, 광주리에 담겨 있는 과일, 어물전의 물고기들, 비닐봉지 속의 크고 작은 멸치들, 인절미와 찹쌀떡과 쑥떡. 아이고, 코끼리가 입어도 무방할 여자 속옷들이 창피한 줄도 모르고 걸려 있네! 가만, 배도 출출한데 먼저 주막에 들러 막걸리나 한잔 들이켤까. 하지만 운전해야 하니 그것은 불가능하고.

그래, 아쉽지만 부치기나 먹으며 장 구경을 하자. 낯이 익은 주인에게 부치기를 시키고 멍하니 장거리를 바라보았다. 그러고 보니 그동안 참 많이도 진부장을 드나들었다. 술에 취한 아버지를 만나 급히 숨기도 했고 술을 좋아하는 친구에게 잡혀 낮부터 얼굴이 벌게진 적도 있었다. 아, 저 생선장수 할머니는 내가 초등학생일 때부터 저 자리를 지키고 있었어. 신발장수 할아버지는 몇 년 전에 이 세상을 하직했다는 소식을 들었지. 그 자리를 차지하고 있는 젊은 장돌뱅이. 그래, 그렇게 돌고 도는 거겠지. 야, 송이 냄새가 진동한다! 엄청 비싸겠지. 외국에서 시집온 여자 둘이 지나갔다. 배낭을 멘 할아버지도 허리를 구부린 채 지나갔다. 누군가의 목소리가 들렸다. "고맙소야!" "또 보네!" 모두가 닮은 얼굴이었다. 어릴 적 친구들의 아버지와 엄마 같았다.

나도 다시 일어나 그들 뒤를 따라 걸었다. 도라지, 족발, 대추와 밤, 땅콩, 모자, 양말, 장갑, 혁대. 모두 다 따스해 보였다. 오미지, 머루, 다래, 개복숭아. 입안에 금세 시큼한 침이 고였다. 난전 옆에서 장기를 두고 있는 사람들도 진부장의 오래된 풍경이었다.

슬슬 다리가 아파왔다.

가만…… 내가 누군가를 만나러 왔던 것 같은데. 누구였지?

장거리에 우두커니 서서 나는 저 어딘가에서 다가올 사람을 기다렸다. 그렇지만 그 사람은 오지 않았고 대신 언젠가 내가 진부장의 늙은 신발장수를 주인공으로 쓴 소설의 마지막 장면만 오롯하게 떠올랐다.

"아버지, 인생이 뭔가요?"

"뭐긴. 장 보러 왔다가 장 보고 가는 거지."

참고 자료

김경남·서종원 편저, 『눈(雪) 민속과 문화』, 평창군, 2015.
김광식 엮음, 『방산굴의 무영수』, 오대산월정사, 2013.
두리공간환경연구소, 『대관령 사람들이 전하는 이야기』, 2013.
박미현 발췌·정리, 『일제강점기 신문기사로 보는 평창』, 평창문화원, 2019.
정원대, 『평창의 인문지리』, 평창문화원, 2020.
탄허문도회, 『방산굴법어』, 오대산월정사, 2013.
평창군, 『평창군지』, 서경문화사, 2003.
한상복, 『평창 두메산골 50년』, 눈빛, 2011.
한암대종사법어집 편찬위원회, 『한암일발록』, 민족사, 2010.
『강원문화연구 11집』, 강원대학교 강원문화연구소, 1992.
『월정사의 한암과 탄허』, 국립중앙박물관, 2013.
『평창군 놀이 민속지』, 평창문화원, 1996.
『평창읍 40년사』, 평창문화원, 2019.
『화전정리사』, 강원도청, 1976.

평창 연표

선사시대

평창읍 도돈리에서 주먹대패를 비롯해 구석기 유물 출토

평창읍 후평리, 계장리, 주진리, 종부리 등 남한강 최상류 지역에서 신석기, 청동기 유물 출토

철기시대 유물도 평창읍 응암리, 종부리 등에서 출토

삼국시대

평창은 고구려, 백제, 신라의 영토라기보다는 독자적인 세력권을 형성하고 있다가 5세기 후반 고구려, 신라에 예속되었다고 학자들은 추론

통일신라시대

643년 당나라에서 돌아온 자장율사는 오대산에 이르러 문수보살을 친견하려고 초옥을 짓고 머물렀다고 함(삼국유사)

후삼국시대

원주 치악산 석남사에 주둔하던 궁예는 주천, 영월, 평창, 정선 등의 성을 정복

고려시대

영월과 평창은 원주의 속현이었음. 이때 평창이라는 지명이 처음 생겨남.
고려시대 도암(대관령), 진부, 봉평, 대화는 강릉대도호부 소속이었음

조선시대

영조 36년 평창군 관아는 도합 104칸

1606년

오대산 사고에 실록 봉안. 처음엔 상원사에 보관하였다가 이후 지금의 영감사 근처에 사각을 건립

1894년

영서남부세력(정선, 평창, 영월, 원주)의 동학 농민군 대관령을 넘어 강릉부 점령. 이후 기습을 받고 평창으로 퇴각

1906년

강릉군으로부터 대화, 봉평, 진부면이 평창군에 이속

1925년

한암스님, 오대산 상원사로 이거(移居)

1931년

도암면(대관령면)이 정선군으로부터 이속. 대화면을 분할하여 방림면 탄생

1934년

탄허스님, 상원사로 입산

1951년

한암스님 상원사에서 좌탈입망의 자세로 입적(75세)

1962년

'대관령 산장' 건축계획이 강원도에 의해 추진. 지르메 제1스키장, 매봉 제2스키장, 칼산 제3스키장을 관망할 수 있는 좋은 위치. 9월 발왕산 스키장 신설공사 시작

1968년

울진삼척지구 무장공비 침투. 12월 이승복 가족 학살

1972년

대관령 횡계에 한국 최대 목장인 삼양축산(삼양목장) 개발

1974년

영동고속도로 평창 구간 개통

1975년

용평스키장 개장

오대산이 국립공원으로 지정(11호)

1979년

대관령에 146cm(1월 31일), 162cm(2월 24일), 134cm(3월 1일)의 폭설이 내림

1983년

탄허스님, 월정사 방산굴에서 입적(71세)

1998년
평창군 HAPPY700
브랜드 선포

2000년
진부도서관 개관

2002년
이효석 문학관 개장

2004년
대화도서관 개관
평창대관령음악제 시작

2013년
봉평도서관 개관

2016년
HAPPY700
평창시네마 개관

2017년
KTX경강선의
철도역인 평창역,
진부역 개업.
평창에 처음으로
기차가 들어오다

2018년
평창동계올림픽,
동계패럴림픽 개최
대관령도서관 개관

2020년
진부문화예술창작스튜디오
개관

2023년
국보인 오대산
조선왕조실록
110년 만에
고향으로 돌아옴

대한민국 도슨트 16

평창

1판 1쇄 인쇄 2024년 7월 3일
1판 1쇄 발행 2024년 7월 15일

지은이 김도연
펴낸이 김영곤
펴낸곳 ㈜북이십일

TF팀 이사 신승철
TF팀 이종배
출판마케팅영업본부장 한충희
마케팅1팀 남정한 한경화 김신우 강효원
출판영업팀 최명열 김다운 권채영 김도연
제작팀 이영민 권경민
진행·디자인 다함미디어 | 함성주 유예지

출판등록 2000년 5월 6일 제406-2003-061호
주소 (10881) 경기도 파주시 회동길 201(문발동)
대표전화 031-955-2100 팩스 031-955-2151 이메일 book21@book21.co.kr

(주)북이십일 경계를 허무는 콘텐츠 리더

대한민국 도슨트 채널에서 도서 정보와 다양한 영상자료, 이벤트를 만나보세요!
포스트 post.naver.com/travelstudy21
인스타그램 www.instagram.com/k_docent

ISBN 979-11-7117-688-5 04900
978-89-509-8258-4 (세트)

책값은 뒤표지에 있습니다.